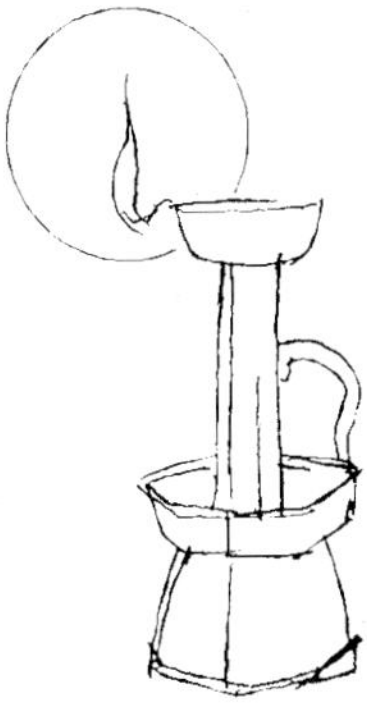

匡亚明 主编 中国思想家评传丛书

万斯同评传

附 万斯大评传

方祖猷 著

南京大学中国思想家研究中心
南京大学出版社

本书出版得到 中国孔子基金会 澳门基金会 资助

中国思想家评传丛书

“不居纂修之名，隐操总裁之柄”

——万斯同在明史馆

“寝食俱废，划马开解，则得意疾书”

——万斯大撰著经学诸书

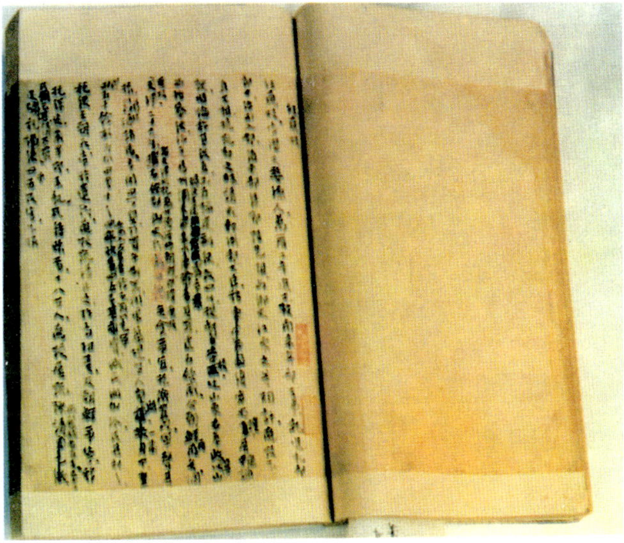

宁波天一阁藏万斯同《明史稿》原件照片

汪應蛟

汪應蛟，字潛夫，婺源人。萬曆二年進士，授南京兵部主事，就遷禮部郎中。給由入都，值吏部侍郎陸光祖、御史江東之等相訐，應蛟不直光祖，抗疏劾之，請斥罷閣部大臣，語兼[illegible]，復劾[illegible]，謫[illegible]。歷[illegible]副使，改四川，提督學政，遷山東右參政，以[illegible]按察使治易州，[illegible]其罪，[illegible]，會朝鮮[illegible]，[illegible]天津。二十六年，擢右僉都御史，代萬世德[illegible]，督[illegible]糧食事宜，抱[illegible]置戍[illegible]。撫[illegible]諸處多閒田，可墾，乃罷[illegible]，募民開渠築堤，十八[illegible]，[illegible]田五千餘頃，[illegible]十[illegible]，[illegible]草[illegible]，戍兵[illegible]加[illegible]。撫[illegible]三[illegible]，帝[illegible]遣使，[illegible]之，[illegible]切責，及朝鮮[illegible]。[illegible]，[illegible]氣，[illegible]詩[illegible]，十八[illegible]八，[illegible]。[illegible]

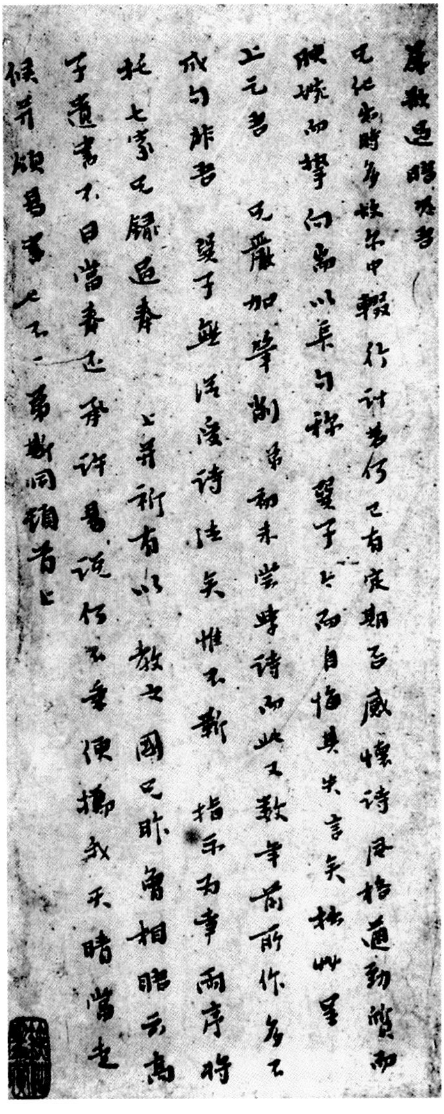

万斯同给甬上证人书院学友董道权（字巽子）信

原件藏上海市图书馆古籍部

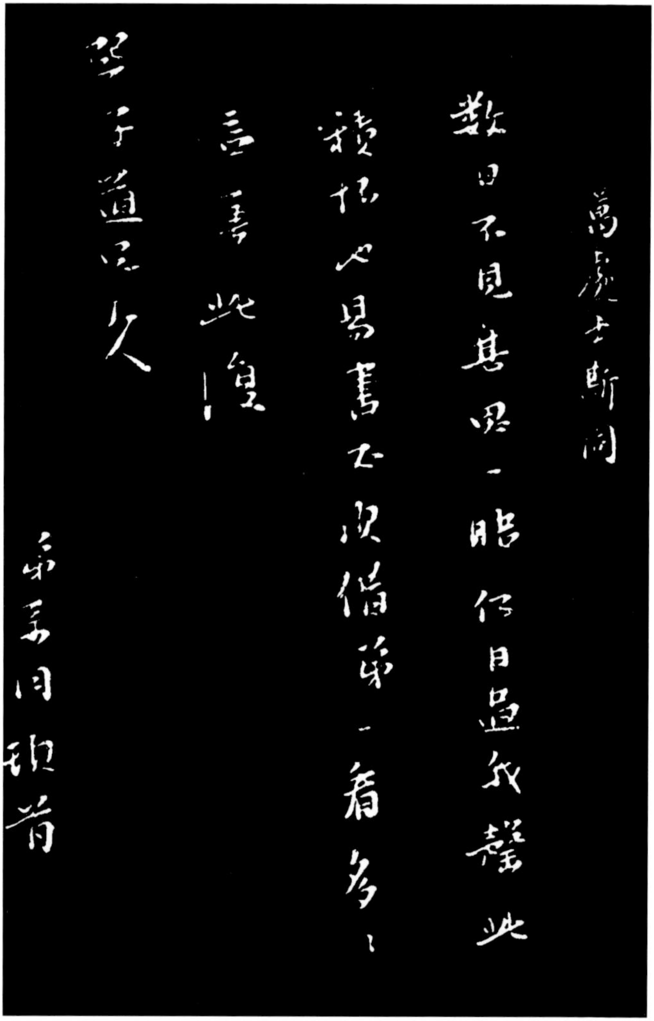

万斯同给甬上证人书院学友董道权（字巽子）信

摄自清人吴修辑《昭代名人尺牍》第十一

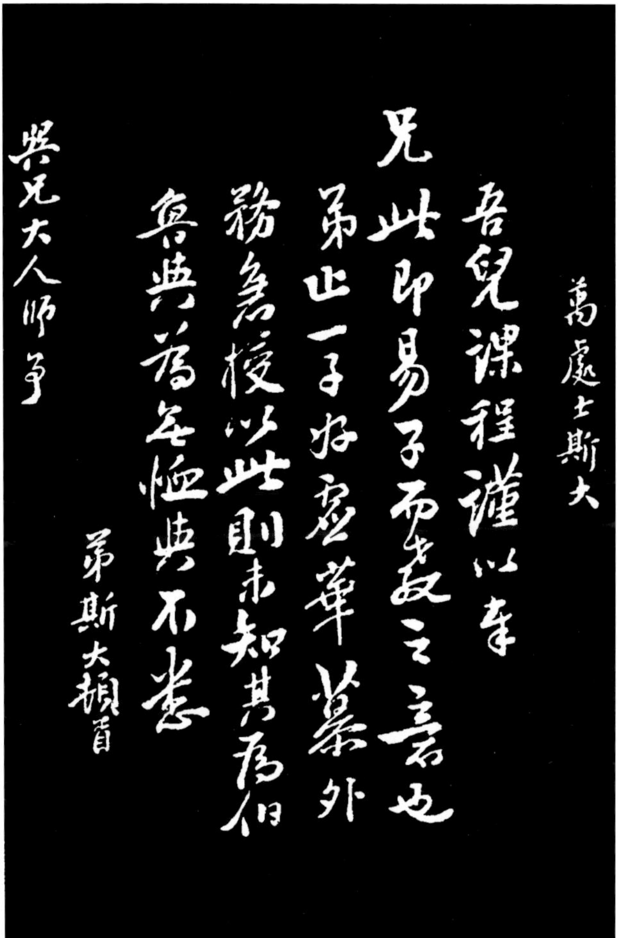
萬處士斯大
吾兒課程謹以奉
兄此即易子而教之意也
弟止一子好虛華藻外
務急授以此則未知其為伯
魯與為無恤與不悉
弟斯大頓首
巽兄大人師席

万斯大给甬上证人书院学友董道权（字巽子）信

摄自清人吴修辑《昭代名人尺牍》第十一

《中国思想家评传丛书》序

匡 亚 明

伟大的中华民族在长达五千年连绵不断的曲折发展过程中，像滚滚东流的长江那样，以磅礴之势，冲破了重重险阻，奔腾向前，现在更以崭新面貌，雄姿英发，屹立于世界民族之林。这是人类历史上的一个奇迹。产生这一奇迹有诸多原因，其中十分重要的一点，就是我们勤劳、勇敢、智慧的各族人民，在长期的生产活动、社会活动、思维活动和对外交往以及抗击外来侵略过程中，逐渐创造、积累、发展了具有以生生不息的内在思想活力为核心的优秀传统思想文化。这是一种伟大、坚强的精神支柱，是我们民族凝聚力和生命力之所在，是历史留给我们所有海内外炎黄子孙引以自豪的无价之宝。

当然，和各国各种不同传统思想文化一样，在中华民族的思想文化传统中，也是既有精华，又有糟粕，因而全盘肯定或全盘否定，不对；一知半解、信口开河或裹足不前、漠然置之，也不对。郑重而严肃的态度应该是对它进行实事求是的科学的研究和分析，取其精华，弃其糟粕，继承和弘扬这份瑰宝，振兴中华，造福人类。人类历史发展的连续性，就是在不断去粗取精、继往开来和改革创新过程中实现的。继往是为了开来，开来不能离开继往。民族虚无主义和复古主义，都是违背历史发展的辩证规律的。

现在我们国家正处在一个新的继往开来迈向四化的关键时刻。继往就是继民族优秀传统之往，开来就是开社会主义现代化建设之来。对中国传统思想文化从广度和深度上进行系统研究，实现去粗取精的要求，正是继往开来必须完成的紧迫任务。我认为这是中国各族人民，首先是文化界、学术界、理论界义不容辞的光荣职责。但面对这一时间上长达五千年，内容上涉及人文科学、自然科学等各个领域的传统思想文化，将从何着手呢？毛泽东同志早在 1938 年就说过："从孔夫子到孙中山，我们应当给以总结，承继这一份珍贵的遗产。"①这是很有远见而又切合实际的英明建议。从孔子到孙中山这两千余年是中国历史上思想文化最丰富的时期，如果总结了这段历史，也就基本上总结了五千年传统思想文化的主要内容。当然，基本上不等于全部。孔子以前和孙中山以后的情况，可以另行研究。因此，我认为首先最好是在时间上从孔子开始到孙中山为止，方法上采取《中国思想家评传丛书》的形式作为实现这一任务的开端。这就是从这段历史的各个时期、各个领域和各个

① 毛泽东《中国共产党在民族战争中的地位》，《毛泽东选集》第 2 卷，人民出版社 1952 年版，第 522 页。

学科(包括文、史、哲、经、教、农、工、医、政治等等)有杰出成就的人物中,遴选二百余人作为传主(一般为一人一传,少数为二人或二人以上合传),通过对每个传主的评述,从各个侧面展现那些在不同时期、不同领域中有代表性人物的思想活力和业绩,从而以微见著、由具体到一般地勾勒出这段历史中中国传统思想文化的总体面貌,揭示其积极因素和消极因素的主要内涵,以利于开门见山、引人入胜地批判继承、古为今用,也为进一步全面系统地总结中国传统思想文化打下基础。自从毛泽东同志提出上引建议后,半个世纪以来,不少专家学者已从各个方面做了许多工作,但对全面完成这个任务来说还远远不够,还要在深度和广度上继续努力。作为"抛砖引玉",本《丛书》只是这个继续努力所应完成的工作的一部分。《丛书》凡二百部,约四千万言,自 1990 年开始陆续出版,争取十到十五年全部出齐。

《丛书》所以用"中国思想家评传"命名,主要是考虑到中国传统思想文化中的核心是生生不息的内在思想活力,而历史事实也反复证明,凡是在各个不同时代不同领域和学科中取得成就者,大多是那些在当时历史条件下自觉或不自觉地认识和掌握了该领域事物发展规律的具有敏锐思想的人。他们取得成就的大小,取决于思想上认识和反映这些规律的程度如何。思想并非先验之物,它所以能反映和掌握这些规律,主要是通过社会实践和对前人思想成果的借鉴和继承。思想一旦形成,反过来在一定程度上又对实践起决定性指导作用。

韩愈说的"行成于思，毁于随"[1]，列宁说的"没有革命的理论就不会有革命的运动"[2]，这些话，虽所处时代和所持立场不同，所要解决的问题的性质也不同，但就认识论中思与行、理论（思想的高度概括）与实践的关系而言，确有相通之处，即都强调思想对实践的指导意义和作用。因此我们以"中国思想家评传"命名，就是力图抓住问题的核心，高屋建瓴地从思想角度去评述历史人物，以便对每个传主在他所处时代的具体情况下，如何在他所从事的领域中，克服困难，施展才华，取得成功，做出贡献，从思想深处洞察其底蕴。历史上各个时代富有思想因而能在有关方面取得成就的人，直接阐述自己思想观点的论著虽亦不少，但大量的则是其思想既来自实践（包括对前人、他人实践经验的吸取）、又渗透在自己创造性实践之中，集中凝聚在他自己的业绩和事功上，而没有留下论著。另一些人却只留下著作而无其他功绩，对这些人来说，他那些有价值的著作就理所当然地是他的伟大业绩和事功。如果论述一个人的思想而不联系他的业绩（包括著作），必将流于空洞的抽象；同样，如果只讲一个人的具体业绩而不结合他的思想活动，又必将成为现象的罗列。评价思想和评价业绩，两者不应偏废。而不断在实践中丰富和深化的思想活力则是经常起主导作用的因素，强调这个因素，引起人们的正视和反思，正是我们的主旨和目的。当然，思想和思想家，思想家和实践家，都是既有区别又有联系的不同概念，忽视这一点是不对的。《从

① 韩愈《进学解》，中华书局《四部备要》东雅堂本《韩昌黎全集》卷十二第3页。

② 列宁《怎么办》，《列宁选集》第1卷，人民出版社1976年版，第241页。

书》的重点则是放在两者的联系和结合上。至于如何使两者很好联系和结合而又着意于剖析其思想活力,各占多少篇幅或以何种方式表达,则自当由作者根据传主的具体情况创造性地作出妥善安排。

自从人类历史上产生了马克思主义,不仅全人类解放和发展有了划时代的明确方向,学术研究也有了更严密的科学方法,即辩证唯物主义和历史唯物主义的世界观和方法论。根据这一科学方法,在研究和总结中国传统思想文化,特别是联系到《丛书》的撰著时,我认为下列几点应特别引起重视。

一、坚持实事求是的原则。实事求是是贯串在马克思实际活动和理论研究中的主线,离开了它也就离开了马克思主义。只有切实掌握了客观情况,才能得出正确的认识和判断。前者为“实事”,后者为“求是”,二者相结合,就叫实事求是。事不实则非夸即诬。为了弄清情况,就必须对情况的本质与现象、整体与局部、真与伪、精与粗,作出区别、梳理和取舍,这样才能掌握情况的实质,达到“实事”的要求;然后进一步加以分析研究,找出事物本身固有的真相而非主观臆测的假象,并验证其是否符合人民利益和人类历史前进方向,是否反映科学、技术、文化、艺术的发展规律,这样才能得出正确的认识和判断,达到“求是”的要求。实事求是是治学的基本功夫,是对每个传主的功、过、是、非作出公正评价的必要前提。不论古今中外,对历史人物过高或过低的不公正评价,大都由于未能认真坚持实事求是原则的缘故。

二、坚持批判继承的原则。马克思主义学说就是批判的学说,而批判是为了继承、发展和创新。这就需要我们在实事求是的基础上,既要继承发扬传主业绩和思想中的积极因素,又要批判清除其消极因素。凡传主业绩和思想中体现了诸如爱国主义、民主意识、科学见解、艺术创造和艰苦奋斗、克己奉公、追求真理的精神，即在符合历史前进要求的“立德”、“立功”、“立言”诸方面有显著成就等积极因素者，必须满腔热情地加以继承和弘扬，并紧密结合当前社会主义建设实际，使之深入人心，蔚然成风；凡反映有诸如封建迷信、专制独裁、愚昧落后、丧失民族尊严和违背科学进步等消极因素者，必须以历史唯物主义的观点加以批判，清除其一定程度上至今尚起作用的消极影响，而消极因素经过彻底批判后可转化为有益的教训；凡积极因素和消极因素相混者，更当加以认真清理和扬弃，既发扬其积极因素又摒弃其消极因素。我们力求一点一滴、切实认真地探索各个传主思想和业绩中珍贵的积极因素，使之成为全国各族人民正在从事的继往开来伟大历史工程的组成部分。

三、坚持“百花齐放”、“百家争鸣”的原则。“百花齐放”和“百家争鸣”，是发扬学术民主、促进学术繁荣的正确原则和巨大动力。前者强调一个“齐”字，后者强调一个“争”字，是表示学术上平等、民主和自由的两种不同状态；前者突出的是统一与和谐，后者突出的是区别与争论；两种状态又统一于不断地相互促进和相互补充、转化的持续发展提高过程之中。“百花齐放”、“百家争鸣”的原则体现在撰著评传时，应从“齐放”和“争鸣”出发，综合中外各个时期对有关传主的不同评价，吸取符合客观存在的对的东西，摒弃其违反客观存在的不实的东西，然后创造性地提出经过自己独立思考的、赶前人或超前人的一家之言。同时，对整个《丛书》而言，也有个共性、个性又统一又区别的问题。这就是一方面作者应把“实事求是”、“批判继承”和“百花齐放”、“百家争鸣”这几点作为大家的共性(统一与共识);另一方面,对每部评传的立意、结构和行文(文体、文风和文采等),则主要是作者的创造性思维劳动和雅俗共赏的文字表达艺术的成果,是彼此的个性(区别),不宜也不应强求一律。评传作者都有充分自由去发扬这一个性,力求在对每一传主的评述中探索和展示其积极因素,使之和正在变革中国面貌的伟大社会主义建设实践融为一体,丰富其内容,促进其发展,而不是仅仅停留在对传主思想业绩的一般性诠释上。

我认为,以上三点大体上可以表达《丛书》所遵循的主要指导思想,但也不排除用其他思想和方法得出的有价值的研究成果。

感谢所有关心和支持《丛书》工作的单位和个人,特别感谢《丛书》的名誉顾问和学术顾问。他们的热情关心、支持和指教,使《丛书》工作得以顺利进行。更要感谢所有承担评传撰著任务的老中青学者,他们都以严谨的治学态度,作出了或正在作出对学术,对民族,对历史负责的研究成果。没有他们的积极合作,《丛书》工作的开展是不可能的。《丛书》副主编和中国思想家研究中心、南京大学出版社,在制定《丛书》规划,约请和联系国内外学者,审定书稿以及筹划编辑出版等方面,克服重重困难,做了大量工作,他们的辛勤劳动是《丛书》能按预定计划出版的必要前提。

现在《丛书》开始出版了,我作为年逾八旬的老人,看到自己迫于使命感而酝酿已久的设想终于在大家支持合作下实现,心情怡然感奋,好像回到了青年时代一样,体会到“不知老之将至”的愉悦,并以这种愉悦心情等待着《丛书》最后一部的问世;特别盼望看到它在继承中华民族传统思想文化的珍贵遗产方面，在激励人心、提高民族自尊心和爱国主义思想方面，在促进当前建设有中国特色的继往开来的社会主义现代化物质文明和精神文明的历史性伟大事业中，能起到应有的作用。我以一颗耄耋童心，默默地祝愿这一由一批老中青优秀学者经长年累月紧张思维劳动而作出的集体性学术成果能发出无私的熠熠之光，紧紧伴照着全民族、全人类排除前进道路上的各种障碍，走向和平、发展、繁荣、幸福的明天！

热诚欢迎国内外同仁和各界人士不吝赐教，以匡不逮。是为序。

1990 年 10 月 7 日

内容简介

万斯大与万斯同兄弟世称“二万”，是清初浙东学派的双杰。本书以万斯同评传为主，附以万斯大评传。

万斯同是著名的史学家和经学家，而以史学名世。但他的一生只有断断续续的记载，他的著作也未有完整的考定，他的经学瑕瑜并存，而其史学近年来众说纷纭，评价不一。本书对他的生平作了系统的介绍，对他的著作予以全面的考述，在评论他的经学、史学，特别是史学思想、历史编纂学和史考时，尽可能发掘出他的未被人知的一些成就，分析其成功的原因和失误的教训。

本书对万斯大的生平，他在《礼》学和《春秋》学上的贡献，其经学的特点以及在经学史上的地位，也作了一定的评述。

A Brief Introduction

Wan Sida(万斯大) and Wan Sitong (万斯同), known as "the two Wan brothers" (二万), were both outstanding figures of the Eastern Zhejiang School in the early period of the Qing dynasty. This book has *A Critical Biography of Wan Sitong* as its main part, followed by *A Critical Biography of Wan Sida*.

Wan Sitong was a famous early Qing scholar of history and Confucian classics, but distinguished himself especially in historical studies. However, there are only fragmentary and broken records of his life, and not a complete definitive bibliography of his works has ever been available. His classical studies were overshadowed by his historical studies, though opinions vary on the latter. This book gives a systematic account of his life, together with a general survey of his works. In examining his classical studies as well as his historical studies, particularly his historical thought, historiography and textual researches, the book tries to dig out his unknown achievements wherever possible, analyse the causes of his successes or failures and answer some of the questions raised among the academic circles.

Wan Sida's life, his contribution to studies of the *Rites* (礼) and the *Spring and Autumn Annals* (春秋), and the place he occupied in the history of classical studies are also examined in this book.

目　次

附：万斯大评传

A CRITICAL BIOGRAPHY OF WAN SITONG

CONTENTS

第一章　明清之际的时代特点和时代思潮

一、"天崩地陷"的时代特点

早在明神宗万历后期，东林党人顾允成就以"天崩地陷"[①]四字来形容晚明的政治形势。所谓"天崩地陷"，主要指阶级矛盾、民族矛盾和统治阶级内部矛盾的尖锐对立和激化，极大地冲击了旧的统治秩序，使明政府的统治摇摇欲坠。

自从万历二十四年（1596）以后，矿监税使四出，造成了"贫富尽倾，商农交困"，民变、兵变频频发生，已形成了"天下之势，如沸鼎同煎"[②]的局面。以后，明政府的赋税有增无已，万历和明熹宗天启年间的辽饷，崇祯年间的剿饷和

---

① 黄宗羲：《明儒学案》卷一六《东林学案二·主事顾泾凡先生允成》。

② 所引皆见《明神宗实录》卷三七六。

练饷，加上土地高度兼并，万历末年到崇祯年间频繁发生的灾害，使劳动人民到了无法生存下去的境地。官逼民反，农民起义的规模愈来愈大，天启二年（1622）山东发生了徐鸿儒领导的白莲教起义，至崇祯元年（1628），王嘉胤、王二在陕西首举义旗，揭开了明末农民大起义的序幕。经过十余年的苦战，终于在崇祯十七年（1644）三月，李自成率领农民军占领北京，推翻了腐朽的明王朝。

晚明的民族矛盾几乎随阶级矛盾同步发展。除了宁夏的哱拜和四川杨应龙的叛乱（与援朝抗倭战争一起，并称“万历三大征”）以及天启初年四川奢崇明、贵州安邦彦的叛乱，河套蒙古部的侵犯外，最重要的是自万历四十六年（1618）后金努尔哈赤袭取抚顺开始的明与后金（后称满洲）的民族战争。这一战争，不仅使明政府失去了东北，而且由于满清兵多次深入河北、山东一带，削弱了明政府的军事力量，动摇了它在华北的统治。

在内外交困下，明统治阶级内部的矛盾也愈来愈尖锐。自万历初年争国本开始，到万历中期，形成了以东林党为代表的正直派官员与以首辅沈一贯为首领的宣、昆、齐、楚、浙诸党邪派势力的斗争。至万历末年的梃击案、明光宗时的红丸案和天启初年的移宫案中，两派斗争日益激烈。魏忠贤专权后，这一斗争以东林党人惨遭杀害而告一段落。崇祯即位后，虽然处死了魏忠贤，定逆案，使东林党人得以抬头，以继承东林党自诩的复社得以发展，但阉党残余势力仍旧存在。他们巧妙地利用崇祯的刚愎自用，企图死灰复燃，两派势力仍在或明或暗地进行曲折的斗争。这一斗争直至明亡后在南明各小朝廷中仍继续着。

明清之际浙东地区同样处在“天崩地陷”之中。明末，浙东发生了历史上罕见的旱灾，赤地千里，饥民胡秉龙被逼起义于奉化。据《鄞县通志》载，崇祯十六年，胡秉龙“倡乱聚众于奉化雪窦山，自称‘天萌国大将军’，克日犯郡城”[①]，很快失败。然而次年正月，由于东阳县令孙棐贪虐残民，发生了由诸生许都领导的，始则为市民起义，继则扩而及东阳、汤溪、兰溪等地农民联合结寨，大败前来镇压的明政府军的起义，但未几失败，许都被杀。[②] 此事发生后一个月，明朝也灭亡了。

晚明统治阶级内部的矛盾在浙东地区也有明显的反映，邪派首领沈一贯就是宁波人。他虽在万历三十四年（1606）辞官归里，但由于他的关系，浙东一带反东林的势力强大，如大学士来宗道，兵部尚书邵辅忠，御史周昌晋、陈朝辅、姚宗文，太仆少卿户承钦，工部侍郎徐大化等都是浙东人。这些人后来大多投入阉党，杀害了东林党主要成员余姚人黄尊素。到了崇祯年间，被称为“东林四先生”的宁波人万泰、陆符、董德偁、董守谕与慈溪人刘应期、冯京第和余姚人黄宗羲、宗炎、宗会三兄弟共同组成文昌社，与阉党余孽展开了斗争。他们或具名崇祯十一年（1638）在南京为驱逐阮大铖而作的《南都防乱公揭》，或参加崇祯十四年（1641）为建立黄尊素祠庙而与阉党余孽展开夺地的斗争。这些斗争，他们都取得了胜利。但在南明福王时期，因阮大铖骤然起为兵部尚书，大肆逮捕《揭》中人物，

---

① 陈训正、马瀛等：《鄞县通志》丁编《故实·明叶希戴王直胡秉龙之变》。

② 佚名：《东阳兵变》，见中国历史研究资料丛书《崇祯长编》。

终告失败。

如果说明朝末年，浙东地区与华北、华中相比，“天崩地陷”的大地震仅属余波的话，到了清顺治年间，这一大地震在浙东也爆发了。浙东士大夫和人民始则在顺治二年（1645）奉鲁王监国于绍兴，与清军划钱塘江而守，史称“画江之役”。继则在清军席卷浙东后，或在王翊领导下在四明山结寨抗清，或在张名振、张煌言领导下，联合郑成功部，在舟山和沿海一带与清军展开拉锯战。清廷则以屠城（如慈溪）、洗山（四明山）、禁海（尺板不许下海）、迁界（迁舟山及沿海人民于内地）等予以残酷镇压，并大肆逮捕抗清志士，在宁波就有所谓“五君子之难”和“浙中通海案”等等。浙东地区抗清斗争自顺治二年起至康熙三年（1664）七月张煌言被捕牺牲，才潮息烟沉，长达二十年，超过其他地区，其斗争的激烈和残酷，也不下于其他地区。可以说，以宁波为中心的浙东地区的抗清斗争，是当时“天崩地陷”形势的典型反映。

二、经学思潮

自北宋庆历年间出现一股疑经思潮后，到明中叶王学的兴起而达到高潮。王阳明提出“六经者非他，吾心之常道也”[①] 的命题，使心学支配了经学。此后，王畿、李贽等进一步发展了他的思想。李贽并把六经与童心对立起来，这对冲破六经的思想束缚自然是极其猛烈的，粪土六经成了晚明一时的风气。

---

① 王守仁：《阳明全书》卷七《稽山书院尊经阁记》。

但粪土六经造成了伦理的虚无主义和学术的浅薄，于是王学中另一部分人如王艮提出“以经证悟，以悟释经”① 的比较温和的主张；他的三传弟子罗汝芳也不同意“谓六经注我，不复更去讲究”② 的风气，认为应该“信古敏求”③，从六经中可以“明心见道”④，在“吾心”和六经之间，重心开始向六经方向倾斜。

在王学之外，开晚明实学思潮之端的罗钦顺，也提倡为学应“取证于经书”⑤，反对“师心自用”⑥。继他之后的杨慎，进一步主张恢复汉儒的训诂之学，他运用小学考证法来探求经中的含义。而王学阵营中的焦竑和陈第，却认为汉儒的传注歪曲了经的本意，主张在治经中强调主体的“悟”，即独立思考的作用，才能把六经的注释从汉儒传统中解脱出来，但他们也主张用“小学一段功夫”⑦ 来考证经文。这样，在当时经学复兴运动中，出现了殊途同归的两种主张。

继杨慎之后的为归有光。他力主区别讲经与讲道，并认为道既在经中，何必讲道。东林学派的顾宪成更以“经，常道也”⑧ 的命题，代替了王阳明六经为“吾心之常道”的命题，一举把“吾心”两字抹去。这反映了经学历史上一次重大变化，即从主观的阐释回归到客观的求证，已成为一部分人的自觉。

到了启祯之际，由于社会各种矛盾的激化，以经世为特点

---

① 王艮：《明儒王心斋先生遗集》卷四，赵贞吉撰《墓志铭》。
②③ 罗汝芳：《近溪子集》礼部第 52 页。
④ 罗汝芳：《近溪子集》数部第 36 页。
⑤⑥ 罗钦顺：《困知记》卷二。
⑦ 焦竑：《澹园续集》。
⑧ 高廷珍等：《东林书院志》卷二《东林会约》。

的实学思潮开始高涨，经学经世的目的十分明确，出现了以“复兴古学”[1] 为宗旨的复社。它的重要人物钱谦益对宋明经学作了初步总结，公开提出“以汉人为宗主”和“正经学”[2]的口号。复社另一重要人物方以智作《通雅》，集晚明考证学之大成。他在经学考证中提倡知古必须疑古，疑古必须考古，考古不能泥古，不让古人才能不泥古。[3] 这种不盲从墨守的独立思考精神，显然是心学思潮影响所致。但他又反对“粪扫六经，师心杜撰”[4]，这又是受实学思潮影响所致。所以他的经学，实已启王学与实学相结合的趋向，他的治经思想为黄宗羲所继承和发展，他的治经方法为顾炎武所继承和发展。

清初，由于明亡的教训，实学已成为主要思潮，但心学却结合于实学之中。经学中的这种情况，可以举顾炎武和黄宗羲为例来说明。

顾炎武提出了“古之所谓理学，经学也”，“今之所谓理学，禅学也”[5] 的著名命题。他认为八股和王学两者，使经学与实学都被废弃，而这是明亡的重要原因，所以主张“不坐讲席，不收门徒”[6]，不讲性命之学，以经学代替理学，这是他“经学即理学”命题的本意。他在经学上的重大贡献就是他的名著《音学五书》，发展了晚明的小学考证法，对以后乾嘉学派产生重大的影响。

---

① 陆世仪:《复社纪略》卷一。

② 钱谦益:《牧斋初学集》卷七九《与卓去病论经学书》。

③ 方以智:《通雅》卷一《音义杂识》。

④ 方以智:《通雅》卷三《文章薪火》。

⑤ 顾炎武:《亭林文集》卷三《与施愚山书》。

⑥ 顾炎武:《蒋山佣残稿》卷二《与友人论学书》。

黄宗羲是王学的修正者，对六经的本意主张“从吾心之安不安者权衡而出之”①，所以提倡要大胆冲破传注的束缚，但他不同意粪土六经。他在六经中最重视《礼》学，认为“六经皆载道之书，而礼其节目也”②。礼的节目主要就是古代的典章制度。他也强调对六经要进行考证，而这又是实学思潮在他经学中的反映。

在经与理的关系中，他主张兼而有之，而以前者为主。他取方以智“函雅故，通古今”③之说，加上“钻研服（虔）郑（玄）”和“敛于身心”、“不塞其自然流行之体”④等句，即把经学与理学结合起来。所以他既在绍兴举办证人书院以讲道，又在宁波创办证人书院以讲经。

除对讲经与讲道的关系认识不同外，黄宗羲与顾炎武治经方法的差异有两点：一是对汉儒传注的态度问题。黄宗羲认为汉儒传注有对有错，治经必须从“摘发传注之讹”⑤入手；顾炎武认为如不依靠汉儒传注，则“本末俱丧”⑥。二是考证方法亦有区别。顾炎武主要从小学入手，大量运用归纳推理，这是相当精密的方法，其缺点是考证面比较狭窄；黄宗羲强调吾心的作用，多运用比较法，在归纳与演绎中，以后者为主。演绎法能获得归纳法所难以得到的新义，但大前提的正确性不易把握，“吾心”的作用也可能带上主观色彩，容易失误。

---

① 黄宗羲：《黄宗羲全集》第一册《孟子师说》卷六《食色性也》章。

② 黄宗羲：《南雷文定》卷七《张元岵先生墓志铭》。

③ 方以智：《通雅》卷首《自序》。

④ 黄宗羲：《南雷文定》卷一《留别海昌同学序》。

⑤ 黄宗羲：《南雷文定》三集卷一《易学象数论序》。

⑥ 顾炎武：《日知录集释》卷一六《明经》。

万斯大、万斯同的经学，显然受黄宗羲的深刻影响，而万斯同又受顾炎武的影响。万氏兄弟的经学，是明清之际经学思潮演变的结果。

三、史学思潮

宋明理学兴起后，尊理轻史成为风气，到明朝更甚。对明朝史学中国史、野史、家史之失，王世贞、钱谦益、顾炎武、张岱、戴名世等都作了说明。但明中叶以来，史学也开始了复兴，王学和实学这两大思潮，对史学都带来了有利的影响。

王学的影响，主要表现在以下几个方面：

一、提高史学地位的“六经皆史”命题的提出。

史学摆脱理学的禁制是以《春秋》为突破口的，以《春秋》为史推而及其他诸经，王阳明从而提出了“五经亦史”① 的命题。后来李贽据此提出“六经皆史”和“经史相为表里”② 的命题。李贽的命题蕴涵着非常宝贵的思想。他认为经史“为道屡迁，变易匪常”③，经原有“常”、“常道”的含义，现在成了“匪常”，这就破坏了经的神圣性，而与记载屡迁、变易事迹的史并列了。所以他既贬低了经的地位，又提高了史的地位。

二、不以孔子之是非为是非的史论的出现。

王阳明“心即理”的命题，以“吾心”作为真理的标准。他说：“夫学贵得之心，求之于心而非也，虽其言之出于孔子，不

---

① 王守仁：《阳明全书·传习录上》。

②③ 李贽：《焚书》卷五《经史相为表》。

敢以为是也。”[①] 并认为“道”，“非孔子可得而私也”[②]。他这一思想，后来为李贽所发挥，他以“李卓吾一人之是非”与“咸以孔子之是非为是非”相对立，并以“颠倒千万世之是非”[③] 为指导来评论历史人物。其颠倒的是非归纳起来大体有下列五点：1. 颠倒千万世对帝王评价之是非，如评秦始皇为“千古一帝”[④]。2. 颠倒千万世对农民起义领袖评价之是非，如称陈胜为“陈王胜”，他的事迹是“匹夫首创”[⑤]。3. 颠倒千万世对妇女评价之是非，如称颂武则天为“聪明主”[⑥]，卓文君私奔为“云从龙，凤从虎”[⑦]。4. 颠倒千万世关于三代、战国之是非。儒生认为三代是盛世，至春秋战国，每况愈下。李贽认为这些人“徒知羡三王之盛，而不知战国之宜”[⑧]。5. 颠倒千万世独尊儒术之是非。他贬低儒臣“名为学而实不知学”，“托名为儒，求治而反以乱”[⑨]。

以“吾心”为评价历史人物的标准，非有史识不可，否则，片面追求这种是非观，就有流于空论的危险。此外，以“吾心”作标准，其流弊至于既不读经，也不读史，束书不观，游谈无根，这种人作史论，自然空无一物。晚明确实存在这种史论，这是王学在史论中造成的消极影响。

---

①② 王守仁：《传习录中》。
③ 李贽：《藏书·世纪列传总目前论》。
④ 李贽：《藏书》卷二《吕秦始皇帝》。
⑤ 李贽：《藏书》卷二《陈王胜》。
⑥ 李贽：《藏书》卷六三《唐太宗才人武氏》。
⑦ 李贽：《藏书》卷三七《司马相如》。
⑧ 李贽：《藏书》卷三七《刘向》。
⑨ 李贽：《藏书·世纪列传总目后论》。

实学思潮对史学的影响主要表现在以下两个方面：

一、经世史学的产生和发展。

这里指的是以“经世”或“经济”命名的史学。这种史学经当今之世，致现实之用，或着眼于本朝典章，采辑有明一代名臣文集、奏疏，或着眼于传记，网罗有明一代人物的墓志碑传。前者如万氏兄弟的高祖万表，他是王阳明私淑弟子，又是漕运与抗倭名将，辑有《皇明经济文录》。从万历末年开始，实学思潮逐渐高涨，辑录经济文集已非王学人物，且规模愈来愈大，至陈子龙、徐孚远等辑《皇明经世文编》，达五百零四卷之巨。后者如李贽的《续藏书》、王世贞的《嘉靖以来首辅传》、徐纮《明名臣琬琰录》等，而以焦竑的《献征录》集大成。该书共一百二十卷，搜集自洪武至嘉靖的名人事迹，系以小传。黄汝亨在《序》中说，此书可以使“后王法之，群工遵之，则太平之略也”①。说明了此书的经世作用。

二、史考的兴起。

既然国史、野史错误很多，自然需要考证，才能成为信史，起历史的真正借鉴作用。其主要著作为王世贞的《史乘考误》和钱谦益的《太祖实录辩证》。史学家也初步摸索一些考证的方法，如钱谦益的“以子之矛，陷子之盾”②，“先之以国史，证之以谍谱，参之以别录”③ 等等。

清初，由于明亡的刺激，实学思潮达到高潮。清初史学继承前明经世史学重在当代的精神而有所演变，主要表现于民

---

① 焦竑：《献征录》卷首《黄汝亨序》。

② 钱谦益：《牧斋初学集》卷二二《鸡鸣山功臣庙考》。

③ 钱谦益：《牧斋初学集》卷二二《书致身录考后》。

族思想的发扬，总结明亡教训史论的兴盛和征存明末党争、农民起义及晚明清初抗清史料的野史的流行。这里以明末三大思想家黄宗羲、王夫之、顾炎武为例，来说明末清初史学思潮及其在史著、史论和史考三方面的反映。

一、史著。

以黄宗羲为代表，他的史著是在强烈民族思想指导下，为征存有明一代和南明史而撰写的。他强调“国可灭，史不可灭”[①]，所辑《明文海》、《明史案》、《明儒学案》、《续时略》等都贯穿这一精神。除辑录外，他益以著述，如见闻之作的《弘光实录钞》、《行朝录》、《思旧录》之类，以碑传为史传的《文案》、《文定》中各种碑铭传记等。

二、史论。

以王夫之和黄宗羲为代表。他们往往通过史论来探究明亡的原因，总结其教训，并广而推及历代的兴衰，通过历史事实，追溯其远源，解释其近因，分析其背景，阐述其演变，研究其影响，从而把我国封建社会的史论推向高峰，使之臻于完善。王夫之的《读通鉴论》、《宋论》，黄宗羲的《明夷待访录》、《汰存录》即这一类著作，而顾炎武的《郡县论》、《钱粮论》、《生员论》等文也是。

三、史考。

由于时代关系，清初史考并不多，较著名的为吴炎、潘柽章的《国史考异》和顾炎武的《日知录》，而以后者影响较大。

---

① 黄宗羲：《南雷文定》卷七《次公董公墓志铭》。

第二章　万氏世传和家学

万氏家族在有明一代为甬上望族。黄宗羲在《明骠骑将军镇守福建总兵官左军都督府都督佥事瑞岩万公神道碑》中说："自公（万斯大、万斯同兄弟祖父万邦孚）中世以上，以忠节显著者三世；自公以上，以儒术显者又三世。明州（今宁波）万氏，无愧为国家之世臣矣。"① 又说："今观万氏，有事则显忠节，无事则显儒术。"他列举有明一代的国家大事，"如北征，如逊国，如征交趾（今越南北部），如东南倭乱，如救朝鲜，皆牵连万氏，后之君子而有考故实者，万氏其不为杞宋乎？"②然黄宗羲由于避讳，没有谈到南明的抗清之役，万氏同样并不落后。

万氏在有明一代的事迹如下：

---

①② 黄宗羲：《南雷文定》前集卷五。

一、三世四忠

宁波万氏的祖籍原在安徽濠州定远县（今凤阳东）东城乡十五都三城村义门堡。元末大乱，至正十二年（1352）二月，郭子兴在濠州起义，三月，朱元璋参加郭子兴部。次年，万氏祖上万国珍（字文质）率部归附朱元璋，朱元璋改其名为“斌”。这一年七月，他从费聚攻克滁州（今安徽滁县、来安、全椒三县地）。此后他累立战功，授显武将军。洪武元年，从费聚北伐，攻克中原，有功，调永平卫副千户。三年，赐诰世袭。五年，在征沙漠中，与蒙古兵大战于阿鲁浑河，力战阵亡，追赠明威将军，指挥佥事。万斌是万氏迁居宁波的始祖。

万斌子万钟，字荣禄，洪武九年（1376）袭父爵。十年，赐诰授武毅将军，龙骧卫副千户。战功卓著。十七年（1384），奉命将兵宁波御倭。未几，调定海（今宁波镇海），再调昌国卫（今舟山）。二十八年（1395），超授宁波卫指挥佥事。建文元年（1399），在靖难之役中与燕兵战于顺天府大兴县，战殁。

自万钟开始，万氏即定居宁波。万钟有二子，长子万武（字世忠），建文二年袭父职。永乐五年（1407）以事谪戍广西，从沐英征交趾。六年，殉职于交趾檀舍江，死时年仅二十三，无后。弟万文（字世学）袭兄爵，驻军宁波防倭，曾败倭寇于浙江沿海的莲花洋（今普陀附近）。永乐十六年（1418）六月，在巡海中突遇飓风，舟覆溺死，传说为射龙而死，人称“射龙将军”。

这样，万氏自万斌始，经子钟，孙万武、万文，三世四人，都相继为国捐躯，时称万氏“三世四忠”，明清时期在宁波几乎有口皆碑。万氏这一段光荣的家史，在万斯大、万斯同兄弟思想中留下极为深刻的印记，他们在文章或与友人谈话中，经常提到这段家史，引以为荣。

二、儒将万表

万文死时年仅二十二，有遗腹子万全（字惟一，号竹窝）。十五年后袭父职。明英宗正统年间，曾参与讨平福建的地方叛乱，并三次率兵船抗击倭寇，卒时年四十七。由于万全诞生时，万家无男子主持门户，除万钟妻曹氏外，万武妻陈氏、文妻吴氏也不再嫁，特别是万文姊义颛，矢志不嫁，身着男装，以处子身与诸嫂共治理家庭，甬上称为“三节一义”，这又是万氏家史中的一段佳话，万氏兄弟同样引以为豪。

万全子万禧，孙万椿，皆袭职为指挥佥事。三人虽在军事上无大建树，但从万全开始，以武将而兼文学，万全有《竹窝稿》，万禧有《家训十则》，万椿有《感兰诗》、《品咏杂稿》、《柳塘排节宫词》等。万氏这种文武兼修的传统，到了万斯大、万斯同兄弟的高祖，即万椿子万表时，遂发扬光大，成为一代儒将。

万表，字民望，号鹿园，又号九沙山人，学者称鹿园先生，累官至都督同知。他是王阳明私淑弟子，军事家而兼哲学家，是一位地地道道的“儒将”。[①] 他督漕运十五年，提出了不少漕运大计。嘉靖末，倭寇乱起，他转而率部抗倭，是

① 《四库全书总目提要·别集类存目·玩鹿亭稿》。

早期的抗倭名将，曾率僧兵大破倭寇于浙江赭山，又曾率孤军迎战倭寇于苏州杨泾桥，身中流矢，溺水几死，被救后裹疮抵南京。次年病转剧，居家养病，被推为浙直海防总兵，病不能往。嘉靖三十五年（1556）正月病逝，享年五十九。所著有《学庸志略》、《论语心义》、《孟子摘义》、《道经赘言》、《玩鹿亭稿》、《灼艾集》、《皇明经济文录》等多种，后四种今存。

万表是王阳明两位教授师钱德洪和王畿的知交，与王门重要弟子王艮、唐顺之、罗洪先、欧阳德、赵大洲等都有交往。其哲学思想多得之于王畿，又精于佛老之学，深受三教合一思想的影响。焦竑对他的哲学思想十分钦佩，说他“殆驾三先生（唐顺之、王畿、罗洪先）而不啻过之”[①]。黄宗羲在《明儒学案》中把他列入“浙中王门”。

万表是万氏家族发展史上一位重要人物，在他以前，万氏虽是世臣，尚未成大族，“万氏之大，自鹿园始”[②]。此后，万氏才成为宁波数一数二的望族。不仅如此，万表发扬了万氏的儒学传统，黄宗羲说的“以儒术显者又三世”，就是从万表开始的。其子达甫，字仲章，号纯斋，历官广东督理海防参将，因父命从罗洪先、王畿、钱德洪游，又向唐顺之学诗。辞官后，居杭州西溪墓舍，与焦竑、冯梦祯、屠隆等组织诗社，被推为社长，有诗集《皆非集》。万表孙万邦孚，字汝永，号瑞岩，历官福建总兵、左军都督佥事，参加过援朝抗倭之战。后称病归里，筑生圹于宁波西郊，左面为祠院，这就是

① 关于万表的哲学思想，请参阅拙文：《集狂禅与事功于一身的万表》，《浙江学刊》1989年第5期。

② 邵廷采：《思复堂文集》卷三《宁波万氏世传》。

现在宁波西门外管江岸的白云庄，所著有诗集《一枝轩吟草》。到了万表曾孙万泰时，就“弃累代戈矛之传，以文史代驰驱”[①]，弃武从文了。

三、复社名士和著名遗民——万泰

万泰，字履安，晚号悔庵，在明末为复社名士，在南明为抗清志士，在清初为著名遗民。

万历末年，万泰与同郡陆符（字文虎）共师事著名思想家、明末两大儒之一的刘宗周（其一为黄道周）。当时党争激烈，浙东以宁波人为主的一些在京官员，以大学士沈一贯为首，组成浙党，这些人都反对较正直的东林党人官员。到了天启年间，浙党成员大多投入了魏忠贤的怀抱，成了阉党的骨干，他们在浙东形成了不良的政治环境与社会风气。万泰与陆符在宁波毅然抵制阉党的势力，起了激浊扬清的作用。

崇祯即位后，虽然处死了魏忠贤，定逆案，但阉党余孽力图翻案。崇祯五年（1632），万泰与陆符等人通过慈溪的冯元飏、冯元飚兄弟，联络余姚的黄宗羲、宗炎、宗会三兄弟，组成了文昌社[②]，并参加了复社，在浙东形成了一股较强的力量，为了建黄尊素祠堂与阉党余孽展开了争地斗争，取得了胜利。万泰在崇祯九年（1636）中乡试，声誉日上，与陆符、董德偁、董守谕

---

① 万斯同：《石园文集》卷首，刘坊：《万季野先生行状》。

② 关于文昌社事迹，请参阅拙文：《黄宗羲与文昌社》，见《黄宗羲论》浙江古籍出版社 1987 年版。

四人，被称为“东林四先生”[1]。崇祯十一年（1638），万泰、陆符、黄宗羲及文昌社的冯京第、刘应期五人，在南京列名于《南都防乱公揭》，参加了驱逐阉党余孽阮大铖的斗争。

崇祯十七年（1644），明亡。福王在南京即位，阮大铖骤起为兵部尚书，他欲按《南都防乱公揭》中人名，予以一网打尽。万泰当时正好在南京，闻变，与李文胤同潜逃回里。不久，清兵渡江，福王政权覆灭，这一党祸也就在无形中解除了。

顺治二年（1645），清军趋杭州，万泰参加了钱肃乐领导的宁波城隍庙抗清起义。这年六月，定海总兵王之仁率部来宁波，欲杀降绅谢三宾以祭旗。谢家与万家是亲家，经万泰救援，谢三宾才免于一死。后来谢三宾多次密告抗清志士，致使不少人惨遭杀害，万泰悔恨不已，因自号“悔庵”。

“画江之役”时，万泰任鲁监国户部主事。清兵侵占宁波，他已先期携全家逃往奉化榆林群山之中。他既要为一家生计到处奔波，又身患疟疾，常养病于宁波西郊白云庄墓舍。但他仍与遗民们组织诗社，互相勉励晚节，坚拒清廷公车之征。他还两次营救抗清志士。一次是顺治四年（1647）曾发生抗清义军进攻宁波的“翻城之役”，由于谢三宾告密而失败。次年，清廷大肆逮捕，牵连数百人，其中有万泰的好友高斗枢、高宇泰父子，李桐、李文胤父子。万泰当时正在西郊养病，得知此事后，即连夜奔赴杭州营救，除李桐已病卒外，其他三人都得以出狱。另一次是在顺治七年（1650），黄宗羲弟宗炎因参加四明山抗清义军，失败被捕，押于宁波死牢。万泰与黄宗羲、李文胤等合谋，通过贿赂，得以在行刑之夜把黄宗炎偷换至白

---

① 全祖望：《续甬上耆旧诗》卷二〇《董户部守谕》。

云庄。本来，很多遗民都责怪万泰昔日救援谢三宾，以致养虎贻患，但经这两次营救志士后，“万先生义声震天下”①，遗民们也谅解了他。

顺治十二年（1655），万泰离宁波到杭州、苏南等地漫游。次年夏，又远赴广州，与朱彝尊、金堡等人互相诗酒往来，酬答甚乐。顺治十四年，他自广东回家，因染病卒于江西湖口，享年六十。所著有《续骚堂集》、《寒松斋集》、《粤草》等，后两种已佚。

四、万氏八龙

万泰有八子一女，万斯大排行第六，斯同最小；姊斯诜，嫁与谢三宾子谢为兆。兄弟八人，在康熙前期已为家乡人士所推崇，人称“万氏八龙”。李文胤曾说：“说经无双，名擅八龙，昔有慈明，今见充宗。”② 他解释说：“以荀氏八人，慈明第六，而万氏八人，充宗第六也。”③后来黄宗羲子黄百家也说万泰“而有才子八人，人比荀氏八龙焉”④。所谓“荀氏八人”，指后汉荀淑的八子，《三国志·魏志》说他“有子八人，号曰八龙”⑤。李文胤所说的慈明，即八龙中荀爽的字，其所著有《易说》，是位经学家。然而乾隆时，全祖望的弟子蒋学镛对这一比拟颇不以为然，认为“万氏八龙”胜于“荀氏八

① 李文胤：《杲堂文钞》卷一《续骚堂集序》。

②③ 李文胤：《杲堂文钞》卷三《送万充宗授经西陵序》。

④ 钱仪吉：《碑传集》卷一三一，黄百家：《万季野先生斯同墓志铭》。

⑤ 《三国志·魏志》卷一〇《荀彧传》。

龙”。但他所介绍的也不完备，今补充叙述于下：

万泰长子万斯年，字祖绳，晚号澹庵，明邑庠生，为钱肃乐弟子。万氏全家避居奉化榆林时，他率诸弟垦荒糊口，又督率他们读书。万泰卒后，他令几位弟弟和儿子万言长途跋涉，到余姚向黄宗羲求教。康熙元年（1662），城内万氏故居为清帅所夺，万氏兄弟蹋居于西郊白云庄墓舍。因为房屋狭仄，加上为了生计，他在康熙三年离开白云庄到西乡桃源书院授徒，宁波城西七个乡的士子都到他的书院求学。晚年，他为钱肃乐搜辑遗集，又为他立嗣，并要求当道立钱氏于乡贤祠。康熙三十二年（1693）卒，年七十七。黄宗羲为他作《万祖绳墓志铭》。

次子斯程，即救黄宗炎于刑场，并背负到西郊白云庄之人。明亡后遵万泰教训，不仕新室，隐居于西郊桃源乡，卖药为生。康熙二十二年（1683）卒，年五十一。

三子斯祯，字正符。明亡，不应举，以训蒙为生，精研《周易》，旁及《毛诗》、《春秋》，可惜贫病无后，晚年寄食于婿家，以致所著未能行世。卒于康熙三十六年（1697），年七十六。

四子斯昌，字子炽，勇力过人，倜傥多智，避地榆林时，他一人独持戈矛，捍卫村民，颇有祖上武将风度。与四明山抗清义军冯京第、黄宗炎部有联系。后隐居西郊桃源乡，与兄斯程一起卖药为生。顺治十年（1653）病卒，年二十九。

五子斯选，字公择，学者称白云先生，为黄宗羲甬上证人书院的高弟，为其哲学思想的继承者。曾至杭州、语溪（今浙江桐乡）讲学，晚年讲学于今江苏淮阴。黄宗羲对他的学术评价很高，把自己与他的关系比之于王阳明和徐爱。他卒于康熙三十三年（1694），年六十有六。黄宗羲十分悲痛，说：“天夺吾畏友。”[1] 为他作墓志铭。所著有《白云集》，惜已佚。

六子斯大，见本书附传《万斯大评传》。

七子斯备，字允诚，一字又庵，为李文胤婿，黄宗羲甬上证人书院弟子。善书法，精篆印，又工于诗。曾助李文胤辑《甬上耆旧诗》，卒年不详。所著有《深省堂集》，刻于《四明丛书》中。

万斯同是“万氏八龙”中最小的一位。

由上可知，万氏兄弟以八龙见推，一则在于他们之中有以经学、理学、史学、文学卓绝一时的，一则在于他们坚持民族气节，不应清廷科举，以布衣终身。万氏八龙，确实胜于荀氏八龙。

---

① 黄宗羲：《南雷文定》五集卷三《万公择墓志铭》。

第三章　万斯同传略

一、童年、青少年和参加文会时期（1638—1666）

（一）榆林三载

万斯同，字季野，学者称石园先生，卒后门人私谥以“贞文”。明崇祯戊寅十一年（1638）正月二十四日生于浙江宁波府鄞县（今宁波市）广济街万氏故第。前一年，父万泰已中乡试，声名鹊起，交游日盛。然而明政府已在农民军和清军进攻下，处于风雨飘摇之中。

他七岁时，明亡，马士英等拥立福王在南京即位，改元弘光。次年，清军攻陷南京，分兵一支，直指杭州。浙东列郡义兵共立鲁王朱以海，监国于绍兴，与清军隔钱塘江而守，万泰被任为户部主事。第二年，万斯同九岁时，清军横渡钱塘江，席卷浙东，万泰迁全家于奉化西南榆林山中，一居三年。在这三年中，万斯同一家生活窘迫，城内故居情况不明，携带到榆林的财物又被山兵焚掠一空。母闻氏、祖母陈氏相继病卒。万斯同常随父兄垦荒山以糊口，他们往往“杂僮仆中，种麦、种豆，种薯蓣、种菜、挑笋、捕鱼诸勤苦，皆躬亲之”①。

万斯同自幼就很聪明，记忆力极强，八岁时能背诵扬子《法言》，“终篇不失一字”②。在榆林三载，他旁听长兄斯年对诸位兄长讲解功课，自己也经常请兄长教他识字，“年逾十岁，未尝入塾也，然而先生志性夙成，居常乞字于诸兄”③。

顺治六年（1649），他十二岁时，清廷下令凡明遗民不归顺清廷的，就要录其家口发配东北。万泰不得已令长媳周氏先入城，发现城内故居已被抢劫一空，只好暂居于西郊白云庄丙舍。当时万斯同已习惯于村童生活，不想读书上进，而且十分调皮，整日玩耍。关于榆林三载和西皋一年的情况，后来他有诗叙及：

> 我昔九龄时，慈母中道弃。此时赤日赪，腥风匝地沸。艰难营一殡，辛苦且逃避。昼行岩壑间，夜宿豺虎际。弱儿可怜人，性命托兄弟。穴居逾三年，脱粟尝不继。重返西皋居，遂作灌园计。田圃久成

---

① 万斯大、万经增辑：《濠梁万氏宗谱》卷八，万言：《先母周儒人传》。

② 钱大昕：《潜研堂文集》卷三八《万先生斯同传》。

③ 钱仪吉：《碑传集》卷一三一，黄百家：《万季野先生斯同墓志铭》。

芜，桑麻亦已废。再葺耕耨基，复理桔槔器。时或
从父兄，荷锄畦边憩。①

榆林时期及其以后，万斯同从一个贵公子一下子下降为一个必须自食其力的劳动者，这种经历对他的思想发展带来良好的影响，使他懂得民间疾苦，这是他史学思想中人民性因素形成的原因之一。

(二) 参加文会和化安山访师

顺治辛卯八年（1651），万斯同十四岁时，万氏全家从白云庄搬回广济街故居。这一年有两件事对他的思想产生重大影响。第一件事是万泰参加了“鹪林六子”诗社，其成员有徐凤垣、高斗魁、高斗权、李文胤及寓公梁以樟，除梁氏外这些人都是宁波著名遗民，徐凤垣后来还成了万斯同学诗的老师。是年秋天，万泰约他们集中于故居寒松斋，晚上，偷偷拿出了珍藏的明太祖赐给他始祖万斌的御押、告身、木符等以及祖上万全所绘“四忠三节图”。遗民们感慨万分，各赋诗记载此事。万斯同自然看到了秘藏的这些遗物，他后来说：“愚时犹及见太祖授我始祖令旨二道，其一方为丞相时，后题龙凤五年。”② 这件事不仅启发了他的民族意识，而且影响了他以后的史学思想。

第二件事是这年九月，清军攻陷舟山，张名振、张煌言

① 万斯同：《石园文集》卷一《述旧》。

② 万斯同：《石园文集》卷七《海外遗集后序》。

护鲁王入闽，依郑成功，而留在舟山的东阁大学士张肯堂、礼部尚书吴钟峦等遇害。吴钟峦是当时硕果仅存的东林党人，顾宪成的学生，高攀龙的好友。吴氏遗稿于这年冬天流入宁波，为万泰所得，万泰亲手整理，手抄成帙。万斯同当时看到了吴氏遗书，十分钦佩。他晚年对吴氏儿子说："时斯同年方十四，读其书辄知敬其人，以为当此之时，家社丧矣，区区海外一块土，岂足为一成一旅之业！而公以八十老人，间关从主，卒与此土同尽，斯其志欲何为哉？夫亦成仁取义之学，讲之平日，当见之晚节耳。"① 这对他以后以布衣终生，坚不仕清，有一定关系。

但作为"田舍儿"的万斯同，野性未驯，不肯随诸兄一起读书，书籍也常被他弄得残破，万泰十分忧虑，曾想把他送入寺院去。有一次，万泰一怒之下把他关在书房内，万斯同在室内闲极无聊，就翻阅书架上的明史资料来看，不想愈看愈入迷，数十册书几天就看完，意犹未足，又找书架上各种经书阅读，他记性极强，都记在心中。出来后旁听诸兄议论功课，也跃跃欲试：

> 一日，伯兄斯年家课，先生欲豫焉。伯兄笑曰："汝何知？"先生答曰："观诸兄所造，亦易与耳。"伯兄骤闻而骇之，曰："然则将试汝。"因杂出经义目试之，汗漫千言，俄顷而就。伯兄大惊，持之而泣，以告户部曰："几失吾弟！"户部亦愕然曰："几失吾

① 万斯同：《石园文集》卷七《海外遗集后序》。

子!”是日，始为先生新衣履，送入塾读书。[①]

万泰高兴得每逢人“辄称吾家第八儿，遂能至此，当为善择师友”[②]。

顺治十一年（1654），黄宗羲送女到宁波，嫁于城东朱氏，住在万氏寒松斋，“先生（万泰）因使诸子尽事黄先生”[③]。万斯同就在这一年拜黄宗羲为师的，是年方十七。

顺治十三年春，万斯同与兄斯大、斯备、侄万言，同城中故家子弟二十九人组成文会，这是宁波众多明遗民诗社之外由遗民子弟组成的社集，万言曾讲到这一文会的情况，他说：

> 弱冠，出与郡中诸大家为文会。于是会者……及家叔充宗、允诚、季野凡二十九辈，皆年少勤学，更十日或十五日一会，会试二义，必剧饮尽欢而散，郡中传为盛事。[④]

他又说，这时这些家庭多已生计中落，“而犹席先人余荫，不知饥寒为何物。虽以年齿俱少，不敢高谈性命，要之所论非史书治乱，即古文歌辞，以为异日当各以所长自鸣，其视

① 全祖望：《鲒埼亭集》卷二八《万贞文先生传》。
② 李文胤：《杲堂文钞》卷三《送万季野授经会稽序》。
③ 同注①。关于万斯同始师事黄宗羲事，请参阅陈训慈、方祖猷著：《万斯同年谱》第56页，香港中文大学出版社1991年版。
④ 万言：《管村文钞》卷一《李重明墓志铭》。

世路贿利之事，直如土芥，一不置齿颊间。”① 万斯同曾说自己“学凡三变”，“弱冠时为古文词诗歌，欲与当世知名士角逐于翰墨之场”②，就在这段时期。

万泰当时在广州，听说他们组织文会，寄《训子书》两封给家中，除勉励万斯同“在家读书，当与诸兄相砥砺，但要虚心平气，方有长进”③ 外，又教导他们：

> 儿辈在家，自相师友，最是好事。古书五经而外，宜归本于八大家。至于《通鉴》，尤不可不看，读书人不知古今，与聋瞶等耳。……远在天末，所望汝等刻苦勉励，不坠家声，慰我老怀耳。④

他信中的前一段在学术上要求诸子读唐宋八大家文，特别强调读《通鉴》，这是适应时代潮流的学术思想；后一段在道德上要求他们不坠家声，也就是说要坚守民族气节。这些教导对万斯同都有深刻的影响。可惜的是，这已是他的绝笔了。

万泰卒后，家境益落。黄宗羲听到噩耗，即寄书万斯年，邀万氏诸弟到余姚化安山龙虎堂向他受学。顺治十六年(1659)，万斯同徒步百里，第一次到余姚拜谒黄宗羲，这时他年已二十二岁。二十四岁时，他与兄斯备、侄万言一起，再至余姚向黄氏求教，披览黄氏藏书，留连十日。回家后十分

---

① 万言：《管村文钞》卷一《菉竹庐诗草序》。

② 万斯同：《石园文集》卷首，刘坊：《万季野先生行状》。

③④ 万斯大、万经辑：《濠梁万氏宗谱》卷一三《祖训录》。

怀念这次会见，说："何时龙虎堂，相对披遗籍？"[1] 这是黄宗羲指导他学业的开始。

次年，即康熙元年（1662），万家又面临一次重大打击，他们的广济街故居被清帅所夺。万氏八龙这时只剩下七龙，四兄斯昌已卒，七兄弟被迫迁居于西郊管村白云庄墓舍中。迫于生计，兄弟们只好四散谋食，而城中这些故家子弟也散者居多，文会已在无形中解散了。

在这几年，万斯同有《寒松斋即事》、《放歌行》、《述旧》、《寄五兄公择》、《再寄五兄公择》、《寄怀山中友人》、《山中饮酒赠黄直方》、《闲居》、《西皋移居》、《赠缩斋先生》等诗，诗中流露了反清意识，并有避世隐居之意，反映了这段期间他的思想状况。

（三）策论之会——史学思想的萌芽

城内文会虽然解散了，但万斯同在西郊又认识了几位富有才气的年轻人，他们所组织的文会叫澹园社，参加者有董允瑫、董允璘、陈紫芝、陈锡嘏、陈自舜、张士埙等十人左右。此外，西郊有一大族假山王氏，慈溪人郑梁馆于他家，为其子弟教书。康熙三年（1664），万斯同认识了郑梁，成为知交，又从而认识了王氏族人王之坪。西郊尚有一位富户子弟陈赤衷，万斯同也与他过从甚密。康熙四年（1665），万斯同及其兄斯选、斯大、侄子万言四人，与他们共同组成了"策

---

① 万斯同：《石园文集》卷一《寄怀山中友人》。

论之会"[①]，参加者尚有钱鲁恭、张九英、范光阳。这些人后来大多参加了甬上证人书院。

从文会到策论会成立时，万斯同仍专心于诗古文词，但是"策论会"成立第二年，他为学开始变化，转而从事于史学。据他后来同刘坊说，他感到古文词诗歌都是"无益之言，以惑世盗名，胜国之季可鉴矣，已乃攻经国有用之学，谓天未厌乱，有膺图者出，舍我其谁？时与诸同人兄弟自有书契以至今日之制度，无弗考索遗意，论其可行不可行"[②]。黄百家说："康熙丙午、丁未间，予与先生（万斯同）及陈子夔献（陈赤衷）读书于鄞县外之海会寺，见先生从人借读《二十一史》，两目为肿。"[③] 万言的儿子后来回忆说："后吾父与季野从祖，日不饱一粥，毅然磨砺史学，从云在楼陈氏借《二十一史》，入夜无油，就月光读之，光尽则相背诵达旦。"[④]

万言攻治史学，是万斯同劝导的结果，万斯同即在这一年写了一封信给万言，这就是体现他早年史学思想的"三书"之一的《与从子贞一书》（万言字贞一，另二书为《寄范笔山书》和《与李杲堂先生书》），这是一篇研究他的史学思想的重要著作。

从康熙五年（1666）开始，他又着手补撰东汉以来所缺的历代史表，李文胤说他："少时尝忾蔚宗（《后汉书》作者范晔字）无表，因补作《东汉诸王功臣世表》、《大臣九卿年

① 关于策论会情况，见郑勋：《诰授中宪大夫先寒村公年谱》。

② 万斯同：《石园文集》卷首，刘坊：《万季野先生行状》。

③ 钱仪吉：《碑传集》卷一三一，黄百家：《万季野先生斯同墓志铭》。

④ 万承勋：《千之草堂编年文钞·恭寿堂藏书记》。

表》、《外戚宦者侯表》，凡六篇。”[①] 这是他后来赓续集成《补历代史表》一书的开始。

万斯同的史学，在策论会期间已萌芽了。

二、参加甬上证人书院和授徒时期（1667—1678）

(一) 从证人之会到讲经之会

康熙丁未六年（1667）正月初七，万斯同三十岁时，万氏兄弟叔侄同策论会诸子中大部分人，共二十五位，到余姚黄竹浦执贽于黄宗羲，这是甬上证人书院成立前的序幕。

这件事是万斯同兄弟引导的结果。范光阳说：“岁甲辰（康熙三年），与万斯同兄弟游，每论古今事，辄曰：‘吾师姚江黄夫子言如此。’光阳诧曰：‘此非袖长锥锥许显纯者乎？’因相与极论先生之学，并及颂冤时事。”[②] 范光阳对此极为敬佩。康熙五年冬天，陈锡嘏与陈赤衷、范光阳、董允瑫四人住在张士埙家，相互间“有刻烛论心之约”，次年正月，“万氏兄弟导之以往姚江”[③]。关于这件事，万言在《怀旧诗八首为陈怡庭寿》的诗序中说：

① 李文胤：《杲堂文钞》卷一《补历代史表序》。
② 范光阳：《双云堂文稿》卷四《黄师母叶夫人六十寿序》。
③ 陈锡嘏：《兼山堂集》卷四《陈母谢太君六十寿序》。

> 余叔侄以先王父（万泰）之旧，受业于梨洲先生者有年。乙巳（康熙四年）春，始偕同人往，怡庭（陈锡嘏）暨陈夔献（赤衷）、张旦复（汝翼）、冯彦仲（政）、陈非园（紫芝）、范国雯（光阳）、董在中（允璘）、董巽子（道权）、陈同亮（自舜）、董俟真（允玮）、郑禹梅（梁）、董吴仲（允瑫）、仇石涛（云蛟）、仇沧柱（兆鳌）、王文三（之坪）、张心友（士埙）、张梅先（九英）、李锡衮（开）、张璧荐（九林）、陈和仲（寅衷）、钱汉臣（鲁恭）及余叔侄凡二十六人，信宿先生南楼而返。自是，非余辈过姚江，即先生过甬，讲道论心，极一时师友之盛。①

但万言把姚江之行的年代记错了，应在康熙丁未六年。此外，郑梁其实未去。②

是年五月，黄宗羲亲来宁波，授他们以刘宗周的《圣学宗要》。六月，策论之会就改名为证人之会了。《圣学宗要》是刘宗周所辑濂（周敦颐）、洛（程颢、程颐）、关（张载）、闽（朱熹）诸书的选录，但刘宗周是以自己的学术观点选择节录的，所以此书是贯彻蕺山之学精神的。范光阳说："蕺山刘忠正公之学，自吾师姚江黄梨洲先生始传于甬上，其时郡中同志之士十余皆起而宗之，以为学不讲不明，于是有证人之会，

① 万言：《管村诗稿》卷四。

② 关于姚江之行的年代与人员，请参阅陈训慈、方祖猷著：《万斯同年谱》第76至78页，香港中文大学出版社1991年版。

月必再集，初讲《圣学宗要》，即蕺山所辑《先儒粹言》也。”[1]

在证人之会中，万斯同及其诸兄是重要的成员。李文胤指出：“季野兄弟更与所同研席诸人，相与论黄氏之学，上溯蕺山，以为绝学宜传，人师难值，于是里中……诸君子得及姚江之门，学者蔚然一变，则万氏教之也。”[2] 但就在这一年，证人之会即改为讲经会了。这一学习内容的转变，据李文胤说，是由于黄宗羲的教导，他说：“黄先生教人必先通经……尝曰：‘人不通经，则立身不能为君子；不通经，则立言不能为大家。’于是充宗兄弟与里中诸贤共立为讲五经之集。”[3] 正如本书第一章所说的，黄宗羲提倡经学，是明中叶经学复兴运动的发展，是企图从六经中求道，探索先王制度的一种经学经世的思潮，这是他在甬上创办书院的主要目的和教学内容。

（二）甬上证人书院的高弟

讲经会虽按黄宗羲的教导成立了，但没有取名。次年，即康熙戊申七年（1668）三月，万斯同三十一岁时，黄宗羲再次来甬。据他的儿子黄百家说：“戊申，鄞城亦请府君主讲席，一会于广济桥，再会于延庆寺。自是甬上杰出君子二十余人，咸来执贽。”[4] 他所说的广济桥，即黄宗羲的朋友高斗枢、高

---

① 范光阳：《双云堂文稿》卷三《张有斯五十寿序》。

②③ 李文胤：《杲堂文钞》卷三《送万季野授经会稽序》。

④ 黄庆增等辑：《竹桥黄氏宗谱》卷一一，黄百家：《黄氏续录·失余稿》。

斗魁兄弟的广济桥家祠内，也就是万言说的："先生至宁，尝会讲高氏祠"[①]。据《四明谈助》卷二三："高中丞第：……其旧宅在广济桥"。至于延庆寺，在宁波南门，是著名的天台宗讲寺。高氏祠太小了，于是迁至延庆寺。

黄宗羲这次为讲经会取了一个名字，他说："余至甬上，诸子大会于僧寺，亦遂以证人名之。"[②] 但他没有讲清楚，是名为证人讲经会，还是证人书院，后来全祖望称为"甬上证人书院"[③] 以区别于前一年黄宗羲在绍兴恢复的证人书院，但他有时又称"证人讲社"[④]。

甬上证人书院与以前书院不同之一是它没有学田一类财产以供师生讲习的费用，所以讲会地址也常徙迁不一。一度讲于万氏西郊的白云庄墓舍，但太狭小了，而且万氏兄弟都很贫寒，无力供应会讲时的伙食费用，所以后来又讲于陈自舜的云在楼，或西郊张士埙的别业墨庄，或西郊的陈赤衷家中。

甬上证人书院的教学内容以经学为主，其先后次序为《易》、《书》、《诗》、《礼》、《春秋》，说明他们是按古文经学的路子学习的。除五经外，蕺山之学自然也是必修课，但没有规定日程，由弟子自学。与蕺山之学相联系的是哲学。万斯同当时曾有两信给学友董道权，第一封信是向他借《易》书，第二封信谈到东林学派高攀龙的《高子遗书》，并再次要求借

---

① 万言：《管村诗稿》卷四《怀旧诗八首为陈怡庭寿》。
② 黄宗羲：《南雷文定》三集卷二《董吴仲墓志铭》。
③ 全祖望：《鲒埼亭集》外编卷一六《甬上证人书院记》。
④ 全祖望：《续甬上耆旧诗》卷九六《陈编修锡嘏》。

《易》书。[①] 信中所指《易》书，是指董道权父亲董守谕的《读易一抄》、《读易二抄》等。可知他们在学《易》时，同时学习哲学著作，但除蕺山之学外，其他哲学著作不是必选课。除此以外，按各人所长进行学习，如史学、文学，以至“天文、地理、六书、九章，至远西测量推步之学”[②]。

甬上证人书院弟子后来发展到四十余人，其中得到黄宗羲所推许的有十六人。在这十六人中起主要作用的为七人，即二陈（赤衷、锡嘏）、三万（斯选、斯大、斯同）和二董（允瑫、允璘）。二陈是讲会的组织者，学术骨干是三万和二董。全祖望说：“时万氏兄弟八人（时应为七人），而公择、充宗、季野雄视讲社……时人为之语曰：‘三万熊熊，二董雍雍。’”[③]

万斯同在这十六弟子中年纪较轻，然而却为师友们所推崇。李文胤说他：“善读书，其于经史之学，开卷了然，能得其纲领。余有所疑，质诸季野，始自信。”[④] 还说：“若学通古今，无所不辨，则吾不如季野。”[⑤] 陈锡嘏是一位颇有主见，不肯随声附和的人，但有一次竟“梦与人言：‘蕺山梨洲之传，当在夔猷、季野。’”还说：“季野声容严静，俾在圣门，狂狷之亚也。”[⑥] 黄百家也很钦佩他，说在万氏兄弟中，各长于理

① 以上两信今藏于上海图书馆古籍部内。
② 万经：《寒村七十寿序》。
③ 全祖望：《续甬上耆旧诗》卷九五《董孝廉允瑫》。
④ 李文胤：《杲堂文钞》卷三《送万贞一游江右序》。
⑤ 李文胤：《杲堂文钞》卷三《送万季野授经会稽序》。
⑥ 陈锡嘏：《兼山堂集》卷四《陈母谢太君六十寿序》。

学、经学、文学，而万斯同“略足兼之，而尤长于史”①。黄宗羲曾开玩笑地说他是“书橱”②，还向李文胤称赞万斯同的好学和才能，李文胤听了后说：“盖先生心属季野之重有如此。”③

师友的推崇，说明万斯同在证人书院中已“为吾党所宗”④，成了这些英伟高明的黄宗羲弟子中的领袖人物之一。

（三）授经会稽——史学思想的形成

甬上证人书院成立第二年，即康熙己酉八年（1669），万斯同为了谋生，与同学董允璘共赴会稽，馆于绍兴证人书院发起者之一姜希辙家中，为其子姜垚教经学。会稽之行，是他一生中的大事。

姜希辙字定庵，为刘宗周弟子，仕于清廷，当时正好在籍待缺。姜家的藏书十分丰富，特别保存了一套明朝的历代《实录》、各代邸报以及各种野史、家乘，从而为他史学思想的形成具备了必要的条件。万斯同看到了这些藏书，立即被吸引了，他“废寝观之”。据黄百家说：

> 己酉后数年，又与先生（万斯同）读书于越城姜定庵先生家，发其所藏有明列朝实录，废寝观之。……向晚缕缕必为余详说一日所观某事之颠末，某

① 钱仪吉：《碑传集》卷一三一，黄百家：《万季野先生斯同墓志铭》。
② 黄宗羲：《南雷诗历》卷二《寄陈介眉兼怀贞一》。
③ 李文胤：《杲堂文钞》卷三《送万季野授经会稽序》。
④ 李文胤：《杲堂文钞》卷三《送徐遂生六十序》。

人之是非，出口入耳，使余得粗知一代之梗概者，亦多自先生教之也。①

黄百家还说他“于有明十五朝之《实录》几能成诵，其外邸报、野史、家乘无不遍览熟悉。”②

他饱读这些史籍后，史学思想开始形成了。第二年，他有信给李文胤，在《与李杲堂先生书》中提出了撰写包括“近者鼎革之际更有他乡所不及者”，即宁波地区清初抗清事迹在内的方志计划，以使“善无微而不显，人无隐而不章”，表达了浙东史学的民族思想和经世精神。在这封信中，他提出了“采《实录》之明文，搜私家之故牍，旁及于诸公之文集”以及“核其实而辨其讹，考其详而削其滥”③ 的史法。

这一年，他又有信寄范光阳，即《寄范笔山书》，进一步阐明了他的史法。他发现明朝的野史错误疏漏之处很多，认为唯一足取的是焦竑的《献征录》。然后他进一步提出《实录》的价值，认为“不观国史而徒观诸家之书”，是“犹以管而窥天”，接着他提出了自己的打算：“尝欲以国史为主，辅以诸家之书，删其繁而正其谬，补其略而缺其疑，一仿《通鉴》之体，以备一代之大观。”④

从此，万斯同的史学为之一变，他原由诗古文词转向探求古代典章制度，现在认为这一方法太“迂远”，“而涂山二百九十三年之得失竟无成书，其君相之经营创建与有司之奉

①② 钱仪吉：《碑传集》卷一三一，黄百家：《万季野先生斯同墓志铭》。

③④ 万斯同：《石园文集》卷七。

行，学士大夫之风尚源流，今日失考，后来者何所据乎？”[①] 因此他从古代史转而从事于现代史，“有志于明史，悉屏他书不观”[②]，决心撰写有明一代历史了。

以明史为主要内容的史著，以国史为主、野史为辅的史法，提倡削繁正谬、补略缺疑的史考，这三者的提出，说明万斯同的史学思想已经形成了。

（四）潘平格引起的风波

万斯同当时的社交圈子除甬上证人书院同学外，还有另一个圈子，即与遗民们的交往。他与甬上著名遗民如徐凤垣、高斗魁、高斗权、高宇泰、林时耀等多有诗文往来。徐凤垣是位文学家，万斯同称为“吾师霜皋先生”[③]，当是他学诗的老师。李文胤说他“喜从郡中耆旧诸长者游”[④]，说明万斯同与他们交往密切。遗民们不屈的民族思想自然感染了万斯同，这在他当时所作的《寄侄贞一问金陵旧事》和《逸老堂记》、《赠高废翁先生序》等诗文中都有流露。

康熙十二年（1673），万斯同与兄斯选、友人赵时赟三人共修《宁波府志》，他的史学得以稍试其锋。正当他经史之学继续充实的时候，发生了一件意想不到的事，即潘平格到证人书院来宣传他的哲学思想，引起了万斯同与黄宗羲之间的思想冲突。

---

① 万斯同：《石园文集》卷首，刘坊：《万季野先生行状》。
② 万斯同：《守高赠言序》。
③ 万斯同：《石园文集》卷七《与李杲堂先生书》。
④ 李文胤：《杲堂文续钞》卷三《送万季野北上序》。

潘平格，字用微，宁波府慈溪县文溪乡人。明末，他从事于理学和佛老之学。明亡，他认为这些学问都不合乎孔孟言论，于是对宋、明理学中的心学和理学两派都予以激烈攻击，指责他们都是孔庙两庑中的一群僧道，他是清初反理学的先驱者。① 康熙初，他从江苏回到家乡，听说宁波有证人书院，就跑来向证人弟子宣传他的学说，并把书院中的颜曰彬拉了过去，使他脱离书院，成了潘氏学说的传人。受他影响的还有郑梁、毛勍和万斯同。②

当潘平格在甬上挑起争执时，万斯同在绍兴，他“闻四明有潘先生者曰‘朱子道，陆子禅’，怪之”③，于是亲自到慈溪去与潘平格辩论，结果，反而被潘氏说服了，对人说“往诘其说，有据”④，还把潘氏著作带回宁波。康熙十二年(1673)，他带来的这些书被同学毛勍看到了，毛勍看了后说：“一见而嗜之，同志皆非余，余信之益笃。”⑤

万斯同是黄宗羲得意弟子，毛勍也是被黄宗羲称赞的十六位弟子中的一员，所以这件事就大了，同学们都指责他背叛师说，“同学因轰言予畔黄先生，先生亦怒。”⑥ 黄宗羲的愤怒表现于他写给万斯同一封信，这就是收于《南雷文案》卷三的《与友人论学书》。他在文中全面指斥潘平格的学说，在结尾时说：“夫用微之訾毁先儒也，名母之学也。将尽行之乎?

---

① 关于潘平格哲学，请参阅拙文：《论潘平格的求仁哲学》，《朱子学刊》1991 年第 2 辑。

② 关于潘平格在甬上书院引起的争端，请参阅拙文：《黄宗羲与甬上弟子的学术分歧》，香港中文大学《中国文化研究所学报》1991 年第 22 卷。

③④⑥ 李塨：《恕谷后集》卷六《万季野小传》。

⑤ 潘平格：《求仁录辑要》卷首，毛勍：《潘先生小传》。

愿勿訾毁先儒也;将有所不行也，愿且以訾毁先儒为后也。”表面上是指责潘平格，其实也暗指万斯同。意思说，潘氏訾毁程朱陆王等人是孔庙两庑中的一群僧道，你如相信潘氏的学说而行之，请勿訾毁先儒；如仅相信而不行，请你以后再去訾毁先儒。这样措辞严厉的语言，万斯同和毛勍被压服了，万斯同对黄宗羲作了这样表态:“请以往不谈学，专穷经史。”① 从此，他既不谈潘氏之学，也不谈蕺山之学，一头埋到经史领域中去了。从此我们再也看不到他在《与从子贞一书》中那样充满他哲理思想的文句了，如“其上者如身心性命之学”、“抱万物一体怀者”、“天心之仁爱”等等。但在此后几十年里，他仍不能忘情于潘平格的学说，到了晚年才向李塨暴露了这一内心秘密。

(五) 昆山之行

康熙十三年 (1674)，万斯同三十七岁时，家境有了好转。李文胤家住在城东，离万斯同赘居的傅家相去仅百步。李文胤家虽亦因抗清而中落，但家中并未像万家那样丧失殆尽。他在学问上非常钦佩万斯同，又看到曾救过他性命的故人儿子为赘婿后仍“四壁不能立”②，于是延请他到李家居住，为其子李暾授经，给以一定的薪金。这样，万斯同才从长期的饥寒困厄中摆脱出来。

生活安定后，他在写作上有了较大的进展，在此后的五年中，他写了两本重要的著作，一本是《明乐府》，一本是他

① 李塨:《恕谷后集》卷六《万季野小传》。

② 李文胤:《杲堂文钞》卷三《送万季野北上序》。

早年着手写的《补历代史表》的大体完成。前者约作于康熙十三年（1674），他请李文胤评论自他早年参加文会后所作的一些诗，并请李文胤作序。李文胤颇赞许他的诗，于是万斯同与他相约，“拟取三百年朝廷大事与夫士大夫风节有关名教及他轶事足传，每题系以乐府一章。”① 于是写成了《明乐府》。后者始作于康熙五年（1666），“自后遂仿秦楚之际作月表，共三十五篇，又补作后五代十国表八篇，附录前后潜国将相表十一篇”②，加上以前六篇，共六十篇。李文胤对此书评价很高，以司马迁的“深思”、“深考”来称赞他。

大约康熙十六年（1677）以后，他虽僻处海滨，但名声却不知不觉地传流开来。原来到了康熙十四年（1675），甬上证人书院中除了张九英、董允瑫、钱鲁恭已卒，万斯选、万斯大至外地授徒外，陈紫芝、董允璘、郑梁、范光阳、万言、陈锡嘏、仇兆鳌等人相继中举，他们都要参加京师的会试，所以书院也就停止活动了。他们在京师参加会试期间，自然谈起证人书院事。康熙十五年（1676），黄宗羲又至海昌（今浙江海宁）讲学，昆山徐秉义也远来听讲，其兄徐乾学派门人来旁听，这样，万斯同的声名自然通过他们的口得以传播。所以李文胤在当时说：“今季野学既大充矣，海内惟恐不识其面矣，惟恐不读其书矣。”③

万斯同声名鹊起，给他惹来了麻烦，康熙十七年，清廷开博学鸿儒科，浙江当局推荐他，强令出仕。他在前一年还

---

① 李文胤：《杲堂文续钞》卷一《万季野诗集序》。

② 李文胤：《杲堂文钞》卷一《补历代史表序》。

③ 李文胤：《杲堂文续钞》卷三《送万季野北上序》。

写《杨氏四忠卜葬歌》，歌颂顺治六年“翻城之役”中牺牲的抗清志士，近期来又追随于“明州九子社”的明遗民们，再加上万泰的教导，自然不肯应征。恰好这时因母丧在江苏昆山居忧的徐乾学，礼聘他到昆山撰《丧礼》，为了逃避清廷的强行征辟，他立即离甬，作昆山之行了。

徐乾学是清初大思想家顾炎武的外甥，时任清右赞善。他之所以邀请万斯同到昆山，是因为父母双亡，准备编纂《丧礼》一书。但如第一章所述，明朝经学衰微，经学复兴也仅开始，尚未有人能对《礼》学作一番踏实的研究。徐乾学凭个人力量撰写此书是困难的，所以聘万斯同来昆山，其实是请他代撰的。

万斯同对名利看得很淡薄，为人捉笔，自己也无所谓。他高兴的是徐氏传是楼藏书富甲天下，万斯同嗜书如命，对此自然心花怒放，“恍如上林看春卉”①，很想一头钻进去做书中的蠹鱼。可惜因忙于纂《丧礼》未能有时间翻阅。除传是楼外，昆山尚有叶九来（名奕苞）的半茧园，一名小有堂，亦富藏书，且园中景色幽美，他也很喜欢到园中去休息和看书。

但他没有想到，昆山之行对他下半生的命运和学术思想的发展，起了重大的作用。

三、京师修史时期（上）
（1679—1689）

（一）蓝溪辞行和西郊送别

康熙十八年（1679），万斯同四十二岁时，这年三月，清

① 万斯同：《石园文集》卷一《传是楼藏书歌》。

廷诏试博学鸿儒，中试者五十余人，入翰林院，分别授以编修、检讨等官职，同修明史，开局于内东华门外，以内阁学士徐元文为监修，翰林院掌院学士叶方霭、右庶子张玉书为总裁。

徐元文是徐乾学的弟弟，这时尚在昆山守孝。这年八月，守孝期满，即邀请万斯同和万言北上修史。万斯同得到这一消息，即与万言一起到余姚蓝溪（今陆埠镇），向黄宗羲辞行。黄宗羲赋诗三首相赠，其中一首告诫他们："不放河汾声价倒，太平有策莫轻题。"① 要他们在京师保持与清廷一定程度不合作的政治态度。关于修史的问题，他在诗中说："是非难下神宗后，底本谁搜烈庙终。此世文章推婺女，定知忠义及韩通。"② 指出明神宗以后，党争激烈，是非混淆，关于建州女真事，由于清廷的忌讳，是非难清。崇祯（烈庙）一朝无《实录》，这都是修史的难点。欧阳修修《五代史》，不把忠于后周的大将韩通入传，你们修明史，应把抗清牺牲的人物写入传中。他还送给这两位得意的弟子以黄遵素所著的明朝《大事记》、《时略》和他自己所作的《三史钞》、《续时略》，以作修史之用。

他们从蓝溪回来后，八月，即治装北上。原甬上证人书院在宁波的同学：陈自舜、王之坪、郑梁、兄万斯备、黄宗羲子黄直方以及这几位同学的子弟都在西郊原张士埙的别业墨庄为他们饯别。李文胤和他的儿子李暾也从东郊赶来。酒酣中，万斯同建议："兰亭禊事，西园雅集，披图宛然，胡不

①② 黄宗羲：《南雷诗历》卷二《送万季野北上》。

仿而行诸?”[①] 王之坪立即推荐郑梁作画，次年，他绘成“秋郊饯别图”。

万斯同此次北上，他的师友多有诗文相送。他的学诗老师徐凤垣赠诗两首，其中说:“要使大义存，卓立千秋笔。”[②] 李文胤却说:“昔郑次都能招郅君章弋阳同隐，未尝阻其喟然而别也；襄阳庞德公使孔明独拜床下，未尝阻其隆中一出也。”希望他:“出处之事且有操之者矣。”[③] 徐凤垣勉励他在修史中应注意民族的大义；李文胤则希望他在政治上要坚持节操，因而万斯同“以是终身不受馆职”[④]。而郑梁却提醒他要注意对王阳明的评价，王阳明也是浙东人，不能“入室操戈”[⑤]。

在师友的依依惜别中，他作了如下表态:

> 吾此行非他志，显亲扬名非吾志也。但愿纂成一代之史，可藉手以报先朝矣。[⑥]

他至京修史还有一个原因，“其至京师，盖以群书有不能自致者，必资有力者以成之，欲竟其事，然后归。”[⑦]

这一年，他的儿子万世标诞生，但他弃妻子于不顾，与

① 郑梁:《寒村诗文选·寒村五丁集》卷一《秋郊饯别图》。
② 全祖望:《续甬上耆旧诗》卷三四《徐明经凤垣·送万季野之都门》。
③ 李文胤:《杲堂文续钞》卷三《送万季野北上序》。
④ 全祖望:《续甬上耆旧诗》卷五三《东洲遗老李邺嗣》。
⑤ 郑梁:《寒村诗文选·寒村五丁集》卷一《送万季野之京序》。
⑥ 万斯同:《石园文集》卷首，杨无咎:《万季野先生墓志铭》。
⑦ 《方苞集》卷一二《万季野墓表》。

万言踏上了至京师的旅途。

(二)"不居纂修之名，隐操总裁之柄"

万斯同到京师后，徐元文欲按例授以七品官俸，任翰林院纂修官，万斯同坚辞，"请以布衣参史局，不置衔，不受俸"①，徐元文同意了。所以他在京师与人交往，"其题刺则曰'布衣万斯同'"②。他住于徐乾学、徐元文兄弟在京官邸的碧山堂宾馆。

开始时，这些纂修官官气十足，自然瞧不起这位布衣，而万斯同却觉得这些纂修官并没有真才实学，一度很懊悔此行。康熙十九年（1680），他的同学董允璘病逝于保定，他作《悼董在中》一诗。诗中说："樗栎多为庙廊用，楩南岂意反见摧。去家万里魂何寄，天涯飘泊几时归?"③ 流露出对明史馆的不满，升起了归家的念头。加之他自浙江至京师，沿途满目荒凉，于是他寄诗给万斯备："向来此意爽然失，岂若家园守敝裘。他年归卧西皋上，与尔同侩墙东牛。"④

他最大的不满在于发觉"藉手以报先朝"的修史目的难以达到。因为清廷修史，上有总裁、监修，再上还有皇帝，而修史的目的是企图拉拢汉族知识分子，扩大清廷统治的基础，这与万斯同的修史目的大相径庭，怎允许他"藉手以报先朝"?康熙二十一年（1682），郑梁因会试至京，发现了这一点，他说

① 全祖望：《鲒埼亭集》卷二八《万贞文先生传》。

② 陈康祺：《郎潜纪闻初笔》卷一二《万季野父子之狷介》。

③ 柴永祺修：《四明儒林董氏宗谱》卷一四。

④ 万斯同：《石园文集》卷一《寄七兄允诚》。

万斯同不能“与备位玉堂者同操笔削，以正是非”，感慨“天下事能者不任，而任者不能”①。也就是说万斯同在修史中既不能行操削之权，也不能定是非之论，他“报先朝”的愿望自然落空了。

直至康熙二十一年和二十二年，他尚未打消南归之意，在《送陆翼王还郿城》一诗中说：“我亦念家园，矫首望何杳！征鞍不可借，忧心益以捣。”②

但不久，他的史学才能终于为这些纂修官们所钦佩。纂修官中有些人确有学问，但谁也没有如万斯同那样对明史有十余年研究的功力。总裁和监修在修史中也逐渐依靠他，他在修史中的作用在几年后突出起来。黄百家指出：“司寇徐健庵（徐乾学）、宫詹果亭（徐秉义）以及京朝诸大老，无不敬礼雅重”③。郑梁在京时，也“见一时修史诸君，多从季野折衷，季野亦遂乐为之驳正”④。由此可见监修对他的推重了，所以徐元文在史馆中，“遇有疑误，辄通怀商”⑤。康熙二十二年，叶方蔼卒，徐乾学为总裁，他同样信任万斯同，万斯同逐渐起了监修的顾问，“不居纂修之名，隐操总裁之柄”⑥ 的作用。

当然，最后的笔削权是操在监修和总裁手中的，特别有关明清、满汉关系等问题涉及时讳的，他们都要予以斧削，所

---

①④ 郑梁：《寒村诗文选·寒村五丁集》卷二《乐府新词序》。

② 万斯同：《石园文集》卷一。

③ 钱仪吉：《碑传集》卷一三一，黄百家：《万季野先生斯同墓志铭》。

⑤ 钱仪吉：《碑传集》卷一二，韩菼：《资政大夫文华殿大学士户部尚书掌翰林院事徐公元文行状》。

⑥ 黄云眉：《史学杂稿订存·明史编纂考略》齐鲁书社 1980 年 4 月新一版，第 125 页。

以万斯同至多只能说起副总裁的作用。

（三）私修明史的准备

康熙二十年，三藩之乱已彻底平定，清廷提倡右文崇儒的文化政策，以继续巩固其统治。各地硕学之士，竞会于京师，万斯同多与他们有往来，除明史馆中的汤斌、朱彝尊、吴任臣、潘耒、姜宸英、黄虞稷外，又有胡渭、阎若璩、陆陇其、梅文鼎、汤右曾、朱鹤龄、钱澄之、查慎行、王士祯、戴名世等，其中王源、刘坊、刘献廷这几位狂狷式的人物，与他交往最密切。王源曾与他因对元末红巾军首领韩林儿的评价不同而发生分歧，但不久即为他的史学所折服，赞扬他的才、学、识，说："此万子之学所为不可及也。"① 刘坊年纪较轻，独服膺万斯同，两人后来成了莫逆之交。而刘献廷则与他合作，两人在史馆开始了私修明史的准备工作。

万斯同与刘献廷是在康熙二十五年认识的。刘献廷也是因徐乾学兄弟之聘到京师的。万斯同很佩服他，"万隐君斯同于书无不读，乃最心折于继庄，引参明史馆事。"② 但是刘献廷对他并不心服，"继庄（刘献廷字）谓诸公考古有余，而未切实用"，对他也"尚有未满"③。那末，万斯同为何要介绍他参加明史馆而刘氏立即同意了呢？原来他们两人在为脱离史馆私修明史而作准备。

刘献廷也是一位富有民族思想终身不仕的学者，他们两人在史馆的活动有点异乎寻常，全祖望说：

---

① 王源：《居业堂文集》卷一二《万季野补晋书五表序》。

②③ 全祖望：《鲒埼亭集》卷二八《刘继庄传》。

> 予尝闻之，万先生与继庄共在徐尚书邸中，万先生终朝危坐观书，或瞑目静坐，而继庄好游，每日必出，或兼旬不返，归而以其所历告之万先生，万先生亦以其所读书证之，语毕复出。故都下求见此二人者，得侍万先生为多，而继庄以游，罕所接。①

刘坊也以其目击说："刘则善游，每旦兴必出，或夕不返。"② 结合全、刘所说，可知万斯同与刘献廷作了分工，一则出游，一则观书，然后以其所得互相印证，这是他们合作的第一步。

第二步，则是全祖望说的："时万先生与继庄，各以馆脯所入，抄史馆秘书，连甍接架。"③ 如前所述，万斯同之所以不安心于史馆工作，其主要原因是因为不能实现其"藉手以报先朝"的素志。此外，清廷虽然征购遗书，可是反映清初抗清的文献，由于忌讳，民间多隐藏不出，史馆所收，也都置于金匮石室，不能随意利用，要写成完整的抗清史，特别是南明史，在史馆显然是不可能的。万斯同身任史馆重任，根本不可能出去调查有关史迹，但有权整理、阅读这类文献；刘献廷虽入史馆，但不是纂修官，也无专职，可以经常"出游"，以调查、搜集有关文献。

全祖望看到刘献廷好游，提出了这样一个问题："予独疑

①③ 全祖望：《鲒埼亭集》卷二八《刘继庄传》。

② 万斯同：《石园文集》卷首，刘坊：《万季野先生行状》。

继庄出于改步之后，遭遇昆山兄弟（徐乾学、徐元文），而卒老死于布衣，又栖栖吴头楚尾间，莫不为枌榆之念，将无迹于避人亡命者之所为?”①又说：“盖其人踪迹非寻常游士所阅历，故似有所讳而不令人知。”②调查和搜集抗清文献，自然“有所讳而不令人知”，看起来像一个“避人亡命者”。

所谓“秘书”，按现在说法叫“密件”，而够得上密件性质的，在史馆自然主要是抗清文献。把这些秘书“连甍接架”地抄好后，他们企图私修明史的资料准备工作大体完成了，所需要的是补充这类资料。刘献廷在史馆每日必出，或兼旬不返，只能调查北方的抗清资料，而万斯同所关心的主要是南明史。万斯同恰恰在他们资料抄录工作大体完成后，于康熙二十七年冬第一次离京回故乡。他离家已有十年了，这时年已五十一，归里探亲是合乎情理的，但为什么选择这一时间呢?而且他原来在饯别时对徐乾学说：“相期后会知何日?笑指黄花待我开。”③约的是次年秋天回京，可是却在次年三月就匆匆北上了，这又是为什么?是否与私修明史有关?

他离京时，徐乾学赠以诗：“与谈忠义即开眼”，“泚笔千秋续马班”④，对他修史评价很高。他离甬北上时，黄宗羲以八十高龄，亲至宁波相送，也有诗相赠，说：“四方声价归明水，一代贤奸托布衣。”⑤从另一角度赞扬了他修史的成绩。

---

①② 全祖望：《鲒埼亭集》卷二八《刘继庄传》。

③ 万斯同：《石园文集》卷一《将返四明留别憺园诸友》。

④ 沈德潜：《清史别裁》卷九，徐乾学：《送万季野南还》。

⑤ 黄宗羲：《南雷诗历》卷四《送万季野北上》。

四、京师修史时期（下）
（1690—1702）

（一）私修明史的失败

康熙二十九年（1690），明史馆上层官员发生了变化。前一年冬，刑部尚书兼总裁的徐乾学和任内阁大学士兼监修的徐元文兄弟相继被劾，他们都在这一年回江苏昆山。刘献廷看中了这一机会，辞职南归江苏老家。临走前，约万斯同一起回去修史，对他说："不如与我归，共成所欲著之书。"[①] 万斯同答应了。这件事，刘坊也谈到："明年，昆山归里，继庄以馆俸之得，抄史馆秘书无算，持归苏之洞庭，将约同志为一代不朽之业。"[②]

这是他们私修明史的第三阶段，即行动阶段。刘献廷所约的还有王源和戴名世。戴名世曾说：

> 继庄尤留心于史事，购求天下之书，凡金匮石室之藏，以及稗官、碑志、野老、遗民之所记载，共数千卷，将欲归老洞庭而著书以终焉。……继庄有友曰王昆绳及余二人，约偕诣洞庭，读其所购书。而继庄无担石之储，无以供客，余二人之行皆不果，而继庄先携其书以归。……吾闻洞庭擅东南湖山之胜，

① 全祖望：《鲒埼亭集》卷二八《刘继庄传》。
② 万斯同：《石园文集》卷首，刘坊：《万季野先生行状》。

而继庄家在西山，尤为幽人之所栖息。继庄归而为余悬一榻焉，余虽不能卒行，终必图与继庄著书终隐，以酬曩昔之行。①

戴名世这段话勾勒出万、刘两人私修明史第三阶段的一幅简明蓝图：

一、这次行动万斯同虽是推动者和史学上的指导者，然而组织者是刘献廷。他在这一阶段吸收了王源（字昆绳）和戴名世二人参加。

二、刘献廷所携带的书是“金匮石室之藏，以及稗官、碑志、野老、遗民之所记载”，这正是万、刘二人所抄“秘书”的种类。

三、他们所抄“连甍接架”的秘书，其数量达数千卷。

四、他们计划私修明史的地点在刘献廷祖籍所在地江苏苏州洞庭湖西山。

万斯同确实准备走了，时间定在刘献廷走后第二年。其时郑梁恰好在京，他了解万斯同的计划，遂作一诗相赠：

论心京邸更寻谁？我到君还岂不悲。史局未昭千载信，讲堂徒作十年离（原注：季野为昆山修史十年余矣）。书生去住身何碍，国是玄黄不可知（原注：时因昆山罢相同归）。明岁陈情应得请，甬江讲筵准追随。②

---

① 《戴名世集》卷三《送刘继庄还洞庭序》。

② 郑梁：《寒村诗文选·寒村玉堂后集》卷一《送万季野南归》。

"史局未昭千载信"，说明了万斯同准备脱离史馆的原因。

但他终未走成，为新的监修张玉书和总裁陈廷敬所坚留，他只好再等候时间。其时，他的住所也从碧山堂迁到江南会馆。

刘献廷南归后，按原计划进行，"遍历九州，览其山川形势，访遗佚，交其豪杰，博采轶事，以益广其见闻，而质证其所学"①，积极为私修明史作资料准备。但可惜的是，康熙三十四年（1695），他浪游吴、楚归来后，"方谋与同志结茅著书终老，乃不一年死矣。"②而"其书散失于门人交友处"③，过去与万斯同所抄史馆"秘书"全都丧失了，私修明史的行动遂告失败。

刘献廷的死对万斯同打击极大，他"扼腕久之"，且"抑抑思归"④，但终未走成。后来，他物色一位年轻人温睿临，动员他私修南明史，这事见于温氏所著的《南疆逸史·凡例》中，他不辜负万斯同所托，在其卒后十年左右，撰成此书，部分实现了万斯同私修南明史的愿望。

（二）主讲经史之会

万斯同第一次探亲回来后，他的声誉日隆，他的经史之学更为人所钦佩，"名王大姓有叩门请见者，有虚左相迎者。……称之者曰：'天生季野，关系有明一代人杰也。'今世所

---

①② 王源：《居业堂文集》卷一八《刘处士墓表》。

③④ 万斯同：《石园文集》卷首，刘坊：《万季野先生行状》。

号为名公钜卿，咸以不识姓名为耻。”① 康熙二十九年(1690)，他的甬上证人书院同学，当时已做京官的仇兆鳌(他后来以《杜诗详注》一书著名于世）邀请他在京开讲会，主讲经史。仇兆鳌在其日记中说：“（康熙）二十九年庚午……与修《一统志》，暇日与馆中知己邀吾乡万季野先生（原注：名斯同，博学洽闻，时以布衣聘参史局）同讲经术，浃旬一举。”②

他主讲经史的情况，散见多处，以杨无咎和李塨讲得较详细，杨无咎说他有功于后学，以讲会之力为多，“其北游也，则月凡三举，益以田赋、兵制、选举、乐律、郊禘、庙制、舆地、官制诸论说，凡因宜因革，皆勒成典，则实史事之权衡也。朝而设席，向晚而退，如岁寒书屋、梅花堂、浙江江南会馆，皆其讲经史处也。”③李塨则以其亲睹介绍说：“而季野以博淹强记为之首开讲会，皆显官供张，翰林、部郎、处士率四五十人，环坐听季野讲宫阙、地理、仓库、河渠、水利、选举、政刑诸项，不翻书，每会讲一事，口如瓶注，温睿临摘记。何代、何地、何人，年、月、日，事起讫，毫厘不失也。”④

综合杨、李以及方苞、黄百家、陈正心等人所说，可知万斯同的经史讲座，每月三次或二次，每次一日，一次讲一事。讲会资助者为“显官”，地点在岁寒书屋、梅花堂、江南会馆，听众为翰林、部郎及处士中之“欲以学古自鸣及为科

①③　万斯同：《石园文集》卷首，杨无咎：《万季野先生墓志铭》。
②　仇兆鳌：《尚友堂自编年谱》。
④　李塨：《恕谷后集》卷六《万季野小传》。

举之学者”[1]，共四五十人，甚或百人左右[2]。主讲的情况，他不翻书，滔滔“抗袖奋谈”，而听众可以“问难蜂起”，他则“应之如响”[3]。记录者为温睿临，其所记称《讲会录》[4]。自康熙二十九年始，至他逝世前，基本未中断。

（三）与刘坊、方苞的长谈——史学思想的成熟

康熙三十三年（1694），万斯同五十七岁时，明史馆改以熊赐履、张玉书为监修，王鸿绪、陈廷敬为总裁。王鸿绪负责修《列传》，于是他邀请万斯同从江南会馆迁居到王氏的京邸，此后，万斯同一直住在他的家中。

万斯同早就患有目疾，他第一次回乡，徐乾学赠诗中就有“惯对卷编常病眼”句，这目疾可能是近视。以六十老翁而又病眼，修史自然有困难，于是王鸿绪请了一位年轻官员钱名世（字亮工）做他的助手。钱名世人很聪明，笔头也快，可惜是一位追逐名利、钻营逢迎的人，他“昼则征逐朋友，夕则晋接要津，夜半始归室中。季野踞高足床上坐，钱就炕前执笔，随问随答，如瓶泻水。钱据纸疾书，笔不停辍，十行并下，而其间受托请、移衮钺，乘机损益点窜诸史官之《传》、《纪》，略无罅漏。”[5]

君子可以欺其方，万斯同自然不知钱名世在这期间做了手脚。经钱名世窜改后，何者为万氏本意，何者经钱氏改易，

① 《方苞集》卷一二《梅征君墓表》。

② 《方苞集》卷一二《梅征君墓表》及文“从者数十百人”。

③④ 所引皆见万斯同：《历代纪元汇考》卷首，陈正心：《历代纪元汇考序》。

⑤ 阮葵生：《茶余客话》卷九：《万斯同修明史》。

要考证清楚就极其困难了，以后王鸿绪又把经钱氏窜改后的稿子改修为他的《明史稿》，这就离万斯同的原稿愈来愈远了。

刘献廷卒后，万斯同心情抑郁，在苦闷中向他的知友刘坊倾谈自己修史的苦衷。他说："往岁继庄之言不践，仆所以濡忍于此，念先世九代胜国世勋，至先人中崇祯丙子乡试，于是旧业顿坠。"① 他历数万氏祖上"三世四忠"、"三节一义"，一代名臣万表、总兵万邦孚、"弃累代戈矛之传，以文史代驱驰"的复社名士和遗民万泰，以及自己从攻诗古文辞到考索历代典章制度，至总结有明一代得失的"学凡三变"。他认为，自己尽心网罗有明文献，等于"先世四代死王事"②。这是他与刘坊鸡鸣风雨之日彻夜不休所长谈的，是一篇窥视万斯同修史内心思想的极好资料，说明他晚年仍坚持在民族思想指导下，以经世为目的的浙东史学的精神。

关于万斯同的史法，则是在与方苞另一次的长谈中充分表达出来。他与方苞是在康熙三十年认识的，当时方苞年仅二十四岁。万斯同对他的古文很欣赏，就有引他参与史馆做其助手之意，但告诫他勿溺于古文，并给他看明史《列传》的目录。方苞很奇怪，问他为何江南一带人物多而他省远方的人却少。万斯同向他解释说，这是因为江南一带重文藻，人死后都有状、志、家传，其他地方则很少，只能根据《实录》，但《实录》所载极简略，对这些人的事迹又不能凿空而构，所以只能把他们附于大传之后，实在不能附，"则惟据《实录》所载，散见于诸《志》，此所谓不可如何者也。"③

---

①② 万斯同：《石园文集》卷首，刘坊：《万季野先生行状》。

③ 《方苞集》卷一八《明史无任丘李少师传》。

康熙三十五年（1696），方苞离京南归前，万斯同邀请他至其寓所，向他长谈史法，这是万斯同对自己史法最完整的叙述。他指出修史的原则应"事信而言文"，评价历史人物必须"论世知人"，著史应该"平心"，切勿杂以主观意见。考事的主要方法为"以《实录》为指归"，而参伍以野史，而他修明史的特殊方法为宁繁勿简以及反对官局修史等等。① 这一席话，表明万斯同的史学思想已经成熟。

他还对方苞说，如你仍愿从事于古文，"则愿一意于斯，就吾所述，约以义法而经纬其文，他日书成，记其后曰'此四明万氏所草创也'，则吾死不恨矣。"② 方苞南归后，有《与万季野先生书》，谢万斯同之约，但接受他的意见，从事于经学。他后来说："余辍古文之学而求经义，自此始。"③ 不过他一直没有涉足史学。

（四）晚年的知己李塨

康熙三十六年（1697）正月二十四日，万斯同六十初度，在京友人王源、梁汾、戴名世、钱名世、徐坛长、黄自先、蔡瞻岷等十二人，在吴商志寓所为他祝寿，万斯同欢娱畅饮尽醉而后已。但他仍抑抑思归。

第二年春，他终于再度南归，经过余姚，访黄百家，致王鸿绪之意，邀他入京修史。他对黄百家说："吾学博于汝，而笔不及汝，明史之事，乐得子助。"④ 但黄百家因黄宗羲遗命，令他续成《宋元学案》和《宋元文案》，谢绝了万斯同的

①②③　见《方苞集》卷一二《万季野墓表》。

④　钱仪吉：《碑传集》卷一三一，黄百家：《万季野先生斯同墓志铭》。

邀请。万斯同看到他家藏有黄宗羲遗著《明三史钞》，大喜过望，心里又燃起私修明史的希望，对黄百家说："此一代是非所关也。我此番了事，归来将与汝依此底本，另成《明朝大事记》一部如何？"① 黄百家高兴地接受了他的建议。

万斯同回宁波后，原甬上证人书院的同学已所剩无几。可是这些同学的子弟听说他回来，在宁波郊外光溪为他补祝寿，并恳请他为他们开讲经史讲座，讲座的内容今保留在《讲经口授》（抄本）中。这年秋，他离家北上，对为他饯别的新弟子们说："屈指三年期，归来六十五。"② 准备三年修毕明史，然后回乡与黄百家共同私修明史。

回京后，他的知交刘坊因以诗弹射权贵，对方亟欲报复，祸有不测。他与姜宸英商量后，密令刘坊南还，他有《送刘鳌石南还序》一文相赠。当时有人说刘坊为"狂"，他说，我正是取其狂，"视夫伈伈俔俔伛偻磬折于公卿前者，不犹为贤哉？"并勉励他"益坚其志，毋变其故常"③，这些话，也正是他为人的写照。

刘献廷死了，刘坊走了，万斯同在京已很少知己。不过，他在晚年又认识了一些人，李塨就是其中之一，他们是康熙三十九年（1700）四月在金德纯举行的筵席上认识的。李塨是著名思想家颜元的弟子，但在经学上师事毛奇龄。万斯同过去与毛奇龄在学术上有过争执，彼此心中不很痛快，所

① 钱仪吉：《碑传集》卷一三一，黄百家：《万季野先生斯同墓志铭》。
② 全祖望：《续甬上耆旧诗》卷一一二《张太学锡璁·赠万季野先生北上四十二韵》。
③ 万斯同：《石园文集》卷七。

以在筵席上万斯同曾批评李塨，开始时两人意见并不相投。后来李塨向他请教《礼》学，万斯同也邀他参加讲会，逐渐熟悉起来。

康熙四十年（1701）二月，昆山徐氏三兄弟中的徐秉义准备刊刻李塨所著《大学辨业》一文，李塨持往万斯同处求正。几天后，万斯同看毕向李塨拜谢说："先生负圣学正传，某惭与先生识，久为所包，不知先生。"并向他述及往年的潘平格事件，然后说："今得见先生，乃知圣道自有正途也。"① 此后，两人"情好日密"②。

于是，万斯同亲为《大学辨业》作序，认为以六德、六行、六艺为"物"，以学习三"物"为"格"的格物见解，深得古人失传之旨，而朱熹、王阳明、潘平格对格物的解释都是错误的。他很想会见颜元，说："知先生之学识更有大过人者，而恨予之尚未见也，因并书简端，以致予愿见之意焉。"③ 他还在讲会上请李塨宣讲颜李之学。对此，李塨十分感动说："嗟乎！吴越文人，争尚浮夸，季野耆宿，褎然厌于上，公卿趋其余风，今忽闻野人一言，倾心折服，舍己从之，是一端也，几于大舜矣。"④

万斯同还介绍李塨参加各种学术讨论会，参加者常有王源、胡渭、孔尚任、冉觐祖、窦克勤和温睿临等人。在一次由冯蕴举办的会议上，李塨讲解了《大学辨业》，万斯同、王

① 冯辰：《恕谷先生年谱》。
② 李塨：《恕谷后集》卷六《万季野小传》。
③ 万斯同：《石园文集》卷七《大学辨业序》。
④ 李塨：《恕谷后集》卷六《万季野小传》。

源、温睿临等都极赞同，王源此后就成了颜元弟子。

万斯同时对李塨的经学也很佩服，还想请他一起修明史，请李塨阅读他所修史稿。当时《本纪》、《列传》大体完成，所差的是《表》和《志》，但李塨婉谢他修史的邀请。

万斯同的哲学思想，自此为之三变，由早期的蕺山之学转向潘平格之学，晚年转而为颜李之学的信从者了。

(五) 一代风流尽

大约在康熙三十九年（1700），万斯同在六十三岁时认识了孔尚任。次年正月，他参加了孔尚任的宴请，当时孔尚任因事罢官，在京不得志，万斯同劝他不要留意于荣辱，看得淡泊一些，应多注意身体健康。孔尚任即席赋诗《赠万季野》一诗，诗中讲到万斯同身体很好：

> 菡萏初折风，桃花晓露迫。清流泛红霞，难比仙人色。欲求驻颜方，毛孔尘难拭。药物在何山，俗眼未一识。拜问商大夫，所阅几荆棘？丰颊若乳婴，必借大丹力。[1]

看来万斯同当时气色红润，不像一个六十余岁的老翁。

康熙壬午四十一年（1702），万斯同六十五岁，在正月二十四日他诞辰时，温睿临、陈正心等凑集资金为他祝寿。万斯同说："余不敢当也。虽然，诸君厚意不可却，余有《历代

① 《孔尚任诗文集》卷四《长留集·赠万季野》。

纪元汇考》八卷，其以是为剞劂资，子且为我序其书。”[①]温睿临当时仅提到他患脚气。然而四月初八日，他突然逝世于王鸿绪京邸中。万斯同好酒，晚年更经常参加酒宴，孔尚任所说的“清流泛红霞”，可能是高血压的症状，因而，他可能死于中风。

孔尚任听说万斯同逝世，前往哭祭，写了一首挽诗，诗如下：

> 一代风流尽，斯文隐恸深。登堂收卷帙，哭寝失声音。烟草归无路，风花落满林。魂游多侠伴，冥赠不须金。
>
> 小饮春杯尽，谁知路永辞。讲坛忧道日，病枕望乡时。生死羁旅客，精灵爱挽诗。箧中遗稿在，不愧史臣词。[②]

“魂游多侠伴”的“侠”，指的是抗清游侠，“讲坛忧道日”的“道”，指的是颜李之学，“史臣词”，指的是万斯同所著《明史稿》，这首诗反映了万斯同晚年的思想和学术所在。孔尚任的确很了解万斯同。

可惜的是，他遗书和箧中的遗稿，落得如刘献廷藏书一样的命运。他卒时，旁无亲族，于是，“钱翰林名世以弟子故，

① 万斯同：《历代纪元汇考》卷首，温睿临：《序》。

② 《孔尚任诗文集》卷四《哭万季野先生步杜工部哭李常侍韵前起后结俱用原句》。

衰绖为丧主，取其书去。”[①] 万斯同子万世标后来指出：“在壬午四月初八日，遗书尽为亮工取去，无一好本寄回家。”[②] 说明在万斯同逝世的当天，钱名世就急不可待地把他的遗稿和“数十万卷”[③] 的藏书全部囊括而去。当时，万斯同所删定的《明史稿》大多留在史馆，然身边应有不少属自己所亲撰的。钱名世在雍正朝因罪被革职，雍正帝亲书“名教罪人”四大字悬挂在他的家门口，于是为他所窃的万氏藏书和遗稿，也不明不白地失踪了，这又为万氏原稿的下落增添了一层迷雾。

冯蘧为了纪念万斯同，“乃邀同人十日一会其庐”[④]，这自然也不会长久。李塨在这年秋天至京，听说他已逝世，往哭，但灵柩已由王鸿绪命人扶送回原籍。一代史学大师，就如此凄凉地离开了人世。

---

①③　全祖望：《鲒埼亭集》卷二八《万贞文先生传》。

②　万世标：《明史稿流散目录》，见《修建万季野先生祠墓纪念刊》。

④　李塨：《恕谷后集》卷六《冯君传》。

第四章　万斯同的哲学史著作
——《儒林宗派》

自从康熙十二年（1673），万斯同因接受潘平格思想受黄宗羲严厉批评而表示此后不再谈学，他即不再从事哲学方面的研究，这本书当作于这一年之前。当时，黄宗羲的名著《明儒学案》尚未成书，万斯同作此书时尚未看到老师的著作，所以《宗派》与《学案》对明儒的分合取舍不尽相同，有其体例特点和学术史上的价值。

一、体例特点

《儒林宗派》属史表体，《四库全书总目提要》指出："是编记孔子以下，讫于明末，诸儒授受源流，各以时代为次，其上无师承，后无弟子者，则别附著之。"① 如细加分析，有下

① 《四库全书总目提要·史部·传记类三·儒林宗派》。

列五个特点：

一、以朝代为次，分卷立表。自周到明，少的数朝并为一卷，如三国、两晋一卷，南朝宋、齐、梁、陈一卷，北朝北魏、北齐、后周和隋为一卷。多的则一朝分几卷，如宋五卷、明三卷。

二、每一朝代，据其学术思想特点，分立几个重要学派。如两汉以五经授受相区别。东汉则增加《国语》、《周官》、《礼记》、《论语》、《孝经》、《孟子》各学派，又设《兼通五经》、《皆通经学》两目。

宋明两朝，北宋分二程的“程子学派”、胡瑗的“胡氏学派”、张载的“张氏学派”共三派，南宋为朱熹的“朱子学派”、林光朝的“林氏学派”、张栻的“张氏学派”、吕祖谦的“吕氏学派”和陆九渊兄弟的“陆氏学派”共五派。明朝则有宋濂、薛瑄、吴与弼、陈献章、章懋、蔡清、王守仁、刘宗周等八大派，如把《诸儒博考》中的《东林讲学诸儒》二十四人也成一学派，则为九大派。

三、重要朝代，又设《诸儒博考》一目。凡未入主要学派，或上无师承，下无弟子，或师承不可考者，如周田子方、鲁连仲，宋韩琦、欧阳修、刘敞、孙复、苏轼等，元郭守敬、马端临，明朱升、曹端、罗伦、陈真晟、罗钦顺、王廷相、吕坤等都归纳于这一目中。

四、对不属于儒学，或认为儒学不醇的，或虽为主要学派创始者子弟，但影响极小的，则列于《附录》一目。此书共有五项《附录》：

1. 不属于儒学的异学。如周之后有《诸家附录》，收有李耳、庄周、告不害、杨朱、墨翟、邹衍、慎到、环渊、接子、田骈、公孙龙、尸佼、淳于髡、鬼谷子、李悝、宋钘子、邓析、申不害、韩非、孙武、尉缭、吕不韦等三十七人，包括了与先秦儒家并列的道家、墨家、阴阳家、法家、兵家、名家、农家、杂家等诸子百家。

2. 属于儒学不醇的。北宋后《附录》有邵雍的“邵氏学派”，南宋后有叶适的“叶氏学派”，陈傅良的“陈氏学派”，陈亮的“陈氏学派”，反映了万斯同对南宋事功学派的观点。在晋后的《附录》，有十六国时期汉和前赵的刘宣、刘殷、范隆、王近以及前秦和后秦的王欢、姜龛、淳于岐、胡辨等十二人。这些儒者在晋室存在时仕于异族，所以列于《附录》，反映了万斯同的民族意识。

3. 影响极小的，如在朱子学派后《附录》列有“朱氏建安派”和“朱子建阳派”，都属朱熹的后裔。

五、重要学派或重要人物，列师承系统。如西汉《易》学有田何——王同——杨何——京房——梁邱贺；宋朱子学派有黄幹——何基——王柏——金履祥——许谦；宋林光朝林氏学派有林亦之——陈藻——林希逸；明陈献章陈氏学派有湛若水——唐枢——许孚远——冯从吾——辛全；明王守仁王氏学派有邹守益——邹善——邹德涵等等。

《儒林宗派》与《明儒学案》的去取分合很不相同：《明儒学案》中属于《三原学案》的王恕、王承裕、马理、韩邦奇等，则分别列于《诸儒博考》；《止修学案》的李材，归于邹守益的师承表中；《泰州学案》的大部分，归于王艮的师承表，一部分归于王畿的师承表（周汝登、陶望龄、刘塙，又增陶奭龄，共四人），又一部分归于《诸儒博考》中的耿定向师承表（焦竑、夏廷美、潘士藻、祝世禄、方学渐、耿定理，又增耿定力，共七人），而何祥一人归于欧阳德师承表。《明儒学案》中属于《诸儒学案》的章懋、蔡虚，则独立为学派。除上述分合不同外，《明儒学案》以地区分王学，而《儒林宗派》则以学术分王学，这是两者大不同之处。

二、学术倾向

从《儒林宗派》一书史表的排列、学派的分合、诸儒的取舍，可以发现万斯同早期哲学倾向的蛛丝马迹。

首先，《儒林宗派》综罗百家，无门户偏见。他在周朝既立“圣门学派”，又在《附录》中杂立诸子百家；在两汉，凡今文、古文家皆收，相争各人皆录入；南宋朱、陆两家，也都据实列表；特别《宋史》中属于“儒林”的胡瑗、吕祖谦、陆九渊、林光朝和属于“道学”的二程、张载、朱熹、张栻，都各列于学派的开创者，不分轩轾，并把“道学”的邵雍列入《附录》，张载的弟弟张戬列入《诸儒博考》，完全打破了“道学”与“儒林”之分。无门户之见，是《儒林宗派》的特色。对万斯同的这一观点，称誉者颇多，如《四库全书总目提要》的作者指出，自《伊洛渊源录》出，《宋史》遂分立“道学”、“儒林”两传，于是后来的讲学者互相标榜，至明朝卒酿门户之祸，万斯同目击其弊而著此书，“除排挤之私，以消朋党，其持论独为平允。”①

但也有不同意见的。道光时，方东树不同意这一“平允”的评价。他引用《四库全书总目提要》上述这段后说，《宋史》创立

① 《四库全书总目提要·史部·传记类三·儒林宗派》。

“道学”传，“正合周公之制，万氏不知而议之，过矣。”①并提出相反的评价：“万氏此书，意在持平，而其实乃不平之甚。”②而这恰恰反映了方东树自己理学家的门户偏见。

万斯同无门户之见，不仅在于儒学内部，而且也反对“排挤”儒学之外的各派。对此，《四库全书总目提要》作者的思想境界就没有这么高了，批评《儒林宗派》：“其《附录》一门，旁及老庄申韩之流，未免矫枉过直。”③ 清末，马叙伦不同意这一批评，为万斯同辩护：

> 说者谓是书第一卷，杂列老墨诸家，弗醇于儒，名或不称。余窃谓班孟坚《艺文志》盖本《七略》，而向、歆父子通人，独以《六艺》冠九流。《六艺》，孔子之著作也；九流，百氏之撰述也。比诸九流为众星，而六艺其北辰，孔子为东海，而百氏则万派。……石园先生其犹拾班《志》之成规，通向、歆之遗意欤？④

马叙伦的意见虽仍站在儒家立场立论，但在清初儒学垄断思想界的情况下，万斯同能在《附录》中综罗百家，列于《儒林宗派》，提高了诸子的地位，可以说，他与王夫之、傅山一起，为有清一代诸子学兴起的先驱者之一。

第二，万斯同虽无门户之见，但正如章学诚说的：“学者

①② 方东树：《汉学商兑》卷上，万有文库本。

③ 《四库全书总目提要·史部·传记类三·儒林宗派》。

④ 马叙伦：《儒林宗派·后序》。

不可无宗旨，而必不可有门户”①。万斯同在各种思想派别中不可能没有自己的选择和主见，既名为“儒林宗派”，自然不是百家的“宗派”，而是以儒为宗旨的。马叙伦在《儒林宗派·后序》中认为：“儒家乃九流之一而已。”② 万斯同在当时不可能达到这样的认识，他把百家列于《附录》，说明其地位不如儒家。因此，他在北宋后面，把道教《先天图》的授受系统，由陈抟授种放，经穆修到李之才的这些人物和邵雍的邵氏学派，都列入《附录》，予以贬低。

不仅如此，魏晋时期的玄学家，他仅取王弼、裴頠二人列于儒林，这大概是由于王弼注儒家的经典《周易》，裴頠提倡“崇有”之故。其他如何晏、郭象、竹林七贤等人，不但未列入儒林，连《附录》中也没有位置，说明他是反对玄学的。在明儒中，他不取李贽、林三教、邓豁渠等人，看来由于他们主张“三教合一”，是儒学的异端。

第三，万斯同还把叶适、陈傅良、陈亮他们的事功之学，列于《附录》，这是受黄宗羲影响所致。黄宗羲在《子刘子行状》中，多次引用刘宗周上崇祯封疏中有关“出乎仁义，则为功利”③ 等反对功利的见解。黄宗羲在文中又说：“上意在功利，先生封章多扞格不入。”④ 因此黄宗羲认为明朝之亡，崇祯把仁义与功利相分离，见小利而急近功是原因之一。他在其他文章中也多次提到：“事功不出于道，则机智用事而流于

---

① 章学诚：《文史通义》卷五《浙东学术》。

② 马叙伦：《儒林宗派·后序》。

③④ 《黄宗羲全集》（第一册）《子刘子行状》浙江古籍出版社 1992 年版。

伪；道不能达之事功，论其学则有，适于用则无。”[①]

他把这一观点运用于学术史上，在朱熹与陈亮的辩论中，他认为两者皆有所偏，但批评陈亮较多，说：“不知三代以上之事功，与汉唐之事功迥然不同。……胜残去杀，三代之事功也，汉唐而有此乎?”[②] 他还批评叶适他们，“以计较亿度之私，蔽其大中至正之则，进利害而退是非，与刑名之学殊途而同归矣。”[③] 黄宗羲上述观点影响了万斯同，所以他把永嘉、永康之学虽列于儒林宗派，但归于《附录》之中。

第四，但是，《儒林宗派》与《明儒学案》对人物的分合有所不同。黄宗羲因为“景濂氏出入于二氏”[④]，排于明儒之外，万斯同则于有明一代，首列宋濂的“宋氏学派”，而以方孝孺为主要传人。黄宗羲以吴与弼的《崇仁学案》列于《学案》之首，这是因为陈献章是他的弟子，而“有明学术，白沙（陈献章）开其端，至姚江而始大明”[⑤]。黄宗羲是推崇王学的，因推崇王学而推崇陈献章，从而推崇吴与弼。万斯同则不然，列于“宋氏学派”之后不是“吴氏学派”，而是薛瑄的“薛氏学派”。按年龄来说，薛长于吴，理应如此。从这里可以窥见，万斯同早年虽然因蕺山之学而倾向王学，但尊王意识远不如其师那样强烈。

---

① 黄宗羲：《南雷文定》五集卷三《姜定庵先生小传》。

② 黄宗羲：《宋元学案》卷五六《龙川学案》，《黄宗羲全集》（第五册），第224页，浙江古籍出版社1992年版。

③ 黄宗羲：《宋元学案》卷五二《艮斋学案》，《黄宗羲全集》（第五册），第56页，浙江古籍出版社1992年版。

④ 黄宗羲：《明儒学案》卷八《诸儒学案上》一《文正方正学先生孝儒》。

⑤ 黄宗羲：《明儒学案》卷一〇《姚江学案》。

此外，黄宗羲《明儒学案》把耿定向列入《泰州学案》，而万斯同把他列入《诸儒博考》。万斯同的安排比较合理，据《耿天台先生全集》的《观生纪》，耿定向自称其师为刘鲁桥，而非泰州学派中任何人。从耿定向的言论中，我们也看不到泰州学派的思想色彩，他不仅对李贽和邓豁渠，而且对王畿和罗汝芳都表示不满，他的学术思想与泰州学派确挂不上号。

第五，《儒林宗派》尚有几点值得注意，如此书把元郭守敬和明朱载堉等著名科学家都列入"儒林"。郭守敬是天文学家和水利专家，朱载堉是明神宗时宗室郑王世子，精通历算和律吕，著有《律历融通》、《万年历》、《万年历备考》、《历学新说》、《嘉量算经》、《乐律全书》等。朱载堉的科学成果近十余年来才为国人所注意，而第一个介绍他的却是万斯同。在古代，科学家往往列于《方伎》，被称为"畴人"，万斯同把郭、朱两人列入"儒林"，大大提高了他们的社会地位，这种反传统偏见的写法，不能不说是独具慧眼的卓识。

又如《儒林宗派》把蜀汉诸葛亮、北宋李纲、明俞大猷也列入"儒林"。这些谋臣猛将的历史作用是安邦定国，经世济民，万斯同把他们列入儒林，说明他虽然不重视永嘉、永康的事功之学，但对历史上在政治、军事上起过重大历史作用、有卓越事功的人物，仍然列之于儒而予以推崇，这是他的经世思想的反映。

三、在学术史上的贡献

《儒林宗派》在学术史上的贡献主要有下列几点：

一、在《儒林宗派》之前，有朱熹、吕祖谦的《伊洛渊源录》，明刘麟长《浙学宗传》、冯从吾《元儒考略》，清孙奇逢《理学宗传》和董允瑫《尊道集》等八九种，都属断代学术史体裁，讲的是宋明理学史。至于明末周汝登《圣学宗传》、过庭训《圣学嫡派》，似为学术通史之作，但内容十分疏漏，似通而实不通。前者汉后唐前未有人，不通于中，后者仅录自董仲舒至罗洪先，不通于前。《儒林宗派》虽仅列人物，然上自孔子，下至刘宗周，每一朝代都有学派或学者，所以是第一部学术通史之作。

二、宋明理学家认为儒家道统是："尧以是传之舜，舜以是传之禹，禹以是传之汤，汤以是传之文、武、周公，文、武、周公传之孔子。"[①] 周汝登《圣学宗传》更推而上至伏羲、神农、黄帝，这种捏造的儒家学术史自然是很不科学的。理学家还认为，道统由孔子传至孟子，孟子死后，道统就中绝了，至宋程颢，或朱熹，或明王阳明，才得以恢复，这种儒家学术史的见解，自然是极其主观的。《儒林宗派》开宗明义，第一卷从孔子开始，立"圣门学派"，并在两汉经学家后，凡三国、两晋、南北朝、隋唐、两宋，直至元明，都立儒家人物表，因此可以说是我国第一部比较科学、客观、严谨的学术通史。

三、《伊洛渊源录》、《圣学宗传》、《理学宗传》和《尊道录》等，或独尊程朱理学，或独尊陆王心学，于儒学内部，皆持有门户偏见，而且排斥百家，因此，作为学术史来说，是片面和不完整的。《儒林宗派》则兼综百家，又不分儒林、道学，且广收为前人所轻视的汉后唐前的儒者，这是前所未有

① 韩愈：《韩昌黎集》卷一一《原道》。

的。《四库全书总目提要》说万斯同，“除排挤之私以消朋党，其持论独为平允”，确为的评，因此，说此书是我国第一本比较全面、完整的学术通史，并不过分。

四、《儒林宗派》成书于《明儒学案》和《宋元学案》之前，其所收宋、元儒者不及《宋元学案》之多，所立表亦不如全祖望详尽。然而，所收明儒共四百七十一人，而《明儒学案》仅收二百一十人左右。其中章氏学派、蔡氏学派三十三人，王艮师承表中李东明、陈履祥等十四人，《明儒学案》皆未收。湛若水师承表则多出了三十一人。王门卢可久师承表中七人，《明儒学案》也全无。此外，胡居仁、邹守益、刘文敏、钱德洪、罗洪先等师承表中亦有很多人不见于《明儒学案》中。如果按图索骥，可以大大增加有明一代学术史的内容。

《儒林宗派》也有缺点，他在魏晋玄学中既收王弼，那就不应漏掉何晏、郭象；他贬低永嘉、永康的事功之学，排斥邓豁渠、李贽、林三教、何心隐、管志道等人，说明他尚有门户之见，损害了学术史的完整性。此外，《四库全书总目提要》作者说：“唐啖助之学，传之赵匡、陆淳，宋孙复之学，传于石介，皆卓然自立一家，宋代说经，实滥觞于二子，乃列之散儒之中，不入宗派，亦有未安。至于朱陆两派，在元则金、吴分承，在明则薛、王异尚，四百年中，出此入彼，渊源有自，脉络不诬，亦未可以朝代不同不为明其宗系。”[①] 认为“少疏”，这意见有一定道理，但不完全正确。孙复、石介，他列于《诸儒博考》，但仍标明两人的传授关系。元的金吴两

① 《四库全书总目提要·史部·传记类三·儒林宗派》。

人，未上接朱陆，其学统因朝代而断，固然美中不足，然薛王异尚未上与朱陆联系，这是因为《儒林宗派》的学派与传授表，严格地以师承关系作准，王守仁并非陆九渊后学，自然不能明其宗系。

第五章　万斯同的经学

万斯同在清代不但以史学，而且也以经学而著名，钱仪吉《碑传集》就把他列于《经学》目中。他的经学有《诗》学、《礼》学和《书》学，而以《礼》学为主。有关《书》学，将在本书第八章《万斯同的考证学》中予以论述。

一、《诗》学

万斯同的《诗》学，其见解主要表现在下列三点：

一、今《诗》“非圣人删定之本”①。

孔子删《诗》说最早见于《史记·孔子世家》，班固《汉书·艺文志》因袭其说。唐孔颖达首先提出疑问，宋儒郑樵、王柏等人也不信此说。然《诗》究竟为何人所定，他们很少

① 万斯同:《群书疑辨》卷一《诗说》。

予以正面回答。万斯同认为《诗经》是汉初诸儒所集，他的论点有二：

1. 从史书记载推定。他说："刘歆言，秦焚《诗》、《书》，汉兴，文帝之世始除挟书之律，当此之时，一人不能自尽其经，或为《雅》，或为《颂》，相合而成。"① 又说："班固亦言，《诗》三百篇，遭秦火而全者，以其讽诵不独在竹绵也，益知《诗》为众人所集矣。"②他由此推论：

> 盖汉初诸儒，习闻《诗》三百篇之语，故当汉定之后，各以平时记忆，皆笔之简册，足成三百之数，又自以己意分为《风》、《雅》、《颂》，以为孔圣之遗书如是。③

这是正面的论述。

2. 今《诗》有违孔子"思无邪"的内容。万斯同由此认定，《诗》非孔子删定。他说："《诗》为圣人所删，必有贞而无邪，有醇而无疵，而今之《诗》不然也。"④不但《国风》可疑，而且"二南"亦多可疑。他举《召南》的《标有梅》、《江有汜》、《野有死麇》、《何彼秾矣》、《驺虞》为例，认为这些诗或为淫奔之诗，或为惨毒不仁之诗。他说：这种内容，"曾谓文、武之世有之乎？""删诗而此等犹存，然则删者何诗耶？"⑤ 至于《风》中的《桑中》、《溱洧》、《鹑之奔奔》、《株林》等七八篇，更不待言。他在这里把儒家的仁的思想灌输进去，不但淫为邪，不仁亦为邪。

①②③④⑤ 万斯同：《群书疑辨》卷一《诗说》。

万斯同把矛头指向了被历来说《诗》者奉为权威，连朱熹也不敢异议的"'二南'为文王之化论"。《诗大序》说："《周南》、《召南》，正始之道，王化之基。"① 这句话后来成了传统《诗》教的支柱。在万斯同前，仅宋人王柏疑《召南》中的一首，在他之后，只有乾嘉时崔述《读风偶识》对"二南"表示怀疑。万斯同撕下了"二南"神圣的面纱，使从宋开始的反《诗序》的思潮有了新的发展和进一步深入。

万斯同并不否定孔子删诗，但认为孔子删定的诗遭秦火后已佚了。他只否定今《诗》为孔子删定之本。南宋王柏著《诗疑》，在朱熹影响下，认为《国风》中的"淫诗"为汉儒窜入，因而予以删削。万斯同受其影响，进一步认为《诗》既因"讽诵"而存，"讽诵"的自然既包括孔子删定的诗，也包括孔子删余的诗。汉儒凭记忆所及，把这两类诗一古脑儿笔之简册，又按自己的意思，分为《风》、《雅》、《颂》，自以为"孔圣之遗书如是"。所以万斯同既疑今《诗》为孔子删定之本，从而也疑诗本身。他说：

> 宋末王柏著《诗疑》，曾有是言。但彼笃信朱子《诗传》(即《诗集传》)，因朱子解《国风》为淫诗，故有是疑，不知诗本可疑。②

万斯同比王柏进一步的地方是：王柏疑的为《国风》，而《召南》仅《野有死麕》一篇。万斯同不仅疑《国风》，并疑

① 孔颖达：《毛诗正义》卷一，见《十三经注疏》。

② 万斯同：《群书疑辨》卷一《诗说》。

《召南》十四篇中的五篇（《摽有梅》、《江有汜》、《野有死麕》、《何彼秾矣》、《驺虞》）；王柏仅疑“淫诗”为汉儒掺入，万斯同除“淫诗”外，并及不仁之诗，如《驺虞》、《新台》、《鹑之奔奔》、《叔于田》、《扬之水》等。如他说：“《新台》、《鹑奔》，绝伦灭义之甚，岂垂示后世。”① 王柏疑《诗》，被以后的理学家斥为非经诬圣，《四库全书总目提要》说：“此自有籍以来第一怪变之事。”② 所以万斯同上述见解在当时是需要勇气的，他坚持自己的正确性，说：“世有以是罪我者，亦不敢辞!”③他以后的清儒一般不敢涉及这一禁区，只是到了“五四”以后，“删诗”问题的讨论才逐渐多起来。万斯同在清初就探讨这一问题，不但有卓识，而且有魄力。

二、“以正变分“二雅”，不当以“二雅”中自分正变。”④

东汉郑玄在《诗谱序》中以周夷王前的诗篇为“正雅”，周夷王至陈灵公之间的诗篇为“变雅”，《大雅》、《小雅》都以此划分正变两部分，这就是“以“二雅”中自分正变”。万斯同不同意郑玄这种区分法，他提出“《雅》中凡正《雅》皆《大雅》也，凡变《雅》皆《小雅》也”⑤的观点，这就是“以正变分‘二雅’”。他的论据有如下三点：

1. 郑玄之论是《诗大序》的发挥，《诗大序》说：“雅者正也。……政有大小，故有《大雅》焉，有《小雅》焉。”⑥ 以政之大小区分大小《雅》。万斯同不同意《诗大序》这一区分，

①③④⑤ 万斯同：《群书疑辨》卷一《诗说》。

② 《四库全书总目提要·经部·诗类存目一》。

⑥ 孔颖达：《毛诗正义》卷一。

认为与诗篇内容有矛盾。他说：“夫《大雅·卷阿》以上，固可谓政之大矣，《小雅·菁莪》以上，安见为政之小乎?”[1] 万斯同此说有道理，就以《菁菁者莪》为例，讲的是教育大事，确非小政。

2. 郑玄认为，周夷王前为周的盛世，以后的厉王、幽王时，政教衰微，周室大坏，列国纷然，于是出现了怨刺诗，这就是变《风》与变《雅》。这一见解也是对《诗大序》所说的“至于王道衰，礼义废，政教失，国异政，家异族，而变《风》、变《雅》作矣”[2] 的发挥。万斯同认为以盛世的赞颂诗为“正”，以衰世的怨刺诗为“变”，这一区分也不合理。因为：“同一类也，刺也，何由分为二《雅》，此理之必不可通者。”[3]所以他反对以大、小《雅》分正变美刺。

3. 他取经传和史书为他的“以正变分二雅”作佐证。他一证以《左传》，说：“季札聘鲁，闻歌《小雅》，曰：‘其周德之衰!’”[4]再证以《史记》，“太史公言：‘《小雅》怨诽而不乱。’”[5]可见《小雅》都属衰世的怨刺诗。他说：

> 夫今之解《小雅》者，孰不谓盛世之音，何以谓之“衰”，谓之“怨诽”? 则以《小雅》皆刺诗也。故《大雅》自《文王》而下，《小雅》自《鹿鸣》以下皆美诗，则皆《大雅》;《大雅》自《民劳》以下，《小雅》自《节南山》以下皆刺诗，则皆《小雅》，故曰，当以正变分“二雅”，不当于“二雅”中自分正

①③④⑤ 万斯同：《群书疑辨》卷一《诗说》。

② 孔颖达：《毛诗正义》卷一。

变也。”[1]

万斯同在这里指的是唐人陆德明等对“二雅”的分篇，他们分《大雅》自《文王》至《卷阿》为正《雅》，自《民劳》至末篇《召旻》为变《雅》；分《小雅》自《鹿鸣》至《菁菁者莪》为正《雅》，自《六月》至末篇《何草不黄》为变《雅》。万斯同不同意他们的分法。万斯同的分法比较合理，因为《节南山》以上如《车攻》、《吉日》、《庭燎》、《斯干》、《无羊》等篇，就其内容来说，决非刺诗，所以不能说是变《雅》。

万斯同的观点，一反传统以《诗》的大、小《雅》来分正变美刺，且言之有理，足成一家之言。后来惠周惕《诗说》，认为正《雅》变《雅》，美刺杂陈，不必分《六月》和《民劳》上下为正变；马辰瑞《风雅正变说》认为衰世时，“有变《雅》未尝无正《雅》”，“如《车攻》、《吉日》之类，不得谓非正《雅》也”[2]。他们在《小雅》以正变编诗先后上也不满郑玄、陆德明，与万斯同有相合与互补之处。在这一问题上，万斯同有先河之功，是应予肯定的。

三、《诗序》为卫宏所作。

万斯同首先对先儒把《诗序》分为大、小《序》表示不满，认为：“甚无识也。”[3] 而对《诗序》作者的各种说法，他都不同意，而独取后汉卫宏所作说，他的论据有三：

1. 据《后汉书·儒林·卫宏传》：“卫宏……好古学。初九江谢曼卿善《毛诗》，乃为其训。宏从谢曼卿受学，因作

---

① 万斯同：《群书疑辨》卷一《诗说》。
② 马辰瑞：《毛诗传笺通释》，见《清经解续编》卷四一六。
③ 万斯同：《群书疑辨》卷一《诗序说》。

《毛诗序》，善得《风》、《雅》之旨，今传于世。”万斯同说：“况《汉书》明著其说，何故弃而不取？”所以，“吾直归之卫宏而已矣。”[1]

2. 如果《诗序》确为孔子、子夏或太史作，那末《毛诗·序》应与韩、齐、鲁三家《诗序》其义一致，然“何以《关雎》一篇，毛氏以为美，而三家皆以为刺乎”[2]？这是以毛《序》与三家《序》其义的不一致，来否定《诗序》为孔子、子夏、太史作。

3.《序》也非毛公作。据旧说，《诗》由子夏五传至荀卿，荀卿传毛亨，毛亨授毛苌。万斯同说，如果这一传授系统可靠的话，则毛苌作《诗序》必定得诗人的本旨，可是实际上《序》的问题很多，如《诗大序》作者因《论语》的《八佾》篇有“子曰，《关雎》乐而不淫，哀而不伤”句，取以发挥：“是以《关雎》乐得淑女以配君子，忧在进贤，不淫其色。哀窈窕，思贤才，而无伤善之心焉，是《关雎》之义也。”通过这一发挥，把《论语》的乐、淫、哀、伤四字嵌了进去，可是“哀窈窕”与“思贤才”有何关系？所以万斯同认为这是“牵强解之，此岂传自子夏者乎”[3]？

又如《小雅》自《节南山》以下，《小序》都认为是怨刺诗，可是其中的《甫田》，明明是周王祭神祈年丰收的乐歌，何刺之有？《小序》却说：“刺幽王也，君子伤今而思古焉。”[4]岂不也是牵强附会？所以万斯同说：“其中本非刺者，则曰‘陈古以刺今’，此果子夏之本旨乎？”[5]再如《颂》中的《昊天

①②③⑤　万斯同：《群书疑辨》卷一《诗序说》。

④　孔颖达：《毛诗正义》卷一四。

有成命》，是祭祀成王、歌颂成王的诗，可是《小序》说是“郊祀天地”，万斯同责问：“自古有合祀天地之礼欤?”因为祭天称“郊”，祭地称“社”，两者从不合祭。他进一步考证，“只因王莽曾合祀，故卫宏附之，孰谓子夏有是说乎?”①

他多次驳《毛诗序》为子夏作，目的是否定为毛苌所作。子夏既无此说，按传授系统，毛苌也决不会有这种意见。他据《后汉书·儒林传下》“赵人毛苌传《诗》”句指出：“盖毛苌止因《诗》以作《传》，卫宏则因《传》以作《序》，是以弥失其真也。”②万斯同考定《诗序》为卫宏所作，指出《诗序》不可信是正确的，比起同时代的朱鹤龄、陈启源和以后的马辰瑞、陈奂等人依《序》立论是高明多了。

万斯同上述三点《诗》说，虽未完全摆脱旧传统的束缚，不否定旧诗教和所谓“淫诗”的观点；他的考证也不够精审，如说“毛亨传子苌”③，把鲁人毛亨与赵人毛苌的师承关系，误成父子关系；他的观点有的也仅是一家之言，不一定完全正确，只可备参考，但有些论点具有卓识，为《诗》的研究作出了贡献，如他提出毛苌只“因《诗》以作《传》”说，为前所未有，在有清一代亦后无来者。到民国初年，王国维才在《书毛诗故训传后》一文中作较详密的考证而予以确认，足见他目光的锐利。

二、《礼》学

万斯同早期即以编撰丧礼而闻名，惜其巨著《读礼通

①②③ 万斯同：《群书疑辨》卷一《诗序说》。

考》杂以顾炎武、朱彝尊、阎若璩诸人之说，又以徐乾学之名刊刻行世，其《五礼通考》是否为秦蕙田所攘窃，又是一大疑案，无法确定，致使他的经学为史学所掩，其《礼》学在经学史上的地位，不为后人所知。梁启超首先揭示了万斯同《礼》学的重要性，说他与其兄万斯大关于礼制的研究，“《礼》学盖萌芽于此时了”①。但他语焉不详。本节将分析他的《礼》学的成就、特点和在经学史上的地位。

（一）《礼》学的成就

嘉庆时，浙江学使汪廷珍对他的经学作如下四种评价：“精确不可易”、“可备一义而未敢信为必然”、“勇于自信而于古未有确证”和“考之未详”②，其所说主要指礼制，其评价说明了万斯同《礼》学的成就、不足之处和创新精神。

万斯同的《礼》学详于丧、祭两礼，其祭礼主要体现于禘论。因为禘祫之祭，是古代帝王的大祭，而历来解释纷纭，莫衷一是。万斯大已有禘祫的论著，万斯同在其兄的基础上予以进一步发挥。他以破立论，所驳主要对象为汉儒郑玄的“二年祫三年禘”说、“禘为丧毕之祭”说、“祭于后稷庙而不祭始祖所自出”说和“祫大禘小”说。

万斯同以《禘说》八篇和《书禘后说》共九篇来阐明自己的观点。他的论题是：“禘祫一也，以其审禘昭穆谓之禘，以其合祀群庙谓之祫。”③ 其论据有二：

---

① 梁启超：《中国近三百年学术史》中华书局1936年版，第186页。

② 万斯同：《群书疑辨》卷首《汪廷珍序》。

③ 万斯同：《群书疑辨》卷六《禘说七》。

一、据《礼记·大传》:"礼:不王不禘。王者禘其祖之所自出,以其祖配之。诸侯及其大祖,大夫士有大事,省于其君,干祫,及其高祖。"① 他据此分析,首先,文中所说"诸侯及其大祖……干祫,及其高祖"句,指的显然是合祭,"绎文义,总言合祭之事"②。万斯大注"祫":"夫祫之为文,从示,从合,是凡合祭,皆为祫也。"③ 所以万斯同指出,《大传》这一段上文是讲禘,后文讲的是祫,因而禘祫实是一祭。

其次,由于周的等级制度,"礼:不王不禘",只有天子才能称禘祭和祫祭,而诸侯只能祭及大祖,不能祭始祖所自出,所以不能称禘,但可称祫。至于大夫及士,则"省于其君",由下向上推(干祫),只能祭及高祖。故万斯同说:"特其分有崇卑,故名有异同……其礼总皆合祭,特天子名为禘,亦可名为祫;在诸侯名为祫,不得名为禘。上可兼下,下不可兼上也。"④

二、万斯同历考诸书,"言禘者凡二十九篇,而言祫者不数见"⑤。他列举言禘的有《礼记》的《祭法》、《祭统》、《祭义》、《王制》、《大传》等十三篇,《诗》的《雝》、《长发》和《诗序》,以及《春秋》、《尔雅》、《国语》诸书,因而他说:"岂非禘之外别无所谓祫乎?"⑥ 可是言祫的仅有《礼记》的《曾子问》、《王制》、《大传》及《公羊传》,而《曾子问》是讲时祭,非庙祭,《大传》所谓"干祫",正是诸侯以下的合

① 孔颖达:《礼记正义》卷三二,《十三经注疏》本。

②④⑤⑥ 万斯同:《群书疑辨》卷六《禘说七》。

③ 万斯大:《学礼质疑》卷一《禘祫一事上》。

祭，“犹天子之禘”[1]。而《公羊》所说的“大祫”，实即“大禘”，“然其意为下文合群庙主发言，故不言禘而言祫也。”[2]万斯同的结论是：“非大禘之外，更有大祫也。”[3]

万斯同的论证并不就此为止，他进一步分析后人分禘祫为二在经学上和历史上的原因。他认为经学上的原因是由于郑玄不明《大传》的本意，把“禘其祖所自出”句解释为“祭天”，因此禘礼成了祭天礼；郑玄也不明了“天子之祫与诸侯、大夫、士之祫，皆合祭祖宗之名，析其义为二”[4]，因而把禘、祫看作两祭。历史原因是，纬书有“三年一祫，五年一禘”说，“汉世君臣笃信不疑，故韦玄成有‘一祫一禘’之论，张纯直以纬书为古礼，至马融、郑玄、王肃诸人，悉祖述之而不敢异”，致使“汉魏而下，禘祫并行”[5]。

与万斯同同时的毛奇龄，在其《郊社禘祫问》一篇中，认古代王者“有禘而无祫”，“《大传》所云祫，即禘也”。又说“盖祫者合也，合祭之谓也”[6]，并否定“三年一祫，五年一禘”说，其见解与万斯同基本一致。而后来胡培翚的《禘祫问答》，却据《周礼》而分“禘祫为二祭”[7]，然其说较疏漏，不过胡氏也认定禘“与祭天无涉”[8]，则与万斯同一致。由此可见，汪廷珍评万斯同“禘祫一也”之说为“精确不可易”，并非过誉。王士祯看了万斯同的《禘说》后也评为：“其言辨而核。”[9]

---

①②③④　万斯同：《群书疑辨》卷六《禘说七》。

⑤　万斯同：《群书疑辨》卷六《禘说八》。

⑥　所引皆见《清经解》（第一册），第89页。

⑦⑧　《清经解》（第三册），第820页。

⑨　王士祯：《居易录》卷一〇。

至于丧礼，据现载于《群书疑辨》的有关部分来看，其中被汪廷珍评为“精确不可易”的“中月而禫”和“祔已主不复寝”二论，因黄宗羲和万斯大已有所述，这里不论。今以汪氏所说的“可备一义而未敢信为必然者”，举“娣姒妇”为例，予以说明。

《仪礼·丧服子夏传》说：“娣姒妇者，弟长也。”① 郑玄注：“娣姒妇者，兄弟之妻相名也。长妇谓稚妇为娣妇，娣妇谓长妇为姒妇。”②万斯同对郑注不以为然。这里涉及对“弟长也”的句读和字的解释。如读作“弟，长也”，而释弟为娣，可表示娣为长而姒应为稚，郑玄的解释就变成颠倒经文原意了，万斯同就是这样立论的。他说：“余观《仪礼》娣姒妇之文，娣在姒之上，《传》又释之曰：‘娣，长也。’分明娣长而姒幼。乃郑康成之注……将娣姒倒置，而贾氏（贾公彦）之疏因之。”③ 这一解释在万斯同之前有王子雍、敖继公，然而语焉不详，在万斯同之后则有孔广森。

然而，如读作“弟长也”，弟指娣，长指姒，则弟幼姒长，这是郑玄的本意。郑玄上文实出自《尔雅·释亲》篇。以徐乾学之名刊刻的《读礼通考》，也作如此解释。文中说：“《传》文‘弟长’者，双训：娣姒，言娣是弟，姒是长，非以娣为长也。”④ 主张这一解释的有沈彤、吴廷华、胡培翚等人。

但这一条又涉及第二个问题，即娣姒之长是以两者的年

---

①② 贾公彦：《仪礼疏》卷三三，《十三经注疏》本。

③ 万斯同：《群书疑辨》卷二《娣姒妇》。

④ 转引自胡培翚：《仪礼正义》卷二四。

龄而言，还是指其夫而年龄而言。贾公彦的疏主张前者，万斯同则主后者。他据《左传》为证，《左传·成公十一年》："声伯之母不聘，穆姜曰：'吾不以妾为姒。'"穆姜是鲁宣公夫人，声伯之母为宣公弟叔肸之妾，因而穆姜与声伯之母为妯娌，这样，姒就成了弟的妻妾了。又《昭公二十八年》："子容之母走谒诸姑曰：'长叔姒生男。'"则似亦指弟妻。所以万斯同说："则是娣为兄妻，姒为弟妻，与《仪礼》及《传》（指《子夏传》）文正合，无可疑矣。"这是因为："夫妇人以夫之齿为序，而不以己之齿为序，此礼至今不变也。"①

万斯同此说有理有据。贾公彦以两女长幼分娣姒说，很多人不同意，在万斯同以后有方苞、沈彤、孔广森、盛世佐、吴廷华、秦蕙田、江筠、胡培翚等。不过他们（除孔广森外）认为如以夫之齿为序，长者仍应称姒，幼者称娣。

总之，万斯同的解释，其娣长妇幼说，赞成者少；妇人以夫之齿为序，则赞成者多，但无论如何，足成一家之言。

汪廷珍所说这一类例子尚很多，包括"勇于自信而未有确证"之类，如"叔嫂有服"说、"三虞即卒哭"说、辨"殡于五父之衢"等等，这里不一一例举了。

（二）《礼》学的实质——以史视《礼》

按经今古文的区别，今文认为经是孔子所作，是孔子托古改制的手段；古文认为经为周公旧典，即前代的史料，孔子述而不作，将前代史料仅加以整理而已，所以古文派把经看作史。然而，经古文派仍为经学，而非史学，因为他们认

---

① 万斯同：《群书疑辨》卷二《娣姒妇》。

为周公旧典经孔子整理后，就成为万世不变的经典，成了真理的标准，在这一点上与今文经学相同。

经古文既已含有把经视作史的含义，而万斯同又是一位史学家，所以他在研究《礼》的过程中，就不知不觉地以史学家的目光和态度治《礼》了。这主要表现在下列三点上：

一、经并非是不能违背的经典。万斯同既是一个经学家，自然并不能完全摆脱把《礼》视作周公旧典的传统观点，如说："父拜其子，世所未闻，而周公乃制之为礼乎？"① 然而，他批评《礼记》，如《礼记·檀弓上》记载："子贡曰：'……请丧夫子，若丧父而无服。'"② 万斯同大不以为然，说："吾读《礼》至此，未尝不叹记《礼》者之失言也。"并怀疑，"吾固以为非子贡之言也。"③ 他又批评《礼记》的《杂记》，说："凡《杂记》所言，多论贵贵而不逾亲亲，大要末世之礼，而未必本先王之礼也。"④ 万斯同又进一步怀疑被经古文学家认为系周公所作的《仪礼》。原来《仪礼》首篇《士冠礼》篇末记载："大古冠布，齐则缁之，其緌也。孔子曰：'吾未之闻也，冠而敝之可也。'"⑤ 万斯同据此认定："《仪礼》首篇为冠礼，即引孔子之言，则非周公所作可知。"⑥ 他甚至说："吾疑《仪礼》之中，凡所谓大夫以尊降……之类，皆后世之强

---

① 万斯同：《群书疑辨》卷一《读仪礼三》。

② 孔颖达：《礼记正义》卷七。

③ 万斯同：《群书疑辨》卷三《请丧夫子》。

④ 万斯同：《群书疑辨》卷三《大夫祔于士》。

⑤ 贾公彦：《仪礼疏》卷三。

⑥ 万斯同：《群书疑辨》卷二《大夫之子为世父母》。

宗增损先王之旧典为之，而非周公之本书如是也。”[1] 这样，《仪礼》不但非周公作，也非孔子作了。至于《周礼》，万斯大已辨其非周公所作，所以万斯同论《礼》诸篇，一字不提。总之，在万斯同那里，三《礼》的权威性已大大地动摇了。

二、《礼》为周朝礼制，并探求周礼的演变。万斯同既疑经的神圣性，则周公所定礼制自然也可以议了。例如，朱熹论袝礼，主张郑玄的卒哭以后，“袝已，主反于寝”说，并解释说，卒哭以后，如神主即袝于庙，孝子之心是不安的。万斯同反驳说：“夫反之心而不安，以此议周制之未尽善则可，乃因不安于心而必欲强古人以从我，已之心则安矣，其于解经，得毋亦有未安乎？”[2] 这句话表明，万斯同既认为周公所定周礼尚有不完善之处，则经典的神圣光环已经褪色了，《礼》中所说的各种礼制，已非是经而是史了，即是周朝的礼制史了。

万斯同既以史视经，所以他对礼的探讨，突破了仅仅局限于周朝或三代，而探求三代以后的演变。他著《庙制图考》，重点在讨论三代以后的历朝庙制。他的《讲经口授》同样如此，这一点见本书第七章第八节。万斯同对历代礼制史作如此系统的探讨，不仅前儒所少见，亦为乾嘉诸儒所未有，这是因为他们是经学家，而万斯同主要是史学家。

三、提倡改革古礼。《礼》既大多为周代礼制，然礼制必然因时迁世移而发生变化，不能泥古，所以万斯同主张变革古礼。他指出，《礼》经所载的先王之礼，其实也因情况不同

---

① 万斯同：《群书疑辨》卷三《古者不降》。
② 万斯同：《群书疑辨》卷六《袝庙》。

而有正礼和变礼（如鲁禘）之分。后世时代变迁，情况更加不同，礼制就愈应变通，泥古而不变，名为守礼，实则违礼。如谢孝之礼，周时，“仕者不出本国，则其所拜谢近在一城之中，岂若后世之过都历邑，越在数百里之远而亦往谢之哉！”① 这是空间上的变化，他因而主张废除谢孝礼。又如，“故吏为旧君服”，出于《仪礼》臣服君斩之义，“但后之守令，迁转甚速，而为掾吏者，亦去来无常，情义之相接，可与古诸侯之世君其地者同类语乎？”② 这是时间上的变化，如果仍泥古服斩衰，“名为敦励风教，而其实不情之甚。”③他因而主张实行“为吊服加麻以临之，俟其丧出境而除之”④的改革办法。万斯同又把历代礼的变革，分为“先王之礼”与“先贤之礼”。所谓“先贤之礼”，指的如司马光的《书仪》、朱熹的《家礼》。他们对礼都作了改革。万斯同说：“先王之礼，久不行于后世矣，先贤之礼，犹可行于今日。”⑤ 说明他支持先贤的改革。

先王或先贤之礼是不是可行，即礼的改革，他有两条原则，一是要合乎情，二是要合乎义。他说：“礼由情起，人情之所不能已者，先王勿禁。”⑥ 古人制礼，“未有不本于情也，情由中出，礼自外至。”⑦ 然而人情又贵乎得中，他批评朱熹《家礼》所附邱氏《仪节》篇，该篇在祔祭后主张“四拜者二，再拜者八”，似乎拜得愈多愈好。万斯同说：“夫拜以成

① 万斯同：《群书疑辨》卷四《谢孝》。

②③④ 万斯同：《群书疑辨》卷四《故吏为旧君服》。

⑤ 万斯同：《群书疑辨》卷三《闻丧不得奔丧》。

⑥ 万斯同：《群书疑辨》卷四《墓祭》。

⑦ 万斯同：《群书疑辨》卷三《古者不降》。

礼，非以多为恭。礼可以止，而顾仆仆尔亟拜也，是可谓之礼乎?”[1] 又如丧期，古人或主二十五月，或主二十七月，而后人增为三十六月，万斯同批评这些都太过分，说：“情固宜从厚，而礼又贵乎得中。”[2] 得中就是“义”，他又称“理”，所以他主张：“情以义断”[3]，“可以义起”[4]。这两大原则，他称为“准情度理”[5]。如符合这两大原则，先王之礼如合理，必须继承，如妾可服私亲；先贤之礼如失情，必须废除，如以多拜为恭。

万斯同又提出改革的办法，所涉既有帝王之礼，亦有政府官礼，而更多的是民间的礼，计有关于奔丧、丧期、丧服、丧具、吊礼、谢孝、神主（神帛、神像）、祭礼、墓祭、丧葬等等。如神主问题，万斯同历述古代有神主，自魏晋开始至唐宋出现了以祠版、神帛代神主的礼，宋程颐、朱熹又大力提倡木主，后又出现了画像。到了明清时期，木主、祠版、神帛、画像四者兼而用之。万斯同说：“愚谓今士大夫之家，既有木主，则祠版可废；既有画像，则魂帛亦可废。”[6] 揆于人情，他提倡废神帛而用画像。

再如棺椁问题，司马光《书仪》主张废椁而用茵帐、明器等随葬物。朱熹《家礼》主张以灰隔之制代替木椁。万斯同不赞成《书仪》的主张，说：“愚以为刻木为侍女，其亵已

① 万斯同：《群书疑辨》卷四《书家礼仪节祔祭后》。
② 万斯同：《群书疑辨》卷二《天子服外祖父母》。
③ 万斯同：《群书疑辨》卷七《宗庙制考三》。
④ 万斯同：《群书疑辨》卷三《凡为位不祭》。
⑤ 万斯同：《群书疑辨》卷三《丧三年不祭》。
⑥ 万斯同：《群书疑辨》卷四《神帛》。

甚，裂帛为茵帐，其义安施？黍稷非死人所食，置之何为？醯醢实诸虫所聚，贮之何用？凡此皆可以不设。”① 他同意朱熹的灰隔法。

除上述外，他又提倡短丧，反对堪舆、居丧作乐、停丧不葬、奔丧等等。这些都表示，他改革礼的办法，其精神可以一言蔽之，即“简”。

万斯同由《礼》的非经，以史视《礼》，至探求古礼的历史变迁和提倡礼的改革，从一个侧面反映了从明中叶到清中叶“六经皆史”这一命题在其发展过程中的具体表现。

三、经学的特点及其历史地位

万斯同的经学，富于独立思考，而又务求实证，这是他经学的特点之一。他非郑玄，疑朱熹，力排众儒，甚而疑经非圣人所著，倡言“不必以前王所定为一字不可增损也”②，充满了怀疑和创新精神。《四库全书总目提要》历述宋以来经学的变迁和特点，说理学兴起和昌明后，“凡经师旧说，俱斥以为不足信，其学务别是非，及其弊也悍”，乃至明朝，“自明正德、嘉靖以后，其学各抒心得，及其弊也肆。”③ 后来皮锡瑞解释说：“悍者，宋庆历后至南宋之学也”，“肆者，明末王学也”④。《四库全书总目提要》说的宋学的“务别是非”和明

① 万斯同：《群书疑辨》卷四《书仪葬不用椁》。
② 万斯同：《群书疑辨》卷二《买妾》。
③ 《四库全书总目提要·经部总叙》。
④ 皮锡瑞：《经学历史·经学复盛时代》。

学的“各抒心得”，正是万斯同经学中独立思考精神的体现。而皮锡瑞所说的恰恰说明，万斯同经学远绍两宋的疑经思潮，近承晚明的思想解放思潮、时代思潮形成了他的经学特点的一个方面。

然而，万斯同的经学与宋学与晚明经学不完全相同，他并不空谈是非，全凭己见，而求证于经传注疏。他强调：“学者读书论古，要当以守经传为主，经传已有明训，而必欲反之，即邪词曲说之类也。”① 他反对有关“圣经之明白可据者”，“乃尽量不信，而执一己之谬见”②，力主“后人论《礼》，不过取证于经传”③。所以他虽非郑玄，疑朱熹，排众儒，决非主观臆断，而是引古义，重实证，实事求是，持之有故，言之有理。《四库全书总目提要》又说：“空谈臆断，考证必疏，于是博雅之儒，引古义以抵其隙。国初诸家，其学征实不诬。”④ 万斯同经学的实证精神，反映了经学史上由虚返实的趋势，而这正是明末清初实学思潮在经学中的反映，这是时代思潮形成他的上述经学特点的另一方面。

万斯同经学特点之二，是汉宋兼采。万斯同在治《礼》中，曾分析汉宋经学的特点和他的取舍，他说：“夫凡解经者，泛解义理与实解制度不同：解义理则可就一己之见；解制度则当考古人之言。”⑤ “夫儒者泛言理义与实考制度不同，义理可断于己，制度则当质之于古。”⑥ 他抓住宋学特点为“言义

① 万斯同：《群书疑辨》卷五《周正辨三》。

②③ 万斯同：《群书疑辨》卷六《禘说七》。

④ 《四库全书总目提要·经部总叙》。

⑤ 万斯同：《群书疑辨》卷六《祔庙》。

⑥ 万斯同：《群书疑辨》卷五《周正辨一》。

理”，进而批评宋儒“凭臆而论”[①]，他所主张的是《礼》学应该“考制度”。在万斯同的时代，虽未有“汉学”的名称，然而他已提出了以后专门汉学的基本特征，即“考”——经学的考证方法。虽然他的考证方法尚不完善，《古文尚书》考证的失误就是一例。

但万斯同并不满意汉儒的经学，他的《禘》说八篇，其矛头篇篇指向郑玄，批评他“凿空妄说”[②]，“暗于识而疏于经术”[③]，在某些问题上采取宋儒程颐、马端临之说，这是以后乾嘉汉学所未有的。有人问他，为何“专排汉儒，力主宋儒之说”？他回答说，以禘礼言，唐人（指赵匡）之识优于汉人，而宋人（指程颐）之识优于唐人，“不有唐宋诸儒，安能使先王令典复明于后世哉？余于先儒，特从其善者已而，何排抑汉儒之有？”[④] 一般来说，他论《春秋》，多主汉学，而其《诗》、《礼》之学，多主宋学。皮锡瑞说：“国初，汉学方萌芽，皆以宋学为根柢，不分门户，各取所长，是为汉宋兼采之学。”[⑤] 万斯同经学的特点正是汉宋兼采，而以宋学为多。

万斯同经学特点之三是经世。汪廷珍说他的《礼》学，“明先圣之制，砭流俗之失，酌古今之宜，洽情理之中，尤尽善可施用。”[⑥] 李慈铭也认为万斯同论丧礼，“酌古礼以正时俗

---

① 万斯同:《群书疑辨》卷五《周正辨一》。
② 万斯同:《群书疑辨》卷六《禘说一》。
③ 万斯同:《群书疑辨》《禘说二》。
④ 万斯同:《群书疑辨》卷六《书禘说后》。
⑤ 皮锡瑞:《经学历史·经学复盛时代》。
⑥ 万斯同:《群书疑辨·汪廷珍序》。

凶礼之失，皆切实可行，不为迂论。”[①] 万斯同治礼，确实不是钻在古纸堆里，而是为了施用，所以他很注意古礼的演变和改革。全祖望曾指出黄宗羲开创的浙东学派在经学上的特点：“经术所以经世。”[②] 万斯同经学正具有强烈的经世的精神，这是明清之际实学思潮的内容之一。

因此，我们可以看出万斯同经学的历史地位：他是从宋明经学向乾嘉专门汉学过渡中的一位承前启后的经学家。

① 李慈铭：《越缦堂读书记·群书疑辨》上海商务印书馆 1959 年版。

② 全祖望：《鲒埼亭集》卷一一《梨洲先生神道碑文》。

第六章　万斯同的史学思想

万斯同一生主要精力在于修明史，故其有关史论的著作很少，早期仅有以诗歌形式出现的《明乐府》，其诗序略述史事，诗本身则为史论。除此之外，他的史论之作多散见于《群书疑辨》（也重见于《石园文集》）关于宋、元、明的史论中，但数量不多。他后期归里探亲，在宁波的讲会记录稿《讲经口授》里也有一些，但记得极其简略。除这些客观原因外，他的史论在主观上有一个严重的弱点，康熙十二年（1673）他因潘平格事件而受黄宗羲的严厉批评，表示不再谈学后，他的史学思想就失去了哲学思想的自觉指导，因此他的史论多就事论事，不够深刻，缺少历史哲学高度的理论概括。

虽然如此，从万斯同上述资料中，我们仍可以举一斑而窥全豹，窥见他的史学思想。

一、民族思想及其在史著中的反映

浙东史学是在民族思想指导下的，这在万斯同的史著中也有反映。但在了解他史著中的民族思想前，我们先对他的民族思想的演变及其特点作一些分析和探讨。

（一）民族思想的演变及其特点

万斯同的民族思想早期和后期有所区别。他早期的民族思想正如黄宗羲和其他遗民思想一样，反对清廷，拒绝与清廷合作，反映在三个方面：

第一，怀念前明，否认清廷统治的合法性。如他在《述旧》诗中说他逃难榆林时，“此时赤日颓，腥风匝地沸”，把前明比喻为“赤日”，清军比喻为“腥风”。在《寄侄贞一问金陵旧事》，谈到三百年的“原庙”已在风雨中变成“荒邱”，再也看不到汉家“衣冠”了。明孝陵的残枝上只有杜鹃在泣血，宫殿已换了主人，“新恨”像金山的惊涛那样逐浪高涨，诗中充满了凄凉之情。这是杜鹃在泣血，还是诗人在泣血？又如《闲居》一诗，他感慨“江山悲故国”，“天地正无心”①。

第二，抗议清廷的杀戮，思念抗清队伍。他在《放歌行》一诗的开头就说：“官奴城外秋草肥，官奴城中鸡犬稀。”②

---

① 万斯同：《石园文集》卷一。唯《闲居》“江山悲故国”句，则取自全祖望：《续甬上耆旧诗》卷七八《贞文先生万斯同》。在《石园文集》里，原句为“箕裘怀祖德”。

② 万斯同：《石园文集》卷一。

官奴城曾是宁波的古称，这里显然影射清廷征服下的宁波。诗中的“鸡犬稀”，影射清廷的掳掠，“秋草肥”，影射城中人口稀，与杜甫“城春草木深”句含意相同。

万斯同当时同情抗清武装，他在《寒松斋即事》一诗中说自己“身贱思游侠”①。所谓“游侠”，指的是四明山上抗清队伍，是明遗民对抗清义士的通称。如黄宗羲在自题像赞中说“继指之为游侠”②，即指自己曾参加过武装抗清斗争。所以诗句正确无误地表达了他的反清意识。

第三，抗清事业失败后，志不仕清，企图隐居避世以终老。如在《放歌行》中提到：“何处深山有紫芝？田园虽芜不成归。空林麋鹿应怜我，世外烟霞好伴谁？”③他还把世上与世外相比较：“市上扰扰竞锥金，山中但有无弦琴。世上嗷嗷争半菽，山中但有五斗粟。”于是他“试问东邻卖药翁，出世何如在山好”④？

总之，不承认清廷统治的合法性，拒不与清廷合作，是他早期民族思想的特点。

在他的后期，其民族思想随着时势的变化而有所变化，他拒不仕清的根本立场并未变化，但不合作的态度有所松动。康熙十八年（1679）“三藩之乱”已基本平定，万斯同面对的是清廷统治的长期性，他不得不承认这一无情的事实，他只好像他老师黄宗羲在《留书》中所说的那样，以“后圣”为榜

---

①③　万斯同：《石园文集》卷一。

②　黄炳垕：《黄梨洲先生年谱》首页《梨洲先生小像》。

④　万斯同：《石园文集》卷一《山中饮酒赠黄直方》。

样，不过他要保存的“中国之道”①，是指胜国的历史，所以康熙十七年（1678）清廷开博学鸿儒科，浙江巡道竭力推荐他，为他坚拒。但次年开馆修史，徐元文邀请他至京修史，他就毅然同意了。

由于他至京修史，又住于大官僚徐元文兄弟和王鸿绪官邸中，因此关于他后期有没有民族思想问题，引起学术界的争议，对此，应作进一步分析。

首先，他至京修史的动机并非到清廷去做官，“显亲扬名非吾志也”，他北上前就是这样向证人书院同学们表态的。晚年，在与刘坊的长谈中说得更清楚，他历述自万斌至万泰在明世的功业后，接着说：

> 念先人辞世禄，勉思以文德易武功，今鼎迁社改，无可为力者，惟持此志上告历祖在天耳。仆生平学凡三变：弱冠时为古文词诗歌，欲与当世知名士角逐于翰墨之场，既乃薄其所为无益之言以惑世盗名，胜国之季可鉴矣，乃攻经国有用之学，谓夫天未厌乱，有膺图者出，舍我其谁？时与诸同人兄弟自有书契以至今日之制度，无勿考索遗意，论其可行不可行；又思此道迂远，而《典》、《考》、《志》诸书所载，有心人按图布之有余矣，而涂山二百九十三年之得失竟无成书，其君相之经营创建与有司之所奉行，学士大夫之风尚源流今日失考，后

① 黄宗羲在《留书·文质》中说：“是故中国而无后圣之作，虽国之盛，亦未必不如要荒；要荒之人而后圣有作，亦未必不如鲁卫之士也。”

来者何所据乎？昔吾先世四代死王事，今此非王事乎？祖不难以身殉，为其曾玄，乃不能尽心网罗以备残略，死尚可以见吾先人地下乎？故自己未以来迄今二十年间，隐忍史局，弃妻子兄弟不顾，诚欲有所冀也。①

这段话的重要性说明：一、他到晚年仍坚持民族思想，而指导他史学的这一思想之所以如此顽强，是因为“先世四代死王事”；二、他学凡三变，也是在民族思想支配下的：从前明政权灭亡的教训，使他放弃了古文词诗歌；从“天未厌乱”，将有“膺图者出”代替清廷的统治，故而探究历代典章制度而论其可行可不行；因清廷统治已成定局，他转而网罗有明文献，寻求其制度的得失，以保存这一代的“中国之道”；三、他北上修史，就是为了更好地实现其第三变之学，并认为这一工作正如他祖上死于有明“王事”一样，也是王事，所以连妻子及兄弟都不顾了。

所谓“涂山二百九十三年”的涂山，在安徽凤阳府怀远县东南，为明太祖龙飞之地，这里隐指明朝。明朝从明太祖洪武元年到崇祯十七年亡国，共二百七十六年，怎么多了十七年？原来他把明亡算到清顺治十八年（1661）桂王为吴三桂所执止，所以他修明史一定要修福、唐、鲁、桂南明诸王的历史，这是他与清廷修史的一项原则性的分歧，其实质是修史中满汉两种不同民族思想的分歧。

第二，万斯同至京修史，的确表示他对清廷的态度有所

① 万斯同：《石园文集》卷首，刘坊：《万季野先生行状》。

变化，从早期在与李文胤、范光阳书中所说的企图以遗民身份私修明史，到参加清官方机构明史馆工作，说明他对清廷已从完全不合作到有条件的合作，其条件是不改变他决不仕清的决心，所以他坚拒徐元文给他的俸禄。后来全祖望的弟子蒋学镛分析他这一态度的原因说："盖斯同先世自明初受三等之封，世袭指挥佥事，讫于国亡，故不轻出。"[①] 蒋学镛的分析是对的。万泰曾对诸子教导说："言显亲扬名于今日，此吾所不愿。"[②] 万斯同一生遵守父亲的教导，以布衣终生。他北上修史，只能说明他不得不承认清廷统治的长期性，而并未完全承认清廷统治的合法性。

在这一问题上，他的态度与黄宗羲有所区别。黄宗羲在晚年的文章中出现了歌颂清廷的字句，普遍采用清帝的年号，完全承认了清统治的合法性。万斯同则不然，他虽偶然也称清朝为"本朝"，清兵为"大军"，但就在同时把"崇祯"避讳为"崇正"[③]，仍自居为明臣民；他也偶然使用"康熙"年号[④]，这是为了纪年而不得不使用的，然而在此句之后，全用干支纪年，避开了"康熙"两字。上述情况说明他只好承认清廷统治的长期性（如"本朝"之类），但在承认清廷统治的合法性上，仍持保留态度，这是他后期民族思想的特点。

方苞在文章中曾可惜万斯同没有能像梅文鼎那样获得康熙帝的青睐，对此，全祖望大不以为然，称他的说法为"大

① 蒋学镛：《鄞志稿》卷一二《儒林传下·万斯同》。
② 万斯同：《石园文集》卷八《逸老堂记》。
③ 万斯同：《明季两浙忠义考·杭州府·俞起蛟》。
④ 万斯同：《石园文集》卷八《循吏高公传》。

谬”。并说：“盖先生欲以遗民自居，而即以任故国之史事以报故国，较之遗山（元好问），其意相同，而所以洁其身者，则非遗山所及，况定九（梅文鼎）乎?”[1] 又说：“先生（万斯同）尝言，遗山入元，不能坚持苦节为可惜。”[2]可知万斯同晚年入清后，仍以坚持苦节自矢。以布衣自居，拒不仕清，这一原则，在他的前期与后期是一致的。

（二）民族思想的分析

要了解万斯同的民族思想，对其得出正确的评价，必须对他的民族思想作进一步的分析。

首先，万斯同的民族思想是与人民性结合在一起的，不仅仅是单纯的民族主义。他对清廷的不满，其中一个重要因素是清廷在征服过程中的屠杀、劫掠、压迫破坏所造成的人民的痛苦。他在《与从子贞一书》中说：“今天下生民何如者？历观载籍以来未有若是其憔悴者也。”因而认为清廷的统治不会长久。他在《循吏高公传》中之所以称誉高以永，正是高以永在一定程度上对清廷落后、野蛮的民族压迫政策和统治政策的抵制。当时清廷的圈地、投充的措施虽已停止，但个别地方仍屡有发生。万斯同在文中所说的“旗丁谋夺之”，“时越境扰民间，且诱贫民为厮养”，正是圈地和投充的表现。文中接着说，人民“困则逃，逃则捕系其亲族以及邻人”，这指清廷在执行的“逃人法”。所以万斯同对高以永的去世，发表了“为斯民托命者”，“今不可得矣”[3] 的感慨。民族性和人

①② 全祖望：《鲒埼亭集》卷二八《万贞文先生传》。

③ 万斯同：《石园文集》卷八。

民性相结合的思想，在他的诗歌中也有反映，如《再寄五兄公择》：

> 孤帆指江南，共说江南好。岂如兵灾余，家室不相保。润州为战场，金陵成畏道。苍鼠穴城头，青磷散木杪。风物已萧条，客怀自潦倒。①

家室不保，苍鼠满城，磷火飘忽，说明清军在征服江南过程中屠杀之惨。面对这一惨象，万斯同向万斯选说，万氏兄弟应该"读书承家学，躬行率古道"②，即继承父亲义不仕清的家学和以苦节自持的古道。

又如，《戏为绝句》的"荒冢累累秋草肥，丁公一去底须归。辽东白鹤应犹在，寄语人民今更非"③。《搜神后记》记载汉人丁令威学仙后化作白鹤，飞归故里辽东。有人欲射他，白鹤在空中盘旋而歌："有鸟有鸟丁令威，去家千里今始归。城廓如故人民非，何不学仙冢累累。"万斯同引用这一神话，借古讽今，流露对清廷在征服战争中造成荒冢累累、人民已今非昔比的极端不满。

再如，《秋怀》第一首有："旧家鸡犬他年尽，古墓松杉此日悲。乐府但闻《蒿里曲》，词人竞赋《七哀诗》。令威化鹤归来后，惟有青山似旧时。"《蒿里曲》指曹操的《蒿里行》，诗中有"白骨露于野，千里无鸡鸣"句，《七哀诗》指王粲之作，诗中有"出门无所见，白骨蔽平原"句。《秋怀》

---

①② 万斯同：《石园文集》卷一。

③ 万斯同：《石园文集》卷一《戏为绝句》。

第二首有“荒城满目狼烟色，旷野惊心狐火寒”句，第三首有“郊原折戟埋荒草，城阙悲笳杂暮砧”。他最后以“野老几人行汉腊，累臣若个是南臣”句，把战火的荒凉与民族战争联系起来。“泪入湘江百丈深”[①]，他悲痛的既是民族的痛苦，也是人民的痛苦。

其次，必须了解民族和国家的关系，忠于本民族和忠君之间的关系。任何国家都是由民族或种族组成的。古代多民族的封建国家，是由占统治地位的民族联合被统治民族组成的，而皇帝则是封建国家的象征。马克思说得好，君主是“神圣的国家尊严”[②] 的体现，所以忠于民族、忠于国家在古代往往与忠君密切而不可分，“尊王”与“攘夷”在民族斗争处于主要矛盾的情况下，常常是一致的。所以我们不能因为元、清初期的遗民怀念宋、明故国，就一概指他们仅仅是“忠君”而不具有民族思想。

由于民族思想常寓于忠君思想中，如果我们不对古人作深入的分析，就不能揭示出作者的本意。如万斯同瞻仰其祖先沙场风雪、鲸穴波涛和父亲甘心行遁、绝迹朝市后说：“一瞻顾间而忠孝之思亦可油然而生矣。”[③] 他所说的忠、孝，如果单从字面上解释，为忠于君主和孝于父祖。同样，万斯同向刘坊表示他至京修史，是因为“昔吾先世四代死王事，今此非王事乎”？看起来也仅为了忠君的王事。然而，他忠的是汉民族国家的皇帝及其王事，他的孝是遵守父亲万泰“言显

① 万斯同：《石园文集》卷一《秋怀》。
② 《马克思恩格斯全集》第一卷，第382页。
③ 万斯同：《石园文集》卷八《应忝先茔记》。

亲扬名于今日吾所不愿”，即不愿子孙出仕清室的教导。了解这一点，我们自然不能把他所说的忠孝与民族思想割裂开来。

汉族是由多民族融合而成的。我国古代儒家一方面力主“攘夷”，但另一方面也有反映民族融合这一客观进程的观点。《公羊传》的“《春秋》内其国而外诸夏；内诸夏而外夷狄”[①]，宣扬“尊王”“攘夷”大义。到了东汉何休作《春秋公羊传解诂》，把“内其国而外诸夏”称为“所传闻之世”，即拨乱世；把“内诸夏而外夷狄”称为“升平世”，而又增加了一个“夷狄进至于爵”的“太平世”[②]。春秋时期，诸夏的共主周王在形式上还存在，夷狄进至于爵，是诸夏共主周王所封的。后来，韩愈又说：“诸侯用夷礼则夷之，进于中国则中国之。”[③] 何休与韩愈的上述见解，都反映了以汉族为主的各民族互相融合的客观历史过程。

然而，清初的情况并不如此，夷狄不但进于中国，而且入主中国。在这种情况下作为有民族思想的汉族知识分子应如何对待？顾炎武在《日知录》中对《礼记》的“素夷狄行乎夷狄”句的解释，提出了自己的看法：

> “素夷狄行乎夷狄”，然则将居中国而去人伦乎？非也。处夷狄之邦而不失吾中国之道，是之谓素夷狄行乎夷狄也。……孔子有言：“居处恭，执事敬，与人忠，虽之夷狄不可弃也。”夫是之谓素夷狄行乎

---

① 《春秋公羊传·成公十五年》。
② 何休：《春秋公羊传解诂》卷一。
③ 韩愈：《韩昌黎全集》卷一一《原道》。

夷狄也。若乃相率而臣事之，奉其令，行其俗，甚者导之以为虐于中国，而借口于“素夷狄”之文，则子思之罪人也已。①

处夷狄之邦，这里当指夷狄入主中国的清朝，应坚持“中国之道”，即坚持孔子所说的“居处恭，执事敬，与人忠”的汉文化，而不是奉夷狄之令、行夷狄之俗而去人伦，这是顾炎武在清初坚持其民族思想的见解。这一见解与黄宗羲在《留书》中所说的以“三纲五常”的“中国之道”以反对“收母蔑丧”的“戎狄之道”的见解，是基本一致的。不同的是顾炎武力主“行己有耻”② 的原则，对夷狄的统治以“中国之道”予以抵制，黄宗羲则企图以“中国之道”来感化“要荒之人”，而使之成为“鲁卫之士”，这是两人民族思想的不同处。

万斯同在黄宗羲的影响下，他处夷狄之邦而不失中国之道，是在夷狄统治下，保存前明的中国之道，即前明的典章制度和历史，既忠于故君，又坚持其民族思想。当然这里有一个原则，即顾炎武所说的不能“臣事”夷狄，否则就失去了民族气节。万斯同拒不仕清，保持了民族气节，这是他与明史馆其他纂修官的区别所在。

最后，应该区别古人的民族思想与今天的民族思想的不同。古人的民族思想往往与忠君思想联系在一起，因此

---

① 此条黄汝成：《日知录集释》有目无文，这里转引自杜维运：《清代史学与史家》中华书局 1988 年版，第 115 页。

② 顾炎武：《亭林文集》卷三《与友人论学书》。

他们民族思想的表现与君主对他们的态度有关。黄宗羲曾说："然士各有分，朝不坐，宴不与，士之分亦止于不仕而已。"[①]他说这话并不仅仅在为他自己与清廷关系作辩护。古人所谓食君之禄，忠君之事，如不食君之禄，那末在民族关系上所谓忠于故君，只要做到不仕就可以了。全祖望颇赞同黄宗羲这一见解。他引用黄宗羲在《宪副郑平子先生七十寿序》中说的"士之报国，各有分限"[②]后说："但使大节无亏，固不能竟避世以为洁。"[③]他所说的大节无亏，指的就是不仕清室。

这是以遗民身份而说的。如果是遗民子弟，古人认为不一定要恪守这一"不仕"的训条，也就是说，不必做一个世袭的遗民，允许他们到异民族的新朝去应试做官。曾参加南明鲁王政权"画江之役"的钱肃图，临死前告诫他的儿子："故君故国之感，此吾辈所当没身而已者也。若汝辈，则不容妄有逆天之念存于胸中。"[④]钱肃图自己可以"逆天"，因为他有故君故国的关系，他的儿子生于清朝，与故君故国毫无关系，就不能"逆天"，不能违反清廷统治的命运，换言之，允许其子可以应举出仕。

还应注意的是，古人的民族思想，绝大多数是在处理中华民族内部民族冲突关系中的反映，这与近代以来中华民族与外来侵略者的民族关系有所不同。

抛头颅、洒热血，或长住深山，活埋土室，这是处理民

---

① 黄宗羲：《南雷文定》后集卷二《谢时符先生墓志铭》。

② 黄宗羲：《南雷文案续刻》卷四。

③ 全祖望：《鲒埼亭集外编》卷四四《答诸生问南雷学术帖子》。

④ 全祖望：《鲒埼亭集外编》卷五《明监察御史退山钱公墓石盖文》。

族之间对抗关系时的一种方法；用汉民族的先进文化来影响落后民族的低级文化，则反映了处理民族之间非对抗性关系时的一种方法，这是一种在客观上促进民族融合的方法。只要遗民们坚持不仕清室这一原则，就不能说他们失去了民族思想。也不能因为他们允许子弟出仕新朝，如黄宗羲之允许甬上弟子出而应清廷之试，如钱肃图之允许其子不要"逆天"，同样不能说他们失去了民族思想。明清之间的民族斗争，毕竟与近现代中国反对外来民族的侵略有原则区别。

万斯同并非遗民，他从未食前明之禄，朝不坐，宴不与，然而他以遗民自居。他为了实现网罗前明文献的残略，正如方苞说的，"其至京师，盖以群书有不能自致者，必资有力者以成之"，只有利用史馆的财力和人力，亦即利用清廷中央政权的力量，才能在全国范围内获得这些资料，才可能使"残略"得以完备。他为了进一步，不得不退一步，与清廷作适当的妥协，与清廷大官僚徐乾学、徐元文、陈廷敬、张玉书、王鸿绪等交往，住在他们的京邸中，这些人都是明史馆的监修和总裁，既要修明史，自然非与他们交往不可。但万斯同并不向他们折腰，不曲学以阿世，保持了自己的尊严。他赞扬刘坊之狂，认为"视夫伈伈俔俔伛偻磬折于公卿前者，不犹为贤者"，并勉励他"益坚其志，毋变其故常"①，他所取于刘坊的正是他自己的写照。以"布衣"而傲视于清廷显贵之间，没有民族意识的激勉，是很难做到的。从古代儒家的观点来看，万斯同是符合保持民族思想的要求的。

① 万斯同：《石园文集》卷七《送刘鳌石南还序》。

(三) 反映在史著中的民族思想

万斯同的民族思想在他的史著中有明显的反映。

1.《明乐府》。

万斯同在浙西的朋友陆嘉淑在此书的《序》中说：

> 鄞江万季野作《新乐府》数十百篇，纪有明二百七十余年之事。……季野传家世爵，自武略以下，如鹿园、瑞岩、履安诸公，皆著名氏。履安以老孝廉采飞遁之节。……季野身在草莽，不敢窃迁、固、荀、袁之指，铺张叙次，托诸乐府之遗，知其意有在焉。二祖列宗之功德，史或有不尽书，所书或失其真，且记载淆讹，神圣默成，有非寻常文学之士所能窥测，乃为之洗发其隐微，征考其本末，推辨其得失，以补一代之遗佚。颂群后之谟烈，而一时名臣伟德亦得因以附见。间有感慨叹息繁霜离黍之痛，推其所自，以比于左徒之怨，此固仁人孝子之思根本于六义，下于四始，而寄托之词章。读其诗，论其世，未尝不叹其与皋羽先生同原而一委也。①

陆嘉淑在《序》中指出：一、万斯同身为有明世爵之裔，处草莽之地，自然不能如司马迁、班固那样与修国史（《明乐府》作于万氏北上修史前），只好托诸乐府以实现其志；二、其意之所在，既为对前明野史洗发隐微、征考本末、推辨得

① 《万季野先生明乐府·陆嘉淑序》。

失而保存"一代之遗佚"，也是为了颂群后之谟烈，名臣之伟德；三、他把"繁霜离黍"即亡国之痛寄托于诗词，与南宋遗民谢翱的原委是一样的。陆嘉淑把万斯同作《明乐府》的动机、《明乐府》的基本内容和诗中体现民族思想的精神都作了说明。陆嘉淑的看法大体上是正确的，然而说《明乐府》是"颂群后之谟烈"和"名臣伟德"，那是不正确的，因为这组乐府对有明一代的"群后"作了一系列的批判，对"名臣"歌颂与揭露交互并作。

《明乐府》主要为总结明亡的教训，但有几处以明清对比、以明讽清的形式，表达了他早期的反清思想，如：

刑囚手

洪武中，刘观为嘉兴守，方听讼，有囚于掌中书"千金"二大字举示之，观即斩其手献于太祖，太祖赐书褒之。……

太守贤，不爱钱，此手胡为至我前。公堂非汝行私地，岂得将金污清吏。斩将此手献明君，遂使奸徒失巧计。……从此公庭畏断手，遂不囊金私室走。君不见，今人暮夜通苞苴，清名犹复播人口。①

埋羹守

建文时，山东王公琎为吾郡太守，清操绝俗，其子来省，偶食肉羹，公见而大怒，埋之于地，时称为埋羹太守。……

埋羹守，尔为谁？仕宦何人不食肉，何事将羹向土

① 《明乐府》诸首皆引自《万季野先生明乐府》一书，以后不一一注出。

埋。埋羹守，清且贤，何独埋羹后代传。……吁嗟乎！今之仕宦皆争巧，饮人膏血犹未饱，区区一肉何足道！吾欲买丝绣王君，天下太守普使闻。肉食腥风方未歇，眼前何日见斯人？

句容令

嘉靖时，江西徐公九思为句容令，有善政，民歌思之。公常曰："吾始至邑，邑人呼爷者万数，为之耸然。吾何以当其称，思有以答其民，故不至陨越耳。"

句容令，有徐君，政何善，心何仁，循良何必古之人。……我公惠政由呼爷，一呼惠乃及万家。天下何令不呼爷，安得如公动色嗟。今来民生更憔悴，望我徐君如望岁。呼爷声声上彻天，令也何人肯加惠？古之令，有徐君；今之令，何不闻！

上述三首中"君不见，今人暮夜通苞苴，清名犹复播人口"，"吁嗟乎！今之仕宦皆争巧，饮人膏血犹未饱。……肉食腥风方未歇，眼前何日见斯人"以及"今来民生更憔悴，望我徐君如望岁。呼爷声声上彻天，令也何人肯加惠？古之令，有徐君，今之令，何不闻"等诗句，通过古今对比，揭露了清廷的腐败。这与他在《与从子贞一书》中所说的"今天下民生何如哉！历观载籍以来未有若是其憔悴者也"的思想感情完全一致，反清意识"寄托之词章"，是很明显的。

2.《宋季忠义录》及有关宋元史事和史论之作。

黄宗羲认为"尧舜相传之统，至元而绝"，因此，"宋之亡于蒙古，千古之痛也”[1]。在他的影响下，吕留良也指出："盖缘德祐（南宋亡国之君恭帝年号）以后，天地一变，亘古所未经。"[2] 然而《宋史》为元臣所修，是站在蒙古族利益上撰写的，所以清初学者往往从民族思想出发，对《宋史》之修极为不满。万斯同作《宋季忠义录》十六卷、《宋遗民广录订误》及《书宋史吕文德传后》等十余篇文，显然是在黄宗羲的影响和上述思想指导下而作的。

《宋季忠义录》附录后有万斯同所写的《跋》：

> 按宋室既移，四方称兵者蜂起，大都宋之遗民，不忘故主，欲嘘既烬之灰，非弄兵潢池者比也。所谓周之顽民，非商之义士乎？乃《元史》概书之为盗。彼史臣之体故宜尔，而诸人之心则不白于天下万世矣。今悉采而录之，比于朱子《纲目》不书樊崇、杨玄感为盗之义云。[3]

万斯同在这里强调的是："宋之遗民，不忘故主"、"周之顽民，非商之义士乎？"其目的是表彰这些抗元的宋遗民，并借古喻今，以亡宋比之于亡明，其民族思想不言自明。

《四明丛书》编者张寿镛看到了万斯同这一本意，他在该书的《序》中说：

---

① 黄宗羲：《留书·史》。

② 吕留良：《吕用晦文集》卷一《复高汇旃书》。

③ 张寿镛编：《四明丛书》第二集《宋季忠义录》附录，1934 年四明张氏约园版。

始困于金辽，卒亡于元，乃开夷狄主中夏之局。然当时朝野之士以死御侮，矢不臣奴外夷者皆是也。……元有天下未及百年，朱明突起，锄而去之，光复旧物，设无汉奸，明岂能亡于清哉！而明之亡，忠烈亦不减赵宋。……若夫关怀国族，遁隐终身，谢豹花开，戴胜芋熟，谊则高矣，志徒悲耳。故余读万氏《宋忠义录》，嗟岁寒之不幸，又未尝不掩卷太息而发愤也。①

万斯同又作《宋遗民广录订误》，经过考证，把下列五种人排出于宋遗民之外：

(1) 道德败坏。分两类，一种是社会道德问题。并不是不愿意到元朝做官，而是因为品行太坏，元人看不上他，如罗椅，家富，"为人狂荡、诡诞，伪为窭子以欺世，虽有诗名，人皆薄之。……入贾似道戎幕，后虽登朝，以似道素贱其为人，不获通显。晚以失临度宗丧，为台臣击去。……据周密《癸辛杂志》，其丑行不可殚述。其不仕元也，特元人不用耳，岂果隐者流哉！"② 此外，梁栋也属这类人物。另一种是政治道德问题，如高及翁，"为佥书枢密院事，闻元兵逼江南，讽台臣劾己，章未上，先出关遁，此不忠之臣，安得称遗民！"又如赵溍，"为沿江制置大使，元兵未至，先弃城遁，此误国之贼，安得称遗民！"

---

① 张寿镛：《宋季忠义录序》。

② 万斯同：《石园文集》卷八《宋遗民广录订误》。下面所引此文，不一一注出。

(2) 已仕元，误入于遗民。共十一人，其中多入元任教授、山长之类，如“马贵与，廷銮子，仕元，历台州路学教授，非遗民。”“罗志仁，临江人，仕元，为天长书院山长，非遗民。”

(3) 虽未出仕，然曾应试。如韩信国，“元名儒，宋亡后四十四年，出应仁宗延祐四年浙江乡试，不可称遗民。”

(4) 虽未出仕，然亦非隐士。如赵复，“虽未受元职，然其教大行于北方，日主讲席，终于燕都，非隐士也，亦不当入。”

(5) 并非宋末元初人，误入。如“钱思复，中元顺帝至正十一年乡试，乃元末明初人，非宋末，不当称宋遗民。”“王翥，宁宗时人，未尝入元，不宜列此录。”

万斯同在这篇文章中提出列入遗民的标准：“若专录宋遗民，必抗志元世者始可入。”这也可以说是他修明史列入明遗民的标准。

万斯同在《群书疑辨》一一卷关于宋元史论中提倡“名节立身”。他说：“夫名节立身之大闲，名节一丧，将一生之百行俱坠，可以是为小节而不顾哉！”[①] 他又在《书宋史谢皋羽传后》对谢翱（即皋羽）的民族气节作了分析。明初，宋濂为他作传，说他之所以成为宋的遗民，是因为他感文天祥的知己，把他比喻为汉楚之争时期田横之客。万斯同不同意他的观点，说：

> 皋羽感故国之亡，故浪放山泽，章皇佗际而不

① 万斯同：《群书疑辨》一一卷《书元史陈栎传后》。

能自己，岂止为丞相一人哉！若止为丞相一人，则不入其幕，不受其署，竟忘情故国而与世沉浮乎？是何待皋羽之浅也。①

他正确指出，谢翱抗节不仕于元，是“感怀故国”②的民族气节，而决不是对文天祥的个人恩怨问题。

万斯同在宋元史论中十分重视晚节，他说王应麟、黄震在宋亡后潜隐山泽，穷饿而死，“其高风峻节，真足师表万世”③，可是《宋史》在他两传中，“于宋亡之后，绝不及其晚节一字”④。除这两人外，如宋故相马廷鸾，“则其晚节必足观”⑤，《宋史》也不提及。他说：“此何所忌而掩抑若是，即使详书于史，何病于蒙古？蒙古人见之，岂即加谴谪，乃史官无识，使后人不得见高节，真恨事也。”⑥他所说的“晚节”，自然是指民族气节。

万斯同有《南宋六陵遗事》一书，考证了元至元十四年(1277)江南总督杨琏真珈私发浙江绍兴南宋高宗、孝宗、光宗、宁宗、理宗、度宗六陵，南宋遗民收集残骨予以埋葬的时间、事迹和遗民的人数、名字。温睿临正确地指出万斯同考证这一史事的本意，他说：

先生（万斯同）之辑是编也，非徒核其事也，亦欲使后之人思夫天崩地坼之时，犹有赤手犯虎穴之自靖于万难也者，勿徒熟视祸败，辄委曰“天运”而不之省也。

①② 万斯同：《群书疑辨》卷一一《书宋史谢皋羽传后》。

③④⑤⑥ 万斯同：《群书疑辨》卷一一《书宋史王应麟传后》。

是则先生觉世之意也夫。[①]

他所说的“觉世”，是指启发民族意识的觉悟。

万斯同还有《庚申君遗事》一书，考证元顺帝即南宋亡国之君恭帝之子。王源对这本书所作的考证极其赞同，说元顺帝“要为赵氏之子无疑。《宋遗民录序》谓其事之卓卓乎可以信后世而下慰遗民不忘宋之心者，则篁墩之志，即万子之志也。”[②] 篁墩即程敏政，《宋遗民录》作者。王源认为程敏政在《宋遗民录序》中指出“庚申君”（即元顺帝）确然为宋恭帝子，是为了“下慰遗民不忘宋之心”，万斯同作《庚申君遗事》，则是下慰遗民不忘明之心，所以“篁墩之志，即万子之志”，他说出了万斯同不忘前明的隐衷。

3.《明季两浙忠义考》。

如果说《宋季忠义录》等是借古喻今之作，那末《明季两浙忠义考》则直接表达了他的民族思想。他早年在《与李杲堂先生书》中就流露了他欲网罗“鼎革之际更有他乡所不及者”的人物事迹。但他后来北上修史，网罗的是全国性鼎革之际的人物，无暇从事搜集桑梓抗清事迹，因此《明季两浙忠义考》仅是写作提纲，极期简略，备将来著书之用。虽然如此，从中也可说明在他晚年仍惓惓于家乡明清之际的人物。此书所收集的有明末死于阉难、死于抗拒农民军的人士，但绝大多数为抗清死难的烈士，或拒不仕清的遗民，今举杭州府、嘉兴府、宁波府、绍兴府为例，分别介绍于下：

① 《南宋六陵遗事·温睿临序》，《昭代丛书》已集。

② 王源：《居业堂文集》卷一二《庚申君遗事序》。

（1）杭州府。

仁和县、钱塘县条。收有十五人，属于抗清的忠义之士共十四人，即俞起蛟、王道焜、陆培、陈潜夫、姚奇允、金堡、卓尔康、应㧑谦、汪沨、徐之瑞、江浩、陈廷会、柴绍炳、沈兰先。如姚奇允，“字有仆，钱塘人，崇正庚辰进士，历官御史，同守赣州，丙戌九月城破，投缳死。”[①] 他称为“忠臣”。又如陈廷会，“字叔际。柴绍炳，字虎臣。沈兰先，字甸华。三人皆名儒生，隐居不出，有诗文集。”一条而举三人。

海宁县条。收六人，全为抗清忠义之士或遗民，即祝渊、周宗彝、张次仲、朱朝瑛、谈迁、陈确。如周宗彝：“字五重，崇正乙卯举人。乙酉杭州失守，起兵保障乡里，兵败全家殉难。”又如陈确：“字乾初，受业刘念台之门。后弃诸生，讲学著书，为乡里模楷。”

（2）嘉兴府。

嘉兴县、秀水县条。共六人，属抗清者五人，即徐石麒、俞汝言、徐彬臣、施博、张茂谟。如徐石麒：“字虞求，天启壬戌进士，历官吏部尚书。乙酉五月闻南京失守，自缢死，谥忠襄。”又如张茂谟：“字献可，隐居笃学，著述最多。”

海盐县条。共三人，属抗清不仕清者二人，即彭期生、胡震亨。前者赣州失守自缢死。后者文中说：“万历丁酉举人。历官兵部员外郎。嗜古博学，家藏书最富。所辑有《唐诗统签》数百卷及《续文选》、《文献通考》诸书。”

嘉善县条。共四人，属抗清不仕清者二人，即陈龙正、钱棅。陈龙正：“号几亭，崇正甲戌进士，官中书，数有建白，终

① 万斯同：《明季两浙忠义考》抄本。下面所引此书，不一一注出。

礼部员外郎。初受业高忠宪（即高攀龙）之门，好古笃学，有《几亭全集》行世。”钱棅：“号仲驭，崇正丁丑进士，历官广东按察佥事。家居，死国难。”

石门县条。共三人，皆属抗清忠义，即吴尔埙、吴梦白、殷朱。如吴尔埙：“字介之，崇正癸未进士，授庶吉士。京都陷，与同辈俱降贼。贼败，南归。史公可法时督师扬州，留条军事。尔埙深悔前过，断一指授友人祝渊，归贻父母。……后扬州破，竟与史公同殉难。”其他两人则都属“国变”后的遗民。

(3) 宁波府。

鄞县条。共二十六人，属抗清不仕清者二十四人，即高斗枢、钱肃乐、赵景麟、周齐曾、葛世振、张煌言、董志宁、董守谕、万泰、董德偁、陆符、杨文瓒、杨文琦、华夏、王家勤、屠献宸、李文胤、万斯大、林时对、林必达、高斗权、陈自舜、黄道晖、罗心朴。其中钱肃乐、赵景麟、张煌言、董志宁、杨文瓒五人，属抗清死难。如杨文瓒：“字赞玉，崇正己卯举人，与兄诸生文琦、友贡生华夏、王家勤、诸生屠献宸并死难，五人妾亦自缢以殉，时称‘甬上五烈’。”一条而收五人。他的父亲万泰，他写：“字履安，号悔庵。崇正丙子举人，户部主事，国变后隐居不出，苦节十余年而殁。所著诗文名《寒松斋集》。”万斯同在这一条收有未卒五人，在林时对、林必达、高斗权、陈自舜、黄道晖等人后写：“以上现在。”这一写法是其他各条所未有的。

慈溪县条。共六人，抗清或遗民者四人，即赵琏、沈宸荃、沈履祥、刘应期。如沈宸荃：“字友荪，号彤庵，崇正庚辰进士，官御史，从亡海外，历迁东阁大学士，殁于海。”

镇海县条。仅谢泰宗一人，为遗民。

(4) 绍兴府。

会稽县、山阴县条。共二十七人。抗清不仕清者十七人，即刘宗周、张焜芳、祁彪佳、余煌、叶如苏、何引仁、章正宸、王毓蓍、潘集、周卜年、倪文徵、朱玮、严起恒、郑遵谦、余增远、刘汋、高岱。如叶如苏："字恒生，崇正庚午举人。官兵部主事。丙戌郡城失守，与妾王氏赴水死。"如高岱："字鲁瞻，号白浦，山阴人，武举，官职方主事，遭国变，不食死。"

余姚县条。共七人，抗清不仕清者五人，即熊汝霖、孙嘉绩、黄宗羲、黄宗炎、黄宗会。前二人皆浙东抗清著名人物。如孙嘉绩："字硕肤，崇正丁丑进士，历官九江兵备佥事，同熊汝霖起兵，历迁至兵部尚书、东阁大学士。从王航海，卒于舟山。"至于黄宗羲，他写："字太冲，号梨洲，忠端公长子。隐居著述，有《南雷文案》、《文定》、《易学象数钞》。所辑有《明儒学案》、《明文海》数百卷。"

上虞县条。三人，抗清者仅赵德遴一人，死难。

诸暨县条。仅傅日炯一人，刘宗周学生，国变后赴水死。

萧山县条。仅来集之一人，遗民。

《明季两浙忠义考》收有不少人所不知的抗清人物，如宁波府鄞县条的罗心朴，地方志都没有记载，这对发掘明清之际的浙江抗清文献有一定作用。但是此书所收也不完整，如石门的吕留良，鄞县的沈光文、高斗魁等都未收。值得注意的是，他虽把被农民军所杀的人称为忠义，但投降农民军后又参加抗清而牺牲的人也称忠义，如吴尔埙，这反映了当时知识分子的共同观点，即在民族矛盾激化、阶级矛盾下降形势下，他们主张联合农民军抗清，因此万斯同仍把曾降“贼”的吴尔埙称作“殉难”的忠义之士。

二、经世思想和经世史学

(一)《与从子贞一书》及其史学经世思想

万斯同的经世思想集中体现在他作于康熙五年（1666）的《与从子贞一书》。由于这篇文章很重要，摘要录于下：

> 至若经世之学，实儒者之要务，而不可不宿为讲求者。今天下生民何如哉？历观载籍以来未有若是其憔悴者也。使有为圣贤之学而抱万物一体之怀者，岂能一日而安居于此？夫天心之仁爱久矣，奚至于今而独不然，良由今之儒者皆为自私之学，而无克当天心者耳。吾窃不自揆，常欲讲求经世之学，苦无与我同志者。若吾子者，既有好古之志，又有足为之才，是可与我共学矣，奈何专专于古文，而于经世之大业不一究心也耶？夫吾之所谓经世者，非因时补救如今所谓经济云尔也，将尽取古今经国之大猷，而一一详究其始末，斟酌其确当，定为一代之规模，使今日坐而言者，他日可以作而行耳。若谓儒者自有切身之学，而经济非所务，彼将以治国平天下之业非圣贤学问中事哉！是何自待之薄而视圣学之小也。吾尝谓三代相传之良法，至秦而尽亡，汉唐宋相传之良法，至元而尽失。明祖之兴，好自

用而不师古，其他不过因仍元旧耳。中世以后，并其祖宗之法而尽亡之，至于今之所循用者，则又明季之敝政也。夫物极则必变，吾子试观今日之治法，其可久而不变耶？天而无意于生民则已耳，天而有意于生民，必当大变其流极之弊，而一洗其陋习。当此时而无一人焉起而任之，上何以承天之意，下何以救民之患哉？则讲求其学以需异日之用，当必在于今日矣。吾窃怪今之学者，其下者既溺志于诗文，而不知经济为何事，其稍知振拔者，则以古文为极轨，而未尝以天下为念，其为圣贤之学者，又往往疏于经世，见以为粗迹而不欲为，于是学术与经济遂判然分为两途，而天下始无真儒矣，而天下始无善治矣。呜呼！岂知救时济世固孔孟之家法，而已饥已溺，若纳沟中，固圣贤学问之本领也哉！……使古今之典章法制烂然于胸中，而经纬条贯，实可建万世之长策。他日用则为帝王师，不用则著书名山为后世法，始为儒者之实学，而俯仰于天地之间而无愧矣。①

万斯同这一大段话说明了三个问题：首先，说明他的经世思想是在民族思想指导下的。他之所以要经世，是因为清初民生的憔悴是历史上所未有的，物极必变，清廷的统治不会长久，所以总结历史上的典章法制，可以用于异日："他日用则为帝王师，不用则著书名山为后世法。"他根本不把清廷

① 万斯同：《石园文集》卷七。

的统治放在治史的视野里。还应注意，他要总结的是“三代相传之良法”和“汉唐宋相传之良法”，而不是元朝的法制，因为汉唐宋的良法“至元而尽失”。他也不用因仍元旧的明法和循用明季弊政的清法。万斯同这一观点是否正确可以讨论，但他这一见解深受黄宗羲的“尧舜相传之法，至元而绝”、“宋之亡于蒙古，千古之痛也”[①] 思想的影响，体现了寓于他史学中的强烈的民族意识。其次，他的经世史学又一指导思想是孔孟儒学。所谓“天心之仁爱”，“抱万物一体之怀”，“济时救世固孔孟之家法”，“己饥己溺，若纳沟中，固圣贤学问之本领”等等，都反映了万斯同的儒学继承和发展了明末的实学思潮。他反对把“学术与经济判然分为两途”，脱离了理学空谈性天的流弊，而注重于社会现实和人民的生活。最后，他经世思想的特征是“尽取古今经国之大猷，而一一详究其始末，斟酌其确当，定为一代之规模”。即对历史上的典章法制进行批判和总结，以制定“万世之长策”。

《与从子贞一书》的基本思想，在后来万斯同与刘坊谈话中作了如下概括：“已乃攻经国有用之学，谓天未厌乱，有膺图者出，舍我其谁？时与诸同人兄弟自有书契以至今日之制度无勿考索遗意，论其可行不可行。”万斯同自称学凡三变，此后他转而攻治明史。但我们决不能误解他再也不考虑历代典章制度了，他在京师修史后期所开的讲座，主要部分就是历代的典章法制，不过他的精力重点用于明史的纂修和编辑。因此，我们在论述他的经世史学的特点时，仍应把这两种内容联系起来进行考察和分析。

---

① 黄宗羲：《留书·史》。

(二) 经世史学的特点

万斯同的经世史学，既受明中叶以来经世史学的影响，又与它有很大区别，他有自己的特点。其区别主要有两点：

第一，明清经世史学都重在现代，然而在本质上有根本的区别，前者是歌颂现代，后者是批判现代。明的经世史学都歌颂“皇明”，如万表在《皇明经济文录序》中说：“仰惟我太祖、成祖，神衷睿略，屈用群策，鉴察往代，审量时宜，损益就中，垂范立法，诚万世不可易也。”又说：“是故祖宗之法，即尧舜之法也，舍祖宗之法，而别求所谓尧舜之法，皆妄也。”[①] 再如徐孚远与陈子龙辑《皇明经世文编》，其出发点诚如徐氏说的：“高论百王，不如宪章当代。”[②] 陈子龙也明确表白，有明一代的治法，“驾周漂汉”[③]，可以“子唐弟汉”[④]。把他们的观点与万斯同说的“三代相传之良法，至秦而尽亡；汉唐宋相传之良法，至元而尽失。明祖之兴，好自用而不师古，其他不过因仍元旧耳，中世以后，并其祖宗之法而尽亡之”的观点对比，两者的差别有二：前者颂扬明朝祖宗之法，而万斯同则认为祖宗之法“好自用而不师古，其他不过因仍元旧耳”，评价很低，以批判为主；前者认为明祖宗之法，即三代、尧舜之法，甚或超过三代，至于汉唐，更如父兄之于子弟，万斯同则认为“良法”在于三代，在于汉唐宋，今不

① 万表:《玩鹿亭稿》卷三。

② 《明经世文编》卷首，徐孚远:《明经世文编序》。

③ 《明经世文编》卷首，陈子龙:《明经世文编序》。

④ 陈子龙:《安雅堂稿》卷一〇。

如古。

既然今不如古，为何说万斯同的经世史学重在现代呢？这是因为他研究古代治法是古为今用，正如他对刘坊说的："论其可行不可行"，立足于今。也就是说他是站在今天的角度，对古代治法予以批判地继承。

上述是从治法来说的，如从人物事迹的美刺劝惩来说，明经世史学同样予以歌颂，如李贽的《续藏书》，"而列传之中，又独存其美者。"[①] 其"显微阐幽，标新领异，与《藏书》略同，惟一于扬善不刺恶为异耳"[②]。而万斯同的《明乐府》，扬善刺恶并举，而对有明列朝皇帝除仁、宣二帝外，几乎一一予以讽刺。

至于当代的清朝，如前所述，万斯同认为其治法不过循用"明季之弊政"，其人物则"今之仕宦皆争巧，饮人膏血犹未饱"[③]，完全用批判和暴露的手法。

第二，明中叶以来的经世史学重在实用性。陈子龙、徐孚远编的《皇明经世文编》，据今人吴晗统计，所涉内容为：时政、礼仪、宗庙、职官、国史、兵饷、马政、火器、贡市、番舶、灾荒、农事、治河、水利、海运、漕运、财政、盐法、刑法、钱法、钞法、税课、役法、科举、宗室、弹劾、谏诤等三十二个方面[④]，这是一种求富、求强、求解决当前急务，具有实用特色的史学。万斯同对这种史学的经世济时作用颇

① 《续藏书》卷首，焦竑：《续藏书序》。

② 《续藏书》卷首，李维桢：《续藏书序》。

③ 万斯同：《明乐府·埋羹守》。

④ 《明经世文编》卷首，吴晗：《影印明经世文编序》。

不以为然，认为是“因时补救”的短期经济行为，不具有“建万世之长策”的历史作用。他主张“取古今经国之大猷，而一一详究其始末，斟酌其确当，定为一代之规模”，认为这才是史学经世之所在，这是一种总结性的史学。

前明的经世史学，是个别政策和具体方法的汇编，立足于现实，着眼于当前效益，有其显著的优点，特别对推动自然科学的发展，起了一定的作用。但忽略了总体性和根本性的研究，所以晚明虽然相继出现了不少经世文的汇编之作，终无助于挽救明朝的灭亡。万斯同的经世史学，是对治国的总政策（“经国之大猷”）的研究，注意吸取历史的经验和教训。他回顾过去，着眼未来（“以需异日之用”），从长远利益考虑，是其优点。但不经当今之世，不致现实之用，忽略这些“因时补救”项目的作用，近于空想、流于空泛，是其致命弱点。但万斯同采取这种经世的见解是可以理解的，因为他在民族思想支配下，义不仕清，与清廷仅作有限度的合作。黄宗羲在他北上修史临别时，提醒他“太平有策莫轻题”。因此他无意于解决当务之急，有关现实的政治或经济问题，都不在他的视野之中。黄宗羲的《明夷待访录》、顾炎武的《郡县》九论、《钱粮》二论、《生员》三论，也都是回顾过去，着眼未来之作。清初的进步思想家都对当代采取批判态度，思想里有的是乌托邦式的空想（“三代之盛”）。空的确是空，但他们所看的问题，却比较敏锐和深刻。①

民族性、批判性、总结性，是万斯同经世史学的特点。

---

① 这里所说的“过去”，包括明朝；“当今”，仅指清初。与前面所说的万斯同治明史重在现代不矛盾。

（三）总结、探究、劝惩——史学经世的三大内容

总结古今典章法制，探究明亡教训，劝善惩恶，是万斯同史学经世的三个方面。

1. 总结古今典章法制。

康熙二十九年（1690），万斯同应他甬上同学仇兆鳌的邀请，在京师举办讲会，一直至他逝世，十余年来基本上没有中断。所讲的有田赋、兵制、选举、乐律、郊社、庙制、舆地、官制、宫阙、地理、仓库、河渠、水利、选举、政刑等等①，纵论古今，都是对古今典章法制的总结。记录者为温睿临，可惜所记已佚，至今仅存康熙戊寅三十七年（1698）他在宁波为原甬上同学子弟所开的讲会记录，即抄本《讲经口授》，所记内容有田赋、兵制、庙祀、律吕四种。由于记录水平，此书自然不能完整地表达他的思想，但从中尚可看到他把“古今经国之大猷，一一详究其始末，斟酌其确当”以论其“可行不可行”的总结性的特色。除《讲经口授》外，当时听众之一的张锡璁有《赠万季野先生北上四十二韵》诗一首，也述及这次讲会的内容。今把两者结合起来而以前者为主，取田赋和兵制两项，分别予以说明。

（1）论田赋。

万斯同对田制、赋税和货币一一作了历史回顾，予以评论。

田制。他认为井田制因商鞅开阡陌，“而井田之法坏”②。

---

① 上述内容见杨无咎：《万季野先生墓志铭》和李塨：《万季野小传》。

② 万斯同：《讲经口授》抄本。以下引自该书，不一一注出。

孟子时，“井田渐废，已不可考矣。”到了汉朝，由于“汉无授田之制，豪强得以兼并，故董仲舒有限田之议，亦不能行”。他接着论述西晋、北魏、北周的授田制，指出：“晋武帝、魏孝文皆有分田之制，因建都于北，地广人稀，若南方，则不便于行矣。”北方之所以地广人稀，是因为“魏（曹魏）当大乱之后，版籍居天下十分之七八，而户不及汉南阳之一郡汉时至二百余万，是土旷而民稀也。”后面，他较详细地论述了唐的授田制：“唐高祖时，年十八以上，一夫授田百亩，以八十亩为口分，二十亩为世业时避太宗讳，称为永业，较三代时有二百五十亩矣。其制行于西北宽乡，其狭乡减宽之半。”到了唐玄宗时，“开元后久不为版籍，法度废弊，丁口转死，田亩换易，贫富升降，悉非向时。”唐中期杨炎不得不实行两税法，“然兼并者不复追正，贫弱者不复田业”，授田制完全废弃了。

井田制既不可考，限田也不能行，授田制行而又坏，土地问题应该如何“论其可行不可行”？万斯同没有总结出一套可行的办法，也不可能提出这一办法。

至于赋税。对三代的贡、助、彻制，他认为：“乡、遂、都、鄙之分，舍《周礼》外别无可据。不必尽拘，则乡、遂用贡，都、鄙用助之说，亦不必泥矣。”接着他论述孟子所说的布缕之征、粟米之征、力役之征，说：“古来之赋，止此三者。”在分析两汉三十税一制时，他说：“二十而税一，孟子以为不可，汉何能三十而税一？盖天下之费，莫大于养兵，汉无养兵之费，有三更之制。”他所说的“无养兵之费”，指寓兵于民之意，如汉的三更、唐的府兵，万斯同极其赞成这种兵制，因为既无“养兵之费”，国家军费开支少，田赋就较轻。当然，军费还是有的，“汉武用兵，岁费数百万而不加田赋，止增马口钱,亦不甚重，何以足用，盖盐铁之赋皆自武帝始。……更有舟车之税，所以足用。”

在讲述魏晋赋税制后，他较多地讲述了唐代的租庸调制，以及由租庸调制变为两税法的原因。万斯同指出，租庸调制是“以人丁为本”的，由于“生齿日繁”和授田制的破坏，土地制度客观上已发生了变化，然而：

> 户部岁以空文上之。人戍边者，蠲其租庸，六岁免归。玄宗事夷狄，戍者多死，边将讳不以闻，故贯籍不除。天宝中，王鉷为户口使，务聚敛，以其籍存而丁不在，是隐课不出，乃按旧籍除当免者，积三十年，责其租庸，人苦无告，法遂大弊。至德后，天下兵起，人口凋耗，版图空虚，赋敛之司，莫相统摄。正赋所入无几，科敛凡数百名，废者不削，重者不去，吏因其苛，蚕食于人。富人多丁者以宦、学、释、老得免，贫人无所入，则丁存。故课免于上而赋增于下。杨炎疾其弊，乃请为两税，以一其制。

万斯同这一分析是很深刻的。

他抨击最厉害的是宋代的赋税制，这是因为：“唐以前无养兵之费，故国用多足。宋尽天下之力以养兵，故国用多乏。”国用多乏，就取诸赋税，所以宋时苛捐杂税多。他列举了酒税、茶税、醋税、渡口关税以及经制钱、总制钱等，“其后，统名为经总制钱，其名有月椿、版帐之类，名目甚多，不能悉数。诸如两造讦讼，输赢皆有纳钱，真可笑也赢者谓之欢喜钱。”

他对元朝的赋税制作如下的论述：

> 自古帝王创制，皆有因，唯元独无所因。盖金末之乱，多为割据所有，元虽灭金，得其土地，而无财赋之入，因欲尽杀天下之人以为牧畜之地。耶律楚材以为若使我为之，可得赋数十万，元主从之。其后灭宋，亦不仍宋制。

万斯同这一分析不完全正确，所谓“元独无所因”，是因为蒙古初兴，实行的是奴隶制，尚不知道封建土地赋税制的缘故，而不是由于“得其土地而无财赋之入”。

关于币制，特别对贵金属货币问题，万斯同十分重视，这反映了明清之际商品经济的发展。他先论述用钱先于用银，“周太公始为九府圜法，其时虽有此制，亦不盛行。管仲铸山煮海，以致富强。铸山即铸钱也，煮海即煮盐也。其法至管仲而始用，可见周初不甚行也。民间交易虽兼用钱，但田赋取民，总无征民之钱。”到汉武帝时，才有算赋、口赋、马口钱等，赋税以钱，才普遍起来，然而，“终汉之世，其田赋亦无征钱者”。

万斯同指出，银始见于《禹贡》，到汉武帝时，始用银：“古无用银之制，汉武帝时，杂置银锡为白金三品。……自古用白金，从此始。但不久亦废。”南北朝时，“北则凉州产银，故民间亦用银。南则交广亦然。然越境亦不行也。”

至于政府征银，从元朝开始。他说：“元时田赋不征银，民间交易亦不用银，用钱亦少有，用钞之法中通钞，公私上下皆用之。”然而“元时田赋皆征米，因国用不足，每户征银六两，谓之包垛银，征银自此始。然亦出于户，而非出于田也”。而田赋征银，则开始和普遍地使用于明朝。

他也论述了纸币：唐的飞钱，宋的交子、会子等。

万斯同把自三代直至宋元的田制、赋税、币制，都“一一详究其始末”，而且“斟酌其确当”。张锡琨对他的这一讲作了如下概括：

> 首论赋役法，则壤溯神州。井田不可复，限田亦虚语。惟有租庸调，唐制颇近古。两税一条鞭，救患患仍巨。[①]

这是万斯同对历代田赋制度的总结。

(2) 论兵制。

万斯同说，战争始于“黄帝征蚩尤有涿鹿之战，然其制不可考”。继则见于《尚书·虞书》中说的舜命禹征有苗等。战争的方法，用车战法。接着万斯同提出古代战争中的“文武合一”制，他说：

> 舜征有苗，以禹为将帅，而益佐之；启征有扈，即以六卿为将帅。可见古之命卿，即为将帅，文武合一，无分任者。汤用兵，大约如此。

万斯同大力提倡“文武合一”制。他这一见解来源于其师黄宗羲。黄宗羲在《明夷待访录·兵制三》中说：“使文武合为

① 全祖望：《续甬上耆旧诗》卷一一二，张锡琨：《赠万季野先生北上》。

一途，为儒生知兵书战策非我分外，习之而知其无过高之论；为武夫者知亲上爱民为用武之本，不以粗暴为能，是则皆不可叛之人也。”这是为什么要实行“文武合一”的原因。师生两人都是总结历史经验而得出的结论。

万斯同对周的兵制作了较详尽的叙述，认为战国和秦无兵制可言。他据《易辞》“服牛乘马”句，指出在赵武灵王胡服骑射之前，已有骑马的风俗，则“此时国人不乐从者，但言胡服之宜，而未尝言骑射，看来骑射之事，亦也久矣”。他这一分析有独到的见地。

在论述汉唐兵制时，他提出“兵民合一”的见解，他说：

> 古者兵民合一，寓兵于农，其人即力田之人。汉兵亦出于民，但非必农夫耳。调发之制，按籍可求，兵无缺额，有司官调之于民，将帅率之以御敌，其粮饷亦出于民，将帅无从扣克之也。

他为什么要提倡“兵民合一”？因为这一制度最大的好处在于“天子不必自为养兵”。他多次提到：“自汉至隋唐，天子俱无养兵之费，养兵自宋始，故国贫而民赋重。”“魏晋以后兵制无所考，其调发之制太大，约与西汉同。总之，天子无养兵之费，迄陈隋皆然。”

他重点分析唐的府兵制：

> 其兵出自民。每人受田百亩即口分、世业，计六家出一兵，即周寓兵于农之意。而周制七家出一兵。唐制六家出一兵，虽若重于周，而不知唐所受田百亩，

> 比周百亩为多，是唐之出兵者，更优于周也。至于天子无养兵之费，总与前代无殊。

万斯同也提出唐的兵制由府兵一变而为彍射，再变而为藩镇之兵。他对这一变化的评论是："欧阳公（欧阳修）曰，唐文三变，每变而上，唐兵三变，每变而下。"

接着他又较详尽地分析了宋的兵制。先历述宋太祖杯酒释兵权，以文官出为知州代替节度使以及禁军、厢兵等制度。他反对宋的募兵制度：

> 宋时，天下之兵皆出于召募，而聚于京师，故尽天下之财力以养兵，其费独重。太祖以汴梁无险可守，欲迁长安。时将相大臣安土重迁，交口阻之，太祖不能强，曰："不出百年，天下民力竭矣。盖无阻险可守，不得不以兵为险。以兵为险，故禁兵不得不重，而养兵之费日增。"

万斯同对募兵制的利弊作如下分析：

> 唐府兵之制，六家出一人，如缺，则本州自补，故其数常盈。宋出于召募，则将帅从中侵克，势必缺额。又开创时，武事为重，禁军可用。承平日久，武官之权甚轻，将帅之职尚无人肯居，何况于兵？又况加以刺面之制，非人所欲，故召募而无应者，此召募之害也。然召募之制，朝廷虽多养兵之费，而民间晏然。否则如唐府兵之制，虽其法最善，而一

人为兵，则六家尽受其累，倘有缺少，又须补足，父母妻子皆愁苦太息，是以唐时塞上从军之曲，最为伤情。

他对府兵、募兵制利弊的分析，是比较客观的。

此外，他逐一讲述了禁军、厢军、乡兵、蕃兵、义勇之法以及各种军事制度。对元朝，他仅以“元无兵制可言”，一笔带过，置而不论。

张锡璁对兵制这一讲作如下概括：“次论古兵制，田赋寓卒伍。汉唐调发多，府兵法可祖。宋乃专召募，遂受养兵苦。”“府兵法可祖”，这是万斯同对历代兵制的总结。

除田赋、兵制外，万斯同还为甬上同学的子弟讲了如下的内容：

继及选举条，宾兴德行取。用吏昉秦政，设科起汉武。中正法久弛，诸科弊难杜。下逮王氏学，至今流毒蛊。前代惟制科，庶几得人普。……灯火有余闲，绘图纪寰宇。蛟川十日游，官制详缕缕。明史及东林，约略倾端绪。①

但他所讲的详细内容，已无法考证了。最后，万斯同又对历代的典章法制，作了如下结论：

中有两要言，可作《三通》补。白全供正赋，贪

① 全祖望：《续甬上耆旧诗》卷一一二，张锡璁：《送万季野先生北上》。

风成蛇虎。治道不若古，大半由阿堵。科目取人
材，登进杂枯窳。假令孔孟生，岂由场屋举！两者
名利根，斩断须利斧。①

2. 探究明亡教训。

万斯同对历代典章法制的总结，其实是为他探究明亡教训找历史原因。在《讲经口授》和其他有关史论中，他对明亡的教训作了分析。

首先，他着重分析了明亡的经济原因。

他从论述明用金银着手，指出明太祖初期用钞法，赋税用银始于洪武中期，“洪武中，苏松及四方积逋甚多，令有司许其折收金银、布帛、丝绵等物。银一两折米四石，虽非一时正赋，然实肇端于此矣。”但永乐年间至宣德初年仍厉禁民间以金银作交易。

万斯同分析了明用金银的原因，由于明成祖定都北京，“而漕运者艰矣。武职俸米甚多，仕于北都者，令其至南都领俸，武职苦之，尚书黄福有建议改折之说。”这是原因之一。第二个原因是：“宣德以前，州县奏报各处仓廒贮粟，远者可支百年，近者亦五六十年，请之户部浙东、福建、广东因有山川之阻，故无漕运，所积之粟更多，南京副都御史周铨亦有改折之奏。”

由于上述两种原因，正统元年，摄户部尚书胡淡根据洪武时苏松以四石折一两的往例，覆奏颁行，“从此田赋征银，而民间用银之禁亦弛。然犹在浙东、福建、广东数省也”。

田赋征银普遍施行于宣宗弘治时，他说：“成化十九年，

① 全祖望：《续甬上耆旧诗》卷一一二，张锡璁：《送万季野先生北上》。

李敏为大同巡抚，因边饷输运甚艰，奏改折色，但亦止行于山西一省耳。后弘治时入为户部，并北地诸省而行之，于是折色征田租遍天下矣。”

接着万斯同转而叙述军饷问题。他指出正统年间的土木堡之役，“死亡者五十万人，车驾蒙尘，京城被围五日，由是边防始重，边饷益增矣。”到了嘉靖廿九年，“俺答围京城，三日始退。世宗大怒，时严嵩当国，调兵九边数十万守蓟镇，又加边饷数百万。”

军饷取诸于田赋，田赋征银，军饷增加，征银随之增加。他先叙述明政府的“开中”措施及其变而为“折色”，历述弘治以前户部输银于九边仅银四十余万两，至嘉靖初增至一百四五十万，俺答围京城后增至三百余万，万历前期增至四百余万。然后，他叙述明末辽饷、剿饷、练饷及其他各项杂税：

关于辽饷，他说：

> 本朝兵起，户部尚书李汝华议增兵饷，除云贵外，天下田每亩加银三厘，约计三百万（旁注：一次加征）。次年，给事中姚宗文出阅辽东兵马，又议增兵饷，汝华又从其议，每亩增二厘五分毫，约二百五十万（旁注：二次加征）。四十八年，工部以造办军需，又议加派，每亩三厘，又约三百万（旁注：三次加征）。三次加派，共计九百万，皆为辽东兵饷也。崇祯二年十月，本朝兵围京师，三年正月，兵破永平府……京师大震，天下勤王兵四集。户部兵饷不足，尚书梁廷栋议，每亩加三厘（旁注：四次加征），合前九百万，统谓之辽饷。

关于剿饷和练饷，万斯同也作了叙述：

> 崇祯十年，兵部尚书杨嗣昌因流寇猖獗，建增兵十二万，加饷满二百八十万，谓之剿饷，欲以剿除流寇也。因粮加赋，每粮额一两（旁注：五次加征），加米八升，折银四分八厘。……崇祯十一年，流寇愈炽，税之加者不能免除。十二年，杨嗣昌入为内阁，兼兵部尚书，谓寇之不灭，由于兵之不精，兵之不精，由于兵之未练，因为抽练之法，于边兵之一万中，抽少壮者五千人入内地操练，因又加饷，又练民兵，……裁天下府州同知、通判、县佐、教授各一员，以其俸役供练总、练备之饷，又增田粮七百万（旁注：六次加征）以供抽练民练之饷，总谓之练饷。

万斯同指出："时有司征粮，有辽饷，剿饷、练饷、正项、旧欠、预征等，因解饷之名有数项，不胜其烦繁。崇祯十六年，倪元璐为户部尚书，建议混而一之，自此之后，增饷之实存，而名去矣。"粮饷这样重，明那有不亡之理？万斯同在《明乐府》的《辽东饷》一诗中也谈到这一问题，诗中说：

> 万历四十三年，辽左军兴，增田赋二百万，明年再增之，又明年增百二十万，遂为定额。
>
> 辽左军兴告饷匮，九重下诏增田税。诏书一下

疾如雷，重征加派扰海内。我闻琼林多积储，金钱日夕相灌输。发帑自足充军实，何至诛求遍里閭。当日民情已渐涣，岂知敛财更敛怨。从此万方遂土崩，驯至一朝庙社换。大臣谋国更何人？欲保封疆不保民。至今追论多余恨，谁其尸之有李君大司农李汝华。

重征敛财，岂料换来的是民情涣散，社稷沦亡。万斯同在《讲经口授》中历数明朝田赋征银和重饷后，得出如下教训：

从古无征银者，至明而征银；从古民间无用银者，至明而用银；从古加赋无如此之重者，至明而极重，生民之苦极矣，国欲不亡得乎？

征银并不是明亡的原因，但万斯同把征银与加赋联系起来，重赋而征银，农民必然受更沉重的盘剥，促使明政府的土崩瓦解，这是正确的。

其次，在政治上，万斯同认为明中叶以来统治阶级内部矛盾，统治阶级与被统治阶级的矛盾，他把这两种矛盾都称为“乖戾之气”，是明亡的又一原因。他在有关史论中论述了这个问题：

自史道发难而庙堂之衅隙始萌，曹嘉继起，而水火之情形益著。至大礼议定，天子视旧臣元老直如寇仇，于是诏书每下，必怀恢疾，戾气填胸，怨言盈口，而新进好事之徒，复以乖戾之性佐之，君臣上下莫非乖戾之气，故不数十年，遂致南北大乱，生民涂炭，流血成渠。盖怨气之所感，不召而自至也。由是观之，和气致祥，乖气致戾，岂不谅哉！故愚常以大礼之议，非嘉靖一朝升降之会，实有明一代升降之会也。①

他又认为：

故张璁、桂萼用而元气为之一丧，汪铉、夏言用而元气为之再丧。迨严嵩父子用而元气为之丧尽矣。使继嵩之后者非徐文贞（徐阶），则末流之弊更将何所底止哉！得文忠（杨廷和）以救其始，得文贞以救其终，故四五十年之间，虽主昏于上，民变于下，而宗社不至于亡也。②

由此可见，所谓“乖戾之气”实质上是指政治矛盾的激化。首先是皇帝与臣下矛盾的激化，嘉靖对臣下心怀恢疾，“戾气填胸”。其次是中央政府官员之间矛盾的激化，即张璁、桂萼等人，“人主略加恩宠，遂人人咆哮跳踉，若猘犬之狂噬”③。最后，由于“君臣上下莫非乖戾之气”，遂导致“南北大乱，生民涂炭，流血成渠”，这自然是指明统治者与被统治者矛盾的激化，即所谓“主昏于上，民变于下”。万斯同认为，明嘉靖年间大礼议之争，是各种矛盾激化的开始，至严嵩用

①② 万斯同：《群书疑辨》卷一二《读杨文忠传》。

③ 万斯同：《群书疑辨》卷一二《读霍韬传》。

事，实已达到不可收拾的地步，后来幸亏徐阶当国，在一定程度上缓和了这些矛盾的进一步发展，才使明朝不至于立即灭亡。但徐阶只救于一时，未能根本解决，“当神宗之季，群工水火，苍素混淆”①，这一“乖戾之气”终于发展成水火不容的形势，矛盾激化到不可调和的局面。他没有提到天启朝魏忠贤专权造成的各种政治危机的总爆发而形成的明朝统治的大分裂——天崩地解的形势，因为这一事实大家都已知道。

各种政治力量矛盾的激化和分裂，他认为这是明亡的政治原因。

最后，万斯同分析了明亡在军事上的原因。他指出明军事制度有它固有的弊病。他在《讲经口授》中说：

> 明兵制之弊，一为武将之世袭，一为卫军之世袭。承平日久，将既无韬略之材，而军亦不习兵革之事，不得已而召募，朝廷仍有养兵之费矣。

他先分析武将之世袭，说：“从古将材多出于行伍，唯明制武职皆世袭，而将材不可问。”他详究明这一兵制的原始：

> 明设世职之由，初，太祖依郭子兴，后奉韩林儿年号国号大宋，建元龙凤，龙凤止于十二年，次年为吴元年，又次年为洪武元年。其时从龙之将，皆率部曲来归，因授以官爵，父死子及，势所必及，然迄后竟为三百年定制。

① 万斯同：《群书疑辨》卷一二《书从吾录后》。

万斯同祖上就是世袭武将，所以他对这一军制的情况和弊病很熟悉，他说：

> 明时待世职最为优厚，凡公、侯、伯、指挥、千、百户应袭。子初生，即行报举文武衙门，登籍达部及都督府，即给半俸，谓之优给。年十六，如父故，即袭职；如父在，则停禄待袭。

这种世袭之将，自然无韬略之材。他说：“明制指挥、千、百户皆世袭，父死子继，兄终弟及，皆世禄之家，纨绔子弟，岂能习兵?”至于高级统帅，同样如此：

> 太祖封功臣为公、侯、伯，止六十四人。……明公、侯、伯在一品之上，文武臣止得封伯，不许封公、侯。其袭封公、侯、伯者，出征即为大将，此明世将材之所以日下也。

明朝前期全采用卫所军制，万斯同并不完全否定卫所军制。因为每一军人授田五十亩，称为屯田，“卫各有仓，每军人一年纳米十二石贮于仓，以为卫官之俸，其军人各自食其力，无养兵之费。”他还把明卫军制与唐府兵制作了比较：“明卫军之制，即唐府兵之制。……其异者，唐府兵派于民间，每六家出一人；明卫军则世为之而复屯种。”其相同处即政府都“无养兵之费”。问题是，由于卫军也是世袭的，承平日久，世袭的军士自然也失去战斗力了。

但明朝的军制问题尚不止于此，因为卫军失去了战斗力，一遇战事，只好另行召募，结果，养兵之费就产生了，万斯同叙述了这一演变的过程：

> 明初，卫所军专用以战守。正统后，南方卫卒用以挽漕，多至十万人。……嘉靖中，沿海倭乱，起始于浙江，延及江南，后及于福建、广东。南方卫军不足御，且承平日久，军不习兵。当事不得已始行召募，其饷即出于郡县。自是出于召募者曰兵，出于卫所者曰军。军世袭，兵不世袭，军与兵分而为二，于是战守之事，卫军不任，专责诸召募之兵矣。

军兵相分，是明兵制又一弊端。

万斯同又讲述了明的充军和勾军的制度。这两种制度在军事上影响虽不大，然而明政府为了防止充军的逃亡，“必佥妻著户，且令子孙承袭，若无人可袭，则行原籍勾补，最为民间之害。”

武将与卫军世袭，军与兵的相分，充军与勾军制的设立，致使国弱民困，乃至于灭亡。

除了军制外，明中叶以来武备的废弛，也是明亡的原因。万斯同历述了明京营的五军营、三千营、神机营三大营的创设，指出这三大营“延至启祯时，京营兵皆有名而无实。每年差科道二人巡视京营，阅兵时多雇市井闲棍及乞丐应点”。三大营形同虚设了。

至于创立于仁宗的班军制，原每年春秋两季轮番到京师值班，人数达十五六万。可是，“其后专供兴作之役，因此各营提督有兴作亦役此兵，故其数得减，至崇祯时，不过三四万。”从战斗的士兵，一变而为非用于军事的工程兵，人数也锐减。

万斯同在《明乐府》中讽刺了明武备的废弛和武功的衰落，如《嘲边将》先述明初武功之盛，然后写道：

> 自从文皇挞伐后，我弓渐弛戈渐朽。烽火时交内郡城，马驼敢牧诸边口。朵颜一弃辽蓟单，开平再弃宣府寒。西海河套迭侵据，甘肃延绥守益艰。胡儿自此心胆大，控弦飞镝时入塞。不闻鏖战郊原中，惟闻护送关城外。君王拊髀思虎臣，高悬赏格励三军。军机进退由文吏，行间士气何由振？君不见，孝宗宏治十三年，苗达帅师出鄜延，捣巢献馘只三级，庙堂录功余二千。又不见，世宗嘉靖十三载，仇鸾统军出云代。捉生捕虏惟二人，天子谢元为再拜。一代边功总如此，将吏赐金还荫子。试观国史纪战功，俘馘余百亦仅耳。[①] ……

万斯同这首诗讽刺得很有力，其中“军机进退由文吏，行间士气何由振”句，可知他认为文武不合一，是明朝武功衰落的重要原因之一。

3. 劝善惩恶。

劝善惩恶，是我国古代史学经世的传统，司马光称为

① 万斯同：《万季野先生明乐府》。

"嘉善矜恶，取是舍非"[①]，也就是所谓诛奸谀于既死，发潜德之幽光。万斯同在《明乐府》和有关史论中，表达了他这一经世思想。

万斯同提倡清官，他所谓"清"，有两层意思，一是指清贫，一是指清廉。

如《捣谷郎》：

> 正统时，吾郡李公山如以兵部郎中家居。贫，无人任舂，常自捣谷以食，人呼为捣谷郎中。
>
> 李郎中，一生仕宦常苦穷。家无僮仆自任舂，至今谈者生清风。人生何必须好官，好官不过多得钱。得钱自可餍粱肉，何至居贫自苦煎。李郎中，诚痴绝，天下何人重清节？虚名后代几人传，岂若当年拥厚实。只今当途正役役，爱我家兄了无极。萧寥杵臼间，永言怀明德。[②]

这是提倡清贫。

又如《银烛台》：

> 成化中，吾乡丰公庆为河南布政使，有县令以腊烛馈。公不视，付吏藏之。及夜取燃，则银也。公密呼令还之，亦不揭其

① 《资治通鉴》卷首，司马光：《进资治通鉴表》。

② 万斯同：《万季野先生明乐府》。

私。

晶晶银蜡烛，可燃不可燃？县令虽巧计，长官不爱钱。廉不近名古来鲜，丰公还烛意诚善。但使吾心清若冰，何必暴扬他人短。寄语后来县令知，慎勿好行暮夜私。世间自有杨伯起，莫言大吏无男儿。①

这是提倡清廉。

提倡忠臣，反对奸臣，这是《明乐府》又一主题思想。如《祭忠台》：

正统中，翰林侍讲刘公球以直谏陈时政，为阉人王振所杀。姚江布衣成器操鸡酒于山巅，为文祭之，人因呼其地为祭忠台。

刘侍讲，骨何亢。成布衣，气何壮。遥遥万里哭孤忠，义声直薄青霄上。忠良被祸世所哀，阊阖虽高尚可排。盈廷卿相徒饱粟，坐看劲骨糜尘埃。忠臣死，义士悲。不见至今舜江上，山巅犹有祭忠台。贵人何必轻寒士，田间饶有奇男子。布衣高义是千秋，济济达官谁得似。②

至于鞭鞑奸臣的也不少。

如《四姓奴》：

①② 万斯同：《万季野先生明乐府》。

> 魏忠贤窃柄，内阁魏广微、冯铨，尚书崔呈秀、霍维华皆为其干儿。有御史李蕃者，始附广微，广微败，更附铨。铨败，更附呈秀。呈秀败，复附维华，而蕃已加太仆卿矣，时号为四姓奴。
>
> 自古阉人原有儿，惟有魏阉之儿多且奇。儿既蒙恩邀富贵，儿家有奴爷应知。儿为公卿奴御史，一门主仆皆金紫。不向阉门效殷勤，安得荣华有如此。魏南乐，霍东光，前者非薄后非厚，人间主仆何有常！冯涿州，崔蓟州，得势者附失势仇，尔自失势我何尤？世间人奴原多怪，惟有此奴更无赖。幸哉先皇御极阉即锄，假使真成九千岁，不知更作几姓奴！①

万斯同的劝善惩恶，还表现在他所著的《两浙名贤录》中。如此书杭州府仁和县、钱塘县条的王琦，他评为“清操绝俗”。嘉兴府秀水县条的包节，评为“著直声”。平湖县条的陆万垓，评为“有政绩”。湖州府乌程县、归安县条的蒋瑶，评为“清正名臣”，刘麟评为“高风绝俗”。宁波府鄞县条的毛宏，评为“有直声，称当时谏官第一”。镇海县条的梁田玉，评为“皆建文朝忠臣”。台州府临海县条的郑华，评为“抗节死”，如此等等。

书中也鞭挞了奸臣，如湖州府乌程县、归安县条的沈节

① 万斯同：《万季野先生明乐府》。

甫，他说："子濯，大学士；演，南京刑部尚书，皆匪人。"又如金华府兰溪县条的唐龙，他说："子汝楫，嘉靖丁未状元，以谄事严嵩父子得丑声。"最后，他列举了如下的一些"奸邪小人"：

> 外鄞县有大学士余有丁、沈一贯，兵部尚书余忠，工部尚书陈恭，吏部尚书汪铛、周应宾、李康先。慈溪有大学士袁炜，河南道尚书张九德，慈溪又有工部尚书赵文华，右都御史姚宗文，定海有兵部尚书邵辅忠，皆奸邪小人。

万斯同在有关宋元史论中的劝善惩恶，则带有显著的民族意识，如《书宋史谢皋羽传后》说：

> 吾观皋羽同时，若唐玉潜、方韶卿、吴子善、郑所南、许太空、严君友、王鼎翁、张毅夫之辈，皆抗志风尘，洁身高蹈，其孤标远韵，并足为百世师。①

这是表彰坚持民族气节的善。而他在《书宋史吕文德传后》，则指斥吕文焕、吕文福、吕师夔、吕师孟父子兄弟相继降元，说：

> 蒙古入犯，封疆臣先后叛降者，多至百二十余

① 万斯同：《群书疑辨》卷一一。

人，此自古所无者。吕氏诸贼而外，如刘整、程鹏飞、陈奕、潜说友、朱祀孙、黄万石、王积翁、蒲寿庚、昝万寿之类，既献城失地，又导行寇兵噬啮宗国，此其罪视畏死失节者，更加数等。①

这是对这些丧失民族气节、背叛祖国者的鞭挞，可以说是诛奸谀于既死。

劝善惩恶，是万斯同史学经世的重要内容之一。

三、民本思想中的新因素

万斯同的史学思想，建立在儒家的民本主义基础上，但时代给他的民本思想注入新的因素，如对农民起义的同情，对妇女和商人命运的同情，对君主专制的批判，反映了明清之际商品经济的繁荣和资本主义萌芽的时代特征。

(一)民本思想

如前所述，万斯同在《与从子贞一书》中提出了“今天下民生何如哉”的问题，认为清初民生的憔悴是前所未有的，违背了天心的仁爱。作为一位儒者，应该以万物一体为抱负，上承天意，下拯民生，体现了他早期的民本主义思想。这一思想也贯彻到他晚期。他初至京修史，沿途看到经济的衰败和民生的痛苦，就有了悔意，“驱车已历数千里，但逢蔓草萦

① 万斯同:《群书疑辨》卷一一。

荒陬。向来此意爽然失，岂若家园守敝裘”[1]。民族思想，促使他北上修史，而民本思想，却召唤他回家，表达了他矛盾的心态。他后来终于坚持在京修史，弃妻子兄弟于不顾，但他的民本思想一直是他史学思想的重要观点之一。他探究明亡的原因，指出晚明赋敛之苛，使民不聊生，“生民之苦极矣，国欲不亡得乎?”[2] 讲得何其沉痛！他的民本思想，在其他文章中都有反映，如《明乐府》的《尚书料》：

> 新安毕懋良知万载，颇留心民事，其乡大夫讽之曰：“今之仕宦者善事上官，即超迁去矣，民生休戚何与官评，而孳孳若是?”懋良曰：“公所言固尚书料也，其如我不能何?”
>
> 仕宦纷纷矜捷足，朝理苞苴暮竿牍。一心但求长吏欢，宁问民间歌与哭。万民诅，不敌一人誉。万民喜，岂胜一人诋？不见汉廷巧宦司马安，九卿四至共称贤。不见唐时循吏阳道周，一官数载即归休。人间仕宦原有样，强项失官徒自怅。恁君得此去为官，何愁不至卿与相。[3]

这是从反面来说明他的民本思想。正面反映的则有《青菜王》一诗：

① 万斯同：《石园文集》卷一《寄七兄允诚》。
② 万斯同：《讲经口授》。
③ 万斯同：《万季野先生明乐府》。

正统时，尚书王公质历官内外，所至惟食青菜，人呼为青菜王。

天下何人咬菜根，菜根之味胜八珍。仕宦纷纷厌粱肉，岂知菜根更适人。官至尚书唯食菜，清贫谁与公为辈？世上虽嫌食肉鄙，究竟谁知菜味贵？何况为官求食肉，不顾民间有菜色。民有菜色官不知，官有肉味民岂识！安得今日有王公，大起天下沟中瘠。①

这是借古讽今，说明今日民生的憔悴。

万斯同的民本思想，还流露在他的史论中。在《书陆给事凤仪、王御史汝止劾胡宗宪二疏国史无宗宪传，故题疏后》中说：

宗宪之为害于吾浙也，可胜言哉！自借军兴之名，行提编加派之法，而民之苦赋，甚于苦贼。宗宪以朘之民间者，半奉权要之欢，半供声色之欲。故盗贼虽衰，加派不止，而民之苦宗宪，更甚于苦贼。……吾尝闻诸禾人（今浙江嘉兴，古称嘉禾），自提编法行，加派于禾郡者，亩几一金，至今言之，犹有余恨，即一郡而他郡可知。使宗宪不去，吾浙人其尚有皮骨哉！②

---

① 万斯同：《万季野先生明乐府》。

② 万斯同：《群书疑辨》卷一二《书陆给事王御史劾胡宗宪二疏》。

他在这里提出了“民之苦赋，甚于苦贼”的重要命题。再看他在《读刘焘传》中说：

> 自南北多难以来，庙堂悉知兵之士，一时所用以御盗者，往往即昔日之盗。如刘焘、高捷、尹耕，虽发身科目，其初固盗首也。耕为兵备以黩货而罢，捷为操江，以避寇而罢，焘则南北疆场巨任，靡所不历，庙堂虽知其贪黩而卒不能舍也。嗟乎！士当承平之时，率相矜以文墨，一旦有事，遂使盗得志于天下，亦可慨也夫！天下方苦盗，而使盗得处吏民之上，盗何由息哉！……虽然，彼仕宦而为盗者，宁独焘三人也，吾安从别三人之为盗也。[①]

他又提出了“仕宦而为盗”的命题。

“民之苦赋，甚于苦贼”，“民之苦宗宪（苦官），更甚于苦贼”，“仕宦而为盗”，这一连串的命题，把宦与贼联系在一起，并认为官甚于贼，更能害民。万斯同这一观点，显然把古代的民本思想提高了一步。古代的民本思想，是站在官方一边，而他的民本思想，却有站在人民一边的倾向，这不能不说是对古代民本思想的突破。

（二）对农民起义的同情

把官与盗联系在一起，就有可能得出“盗亦有道”，即农民起义具有一定的合理性的结论，从而对农民起义予以一定

---

① 万斯同：《群书疑辨》卷一二《读刘焘传》。

的同情。万斯同《戮奸相》中表达了这一思想：

> 正德时，泌阳焦芳以故相家居。流贼赵风子破其城，索诛之不得，乃立其衣冠于庭而斩之，曰："吾为天下诛此贼。"
>
> 焦相公，年逾七十老成翁，何事咆哮尚逞凶。若将上方斩马剑，首应摽刃揕其胸。还得锦衣归故国，老而不死真为贼。赖有凶渠戮衣冠，奸臣少得褫其魄。噫嘻！盗亦有道诚非诬，诛奸戮佞真丈夫。若使此人居殿陛，巨奸岂得保残躯。叹息朝堂论功罪，不及草间一贼徒！①

赵风子即赵燧，原为河北文安生员，后投著名农民军首领刘六、刘七。焦芳为明正德年间奸相。赵燧说："吾为天下诛此贼。"把焦芳称作"贼"。万斯同同意他的看法，也说焦芳"老而不死真为贼"，这就是他"仕宦而为盗"的观点。他还称赞赵燧这一行动为"盗亦有道"，评他为"真丈夫"。值得注意的是，他把赵燧与高踞于庙堂之上的君主作了对比："若使此人居殿陛，臣奸岂得保残躯。"而当时的皇帝却任他为相，所以以论功罪而言，却"不及草间一贼徒"。也就是说，赵燧比君主更英明。尽管他称赵燧为"贼徒"，可是设想贼徒高踞殿陛，且比君主更高明，这是过去的民本主义者连想也不敢想的事。

万斯同这样大胆的言论，并不止这一首。如《纳闯王》：

① 万斯同：《万季野先生明乐府》。

崇祯末，李自成横行中原，穷民苦赋役者相率归之。时有谣曰："吃他娘，穿他娘，大家开门纳闯王，闯王来时不纳粮。"

闯王来，城门开，闯王不来谁将衣食与吾侪。寒不得衣饥不食，还把钱粮日夜催。更有贪官来剜肉，生填沟壑诚可哀。欲得须臾缓我死，不待闯王更待谁！闯王来兮我心悦，闯王不来我心悲。君不见，朱泚当年据关内，大呼街市免加税。又不见，刘豫当年据汴城，声传都邑捐重征。民畏重征不畏盗，自古如此君莫惊。寄语有司各守职，慎勿迫民使为贼。①

这又是一次把农民起义军与明政府作比较，只有闯王来了，人民才有衣食免饥寒，才能免死于沟壑。明政府不但不给衣食，"还把钱粮日夜催"，贪官更来剜肉，只有"生填沟壑"，死路一条了。这种生死对比，使他道出了当时人民的"闯王来兮我心悦，闯王不来我心悲"的肺腑之言。如果说《戮奸相》是官与盗在政治上的对比，那末《纳闯王》则是在经济上的对比。

万斯同对农民起义的这种评价，在他与王源对元末红巾军起义看法的不同中也表现出来。原来《明乐府》的第一首为《沈瓜步》，万斯同说：

① 万斯同：《万季野先生明乐府》。

元顺帝至正辛卯，栾城人韩山童聚众起兵，为元将所杀，其子林儿逃之武安。山童党刘福通、杜遵道等据汝、宁、光、息诸州郡迎林儿立为帝，国号宋，建元龙凤。明太祖起兵，初依郭子兴，子兴死，遂归宋，受其官爵，奉其年号。至癸卯龙凤九年，张士诚将陷安丰，太祖迎宋主归滁阳。

韩家帝子年虽少，曾据中原称尊号。明祖起兵十年间，江南实颁龙凤诏。安丰既败滁阳迁，岁时朝贺尚俨然。自从丙午沈瓜步，明年遂改吴元年。廖永忠，尔何逆！岂不知，我皇之兴赖其力，胡为弑主甘为贼。人言斯事实逢君，异日将希格外恩。宁知终受诛夷祸，太祖何尝念若勋。①

万斯同后来在《追记先世所藏令旨事》一文中发挥了《沈瓜步》的思想，他说：

明太祖之未践阼也，实奉宋主龙凤之朔。至丁未安丰既陷，始改号吴元年，其前之称行中书省丞相暨吴王，皆宋主所命也。愚时犹及见太祖授我始祖令旨二道，其一方为丞相时，后题龙凤五年，其一则为吴王时，后题龙凤十年，而二札之上，皆大书“皇帝圣旨”，则是太祖之初受命于宋主明甚，今国史及诸家传记皆没而不载，其意盖为国讳也。不

① 万斯同：《万季野先生明乐府》。

知此何必讳，汉祖不尝受命怀王乎？韩氏之兴与怀王何异，不闻汉史为高帝讳，今国史何必为太祖讳也。况韩氏事虽不成，而下中原，坠上都，云扰六合，卒致元氏失图，皆其首发难之功，则其所驱除，实开太祖之先，初非樊崇、杨玄感之比。《纲目》（朱熹：《资治通鉴纲目》）于玄感诸人，犹未尝书之为盗，则韩氏之立国，何不可大书特书而乃为太祖讳也。他书言岁元旦，太祖欲设宋主位，而刘诚意去之，则此岁之前，太祖固未尝不奉以朝也。太祖身未讳，而史官无识，致没其意，甚可恨也，愚故追记之如此。[①]

王源对万斯同上述观点很不满，致书给万斯同，表示反对。他与万斯同争论的焦点在所谓“正统”问题上，分歧主要集中在下列三点：

一、明太祖曾受命于韩林儿，是否有君臣之分？万斯同认为这是事实，有他亲眼看到的明太祖曾奉龙凤年号的令旨二道为证。正如汉高祖之受命于楚怀王（义帝），不必讳。王源则认为万斯同所据是“莫须有之说”，且韩林儿是“贼子”[②]，而非赵宋后人，与楚怀王为原楚王后裔，不可同日而语。事迹既有出入，性质又全不同，所以两者无君臣之分。

二、韩林儿有没有历史功绩？万斯同认为韩林儿事虽不成，然而极大地动摇了元朝统治的基础，有首发难之功，开

① 万斯同：《石园文集》卷八《追记先世所藏令旨事》。
② 王源：《居业堂文集》卷六《与友人论韩林儿书》。

明太祖之先。王源则认为韩林儿无历史功绩可言，明太祖的各次战绩，都依靠自己，“且夫滁、和诸州，太祖地也；采石、太平之战，太祖之力也，克集庆，太祖功也”①，与韩林儿毫无关系，所以明太祖与韩林儿无君臣关系可言。

三、廖永忠沉韩林儿于瓜步，能否定“弑君”的罪？万斯同认为，既然明太祖之兴赖韩林儿之力，且明太祖实已受命于韩宋，两者有君臣之分，廖永忠杀韩林儿，自然是“逆”，是“弑主”。王源认为明太祖的天下是自己打出来的，而韩林儿的起兵，其性质属“倡乱”，是盗贼，所以廖永忠沉韩林儿于瓜步，不能说是“弑君”。

分析上述三点，可以看出两人的出发点完全不同。王源的出发点是传统的“君臣之义”，他反对农民起义，把韩林儿视作盗贼没有正统性，韩林儿与朱元璋之间自然无君臣之分。万斯同的出发点是“民族大义”，韩林儿有推翻蒙古人统治的大功，恢复了汉族的国家，具有地道的正统性，决不能把他的行动说成是“盗”。明太祖既奉他的年号，自然有君臣之分（万斯同未明言，言外之意很明显）。万斯同在这里以民族利益高于君臣关系为前提的，刘福通、韩林儿起义反元，并不悖于君臣之伦，他赞扬了元末红巾军在捍卫民族利益中的历史作用。

当然，无论《戮奸相》也好，《纳闯王》也好，《沈瓜步》也好，决不能说万斯同成了农民起义的喉舌，他的基本立场是反对农民起义的，如称唐赛儿为“妖妇”，称赵燧为“贼徒”，李自成为“贼”，特别在《明乐府·九宫山》一诗中

① 王源：《居业堂文集》卷六《与友人论韩林儿书》。

称李自成为“封豕”、“凶渠”。我们应注意的是他在《纳闯王》的最后一句话：“寄语有司各守职，慎勿迫民使为贼。”诗句点出了万斯同思想的实质：他是站在官逼民反的前提下同情农民起义的。但这种同情，把农民起义领袖赞扬为能救民于沟壑和诛戮奸佞的“真丈夫”，则是前所未有的，有的仅晚明的李贽可以比拟。李贽曾称赞当时横行海上的巨盗林道乾，说“其才识过人，胆气压乎群类”[①]，为自己所不及。万斯同虽然不像李贽那样具有叛逆性，但他这种大胆的同情已经突破了旧的民本主义的藩篱，具有封建异端的某些色彩。

（三）对妇女命运的同情

万斯同史学思想中突破旧的民本主义的又一表现，是他对古代被迫害、受损害的妇女命运的同情。对妇女命运的某种同情，历来已久，但多集中于爱情上的不自由和家庭内的被虐待。万斯同则超越了这一旧的传统内容，把妇女被迫害的命运，扩大到政治领域，成了他批判封建君主专制的内容之一。

如《明乐府》的《索妖妇》：

> 永乐时，妖妇唐赛儿作乱山东，兵败不知所之。诏尽逮天下尼归于京师。
>
> 妖妇称乱起旧齐，六郡良家多受迷。兵败潜身窜何许？诏书下逮郡国尼。尼何辜，遭此祸？一人作难万人灾，空使无辜泣道左。庙堂创议为何人，四

① 李贽：《焚书》卷四《因见往事》。

海怨嗟闻不闻？兴朝刑政乃如此，岂特十族遭横死。①

为了唐赛儿一人，全国尼姑都横遭灾祸，他对这些尼姑表示深切的同情。但万斯同并不停留在这一步，他进一步探问："庙堂创议为何人？"其实这一答案就在前面："诏书下逮郡国尼。"下诏的自然是明成祖，他的矛头是对准明成祖残暴的"刑政"的。

再如《曹妃怨》：

嘉靖时宫婢杨金英等谋弑逆，乘帝昼寝曹妃宫，遽以绳加帝颈，气已绝矣，赖方后急救获醒。后素妒妃宠，遂诬妃预谋，乘帝未醒而杀之。及帝知而妃已死，后帝常惜之。

曹妃美，方后妒。曹妃宠，方后怒。哀哉佳人真薄命，浩荡冤情向谁诉？玉颜持出万人嗟，西市临刑泪如雨。尚冀君王醒时忆，引领望北久延伫。君王既醒身已分，向时爱妾今何处？无端误被君王怜，反使冶容随朝露。自古蒙恩多受灾，谁言君宠可长固。②

这首诗，万斯同以历史上一次罕见的由宫女自发的"政变"为题材。他并没有同情杨金英等人，也没有深入探究宫女们为

①② 万斯同：《万季野先生明乐府》。

何要杀这位嘉靖帝？他的思想还未达到同情亲手杀死君主的叛逆者的高度。不过，他同情在这次“政变”中因宫廷倾轧而无辜受害的曹妃，通过曹妃，提出了“自古蒙恩多受灾，谁言君宠可长固”的问题，而这一问题，却是君主专制内在的固有的矛盾和无法解决的一种顽症。

再看《荷花儿》：

> 万历初，京师有盗入周皇亲家，劫其财，杀其主而去。及捕盗者入，只见婢荷花儿哭于尸侧，遂执送官，谓其通奸弑主也。法司严刑鞫之，儿不胜楚，即自诬伏，诏磔之于市。临刑，谓行刑者曰：“我实冤死，乞先绝我气，不然，吾为鬼杀汝矣。”其人不听，竟脔尽而死。阅三日，其人坐于市肆，忽大叫：“荷儿杀我。”遂诸窍流血死，人始知其冤。后数年，获大盗十人，自供尝杀周皇亲。诏刑官翁大立而下俱追论罢职。

荷花儿，儿无罪，儿死甘心亦何悔。但愿刑人早断喉，莫教身死留余愧。荷花儿，儿诚冤，儿生不识路人面，闺阁何由通外奸？儿身虽壮年还幼，谁识人间有婚媾！生平爱身如爱玉，枉使此身蒙大诟。当年被儿弑主名，儿虽有口谁复听！官司惟采道旁语，君王岂识闺中情？苦无长剑自引决，遂使街头伏上刑。荷花儿，儿竟死，儿身如粟原渺然，儿冤如山谁为洗？身受桁杨不敢呼，饮泣吞声遂自诬。儿身虽杀名难辱，死向人间捉贼徒。①

诗中充满了对荷花儿的同情。“死向人间捉贼徒”！“贼徒”岂仅指行刑的刽子手？他只不过执行上面的命令而已。造成这一如山冤案的讯审者为刑官翁大立等人，批准行刑的是明神宗这位昏君。荷花儿要捉的“贼徒”，不可能指他，因为他后来究竟为她平了反。但严刑审鞫的翁大立等人，是这一冤案的主要负责人，万斯同显然也把他们挂上了“贼徒”的号，他在这里又把官与贼联系在一起。

万斯同并不像一些墨人骚客歌颂闺中之情，也不像一些文人学士赞美节妇烈女。他讽刺的是帝王的专横与昏官的滥刑，也就是说，他的犀利之笔指向了封建专制的政治制度。

（四）对海商和市民斗争的同情

晚明是中国商品经济繁荣和资本主义萌芽时期，万斯同的史学思想显然反映了经济生活中这一新的因素，他歌颂海外贸易商人和歌颂当时城市人民的反封建斗争。

万斯同主张保护私商的海外贸易。万历三十一年(1603)，西班牙殖民者在吕宋（今菲律宾）屠杀华商二万五千人，万斯同在《哀闽商》中对被杀的华商表示深切的哀悼，感叹明政府对这一事件不闻不问。这组诗共三首，为《明乐府》中最长的诗篇，全诗如下：

海外有吕宋国，地产金银，闽商人多

---

① 万斯同：《万季野先生明乐府》。

> 贸易其国。万历中，内官高寀至闽榷税，
> 贪虐特甚，有奸徒张嶷言吕宋有金银矿可
> 开，寀将听之。其国长知而大惧。恐我潜
> 师入其境也，遂尽杀闽商之在国者凡二万
> 五千人。事闻于朝，竟不能问也。

嗟尔商兮，胡为巨海泛轻舠，财可求兮，往来绝域无乃劳！狂涛拍天兮，何况长风日怒号。蛟龙可畏兮，更有鼋鼍伺人膏。昼不见山崖兮，夜惟星月与天高。拼一身以贸利兮，身备万死夫安逃。蹈不测兮谁见招，水不爱人毋自骄。身为鱼兮闺中少妇犹陶陶。所丧邱山兮，所得秋毫。①

这是对海外贸易商人艰难劳苦的同情。他在第二首中说：

望吕宋兮，天一涯。海可畏兮，浪难排。险既脱兮，登岸来。地产金银兮，岂患无财。蛮儿可欺兮，会见高樯捆载回。祸生不测兮，变起有胎。山有矿兮，畏我开。声先传兮，致彼疑猜。商不幸兮竟罹灾。奸徒何人兮，内竖为谁？虽食肉而寝皮兮，岂足泄万姓之哀！前不饱夫鱼腹兮，后反委于草莱。骨荒荒其蔽野兮，死无亲属谁将埋！万鬼啾啾昼哭兮，青天白日为昏霾。华人填于异域兮，冤魂阻海何由回？致彼无辜蒙祸兮，天朝君臣悲未悲？②

---

①② 万斯同：《万季野先生明乐府》。

由于历史条件，万斯同不了解华商在吕宋惨遭杀害是西班牙殖民政策的缘故，而把事件起因归于次要原因即税监的贪虐，这是他不明真相所致。但他的“虽食肉而寝皮兮，岂足泄万姓之哀”句，表达了他对税监贪虐的切齿痛恨。最后的“天朝君臣悲未悲”句，则流露了对明政府不保护商人利益，致使商人惨遭杀害的悲愤。

他在第三首中说：

> 谓狂涛可畏兮，谓飓风可忧。谓蛟龙食人兮，谓鲸鱼吞舟。岂城郭廛布兮，更险于沧海之洪流。由一夫之狂言兮，致万骸之遍邱。家乡邈其修阻兮，魂杳霭其何投？发飘飘兮萦蔓草，肉星星兮饱蚁蝼。叹家人兮不相见，寻枯骨兮安所求。泣闺中之红颜兮，陨堂上之白头。思觅利于绝域兮，竟捐生于荒陬。告后世之海贾兮，戒前车兮慎所谋。①

这首诗表达了万斯同对被杀闽商的哀悼。最后一句“告后世之海贾兮，戒前车兮慎所谋”，是其画龙点睛之笔。他不是消极地吸取这一教训，因而反对海外贸易，而是告诉海商“慎所谋”，即今后的海外贸易应该谋而后动，不能重蹈前车之辙。但他所指的“谋”，并不谋于明政府，因为如前一首所说的，明政府对“无辜蒙祸”的海商无动于衷，不予以保护。他意思是海商应该自己“慎所谋”，要依靠自己。万斯同是积极地支持海外贸易的。

① 万斯同：《万季野先生明乐府》。

万斯同又同情当时城市人民的反封建专制斗争。天启六年（1626）魏忠贤大肆迫害东林党人，缇骑到江苏苏州逮捕周顺昌，激起民变。万斯同在《明乐府》的《五人墓》中说：

> 五人者，吴中义士颜佩韦、沈扬、周文元、马杰、杨念如也。时吏部郎周公顺昌家居，为逆阉魏忠贤所恶，遣缇骑逮之，吴人为公称冤，聚者数千人。五人不胜其愤，击缇骑一人毙，事闻，诏戮五人于市，周公竟瘐死。吴人义之，为合葬于虎邱山塘，题曰："五人之墓"。
>
> 苏州吏部廉且贤，姓名里巷人争传。忽然驾帖来郡邑，头囊三木身徽缠。吁嗟五人诚义士，出身本是里人子。生来谁识吏部君，一旦感愤为君死。忆昔姑苏有要离，千载侠士争称奇。无端借躯湛家族，勇哉气矜义安施。岂若五人激公愤，慷慨不顾身躯糜。义声直夺奸人魄，谅为烈士当如斯。不见虎邱道旁五人墓，宵小顾之胆犹破。①

万斯同把五人称为"义士"、"烈士"，义烈超过古之要离，高度赞扬了苏州人民的反封建专制斗争，并激烈地抨击了明末的宦官专政。

---

① 万斯同：《万季野先生明乐府》。

(五) 对君主专制的批判

万斯同没有如他老师黄宗羲在《明夷待访录》中那样，把史论上升为政论，在通古今之变后，从历史哲学的高度批判封建专制制度，设想了闪耀着早期启蒙思想的乌托邦政治制度的蓝图。但是，他以其独特的史论形式，以就事论事的方式，通过对有明一代多数君主的谴责和讽刺，不自觉地对封建君主专制制度进行了批判。

有明一代共有十六朝君主，被万斯同抨击的占二分之一，凡八人。未被抨击的，或因遭遇不幸，为他所同情，如建文逊国、代宗被杀、崇祯自缢；或因即位太短，无以评论，如仁宗、穆宗、光宗，共六人。为他所好评的只有二人，其中宣宗仅评为“雅号知书”① 而已。评价稍高的为孝宗，万斯同称他有“纳谏之美”②，为有明一代“极盛之时”③，但也不过是“一代守成令主”④，且“士风之不振至于如此”⑤。被他抨击的八人为：太祖、成祖、英宗、宪宗、武宗、世宗、神宗、熹宗，可知他所抨击的已不是个别君主，其批判的锋芒已触及君主专制了。

他对上述八人作了如下的逐一批判：

(1) 明太祖。

高皇帝以神圣开基，其功烈固卓绝千古矣，乃

---

① 万斯同：《群书疑辨》卷一二《读实录邱文庄传》。

②④ 万斯同：《群书疑辨》卷一二《读孝宗实录》。

③⑤ 万斯同：《群书疑辨》卷一二《读倪文毅传》。

> 既定之后，其杀戮之惨，一何甚也。当时功臣百职鲜得保其首领者。迨“不为君用”之法行，而士子畏仕途甚于阱坎，盖自暴秦以后所绝无而仅有者。①

他把明太祖与秦始皇相比拟，批判明太祖的残暴。

在《明乐府》的《李太师》和《百岁衣》中，万斯同以诗歌形式讽刺明太祖对功臣的屠杀。如《李太师》：

> 名善长，佐高皇帝定天下，历官太师左丞相，封韩国公，后坐胡惟庸党赐死。
>
> 李太师，佐命勋，当日论功称首臣。胡为身蹈诛夷罪，毋乃耄荒辜帝恩？李太师，起刀笔，虽乏经国才，宁少谋身术？官为太师爵国公，富贵谁能逾此翁。纵使惟庸改玉步，更有何官加尔躬？人生富贵思保身，年高更念子若孙。太师平生素畏祸，何至乘危求灭门。又况事发十年后，罗织岂乏仇人口？一家供状二百纸，将毋逼勒刑官手？开国元勋犹若兹，坐令圣代少光辉。乃知萧何下狱寻常事，汉祖何为尚见嗤。②

这是一首为李善长平反的诗歌。李善长官至太师，处于一人之下，万人之上，又何必再参与胡惟庸谋反，如谋反成功，又

① 万斯同：《群书疑辨》卷一二《读太祖实录》。

② 万斯同：《万季野先生明乐府》。

有何官可加？李善长时年已七十七，年老之人难道不为子孙着想？岂不知谋反有灭门之祸？何况事情发生在胡惟庸案定十年以后，罗织的罪状中岂没有仇人的诬告？其一家的招供，难道不因刑官逼勒所致？万斯同提出这一连串的问题，其实把明太祖加于李善长的罪状，驳得体无完肤。明末，钱谦益作《〈太祖实录〉辨证》，据明太祖条例李善长罪状的《昭示奸党录》，肯定了李善长的谋反，说："此事理之可信不诬者也。"① 他把原告的告词，定作被告的罪状，这是因为《昭示奸党录》出于君主之手，在钱谦益看来，自是金科玉律。万斯同则不然，说明君主的神圣光环在他的思想中已悄然褪色了，他的笔锋是对准君主专制的暴政的。

(2) 明成祖。

如果说万斯同抨击明太祖的是他对功臣的杀戮，则明成祖的残暴，既骨肉相残于上，又暴虐人民于下，更穷兵黩武于外。其暴虐人民，已见于上述《索妖妇》一诗，其穷兵黩武于外如《献金人》一诗。诗中说："唐师征辽辽未服，三渡辽河徒辱国，明师征交交即平，既平复叛乃休兵。与其穷兵好黩武，岂若释兵各还伍。"② 这是指明师征交趾（今越南北部），其事开始于明成祖永乐中期，休兵于宣宗宣德初年，所指"穷兵好黩武"，自然是说明成祖。至于抨击明成祖骨肉相残，则见于《火烧头》、《高墙锢》二诗，特别是后者，万斯同几乎指责明成祖毫无人性。诗中说：

① 钱谦益：《牧斋初学集》卷一四〇《太祖实录辨证四》。

② 万斯同：《万季野先生明乐府》。

文皇帝既正位，锢建文帝幼子于高墙中，时方二岁。阅六十年至天顺时，英宗愍之，始许出高墙，任其婚娶，仅二年即卒，建文帝遂无后。

空墙高兮百尺，中有人兮独息。情抑郁兮谁语，身羁束兮自恻。瞻昊天兮何小，履大地兮何窄。有耳目兮安所施，度岁月兮无终极。嗟亲戚之永绝兮，怜起居之鲜匹。彼四时之莫知兮，况百物其谁识。昔之入兮齿未生，今之出兮头早白。感帝德之浩荡兮，惜桑榆之已迫。虽暂等于人类兮，遽逍遥乎窀穸。何王孙之足羡兮，求为民庶其安得。阿谁不忍杀叔父兮，乃自诒夫伊戚。①

“暂等于人类”，也就是说在禁锢高墙的六十年中，不等于人类。“人类”这一名词虽古已有之，但在明清之际出现在万斯同的笔下，使这一名词具有近代的色彩。他在这里声讨了明成祖毫无人性的残忍，宣扬的是早期的人道主义。

(3) 明英宗。

宦官专政是由他开始的，土木之变、夺门之役都出在他的身上。万斯同在《下麓川》中说：“庙堂设策称神妙，岂知海内从此耗。驯至皇舆陷土木，四方反者遍海峤。当年主议果为谁？阃内中涓实制之。兵戎大政由宦竖，盈廷卿相将何为?”② 他在《王振儿》一诗中进一步批判宦官专政。诗中说：

---

①② 万斯同：《万季野先生明乐府》。

> 正统中，阉人王振窃柄，侍郎王佑者附之。振见其年少美丰姿，谓曰："侍郎何以无须？"佑曰："老爷无须，儿子岂敢有须。"时人为之绝倒。
>
> 古之制，阉守门，身下蚕室绝儿孙。儿孙何必己所产，异姓为儿更蕃衍。阉人之种无时绝，阉人之祸遂不浅。英皇御极方少年，中官于时始擅权。……呜呼！侍郎官非贱，公然狐媚敢昼现。谁令此辈为公卿，天下何由致太平？犹胜天启之世魏阉子，朝端充满如列星。①

他在这里批评英宗年少无知，乃至大权旁落于宦官之手。

(4) 明宪宗。

万斯同在《明乐府·望三台》中说"一缄密进房中术，九重大动君王容"，这一位君王就是宪宗。万斯同在《昭德宫》中进一步揭露了宪宗的荒淫：

> 昭德宫，宪庙万贵妃所居也。妃年倍于帝，旧为太后宫人，帝登极始得幸，年几四十矣。宫中常为武人装，帝嬖之甚，每呼为侍官。及妃薨，帝恸哭曰："万侍官死，我何用生为？"竟致成疾晏驾。
>
> 贵妃宠，毋乃迟。……美人学得武人貌，君王一顾每含笑。后庭岂乏倾城姿，未若戎装多窈窕。昭

---

① 万斯同：《万季野先生明乐府》。

德宫中绮席开，一簇红尘拥辇来。流连歌舞常忘夜，谁道坤宁有翠眉。侍官在侧天颜喜，原期百岁同生死。徘徊不见眼中人，那复移情恋彼美。侍官殂，年已迈，何故浓恩犹未怠。我皇自是多情君，岂因华落能弛爱！笑杀曹家轻薄儿，致彼洛神长发慨。①

这是指斥宪宗的荒淫。

(5) 明武宗。

万斯同在《戮奸相》中所说的："叹息庙党论功罪，不及草间一贼徒。"高踞于庙党之上的就是明武宗，说明武宗还不如草头王，可说是贬之又贬了。他在《镇国公》一诗中，对武宗又予以辛辣的讽刺。诗中说：

武宗巡游天下，尝自称太师镇国公威武大将军朱寿。

天子深宫厌九重，朝游宣府暮大同。玺书制诏皆不用，文牒惟称镇国公。奉天殿虚不肯莅，乾清宫冷时时闭。后妃经岁始闻声，嬖幸终年恣游戏。锦衣都督称义儿钱宁名刺自称皇庶子，貂珰鞑鞈皆兄弟张忠、张锐自称天子十弟兄。海内但遵将军令，朝中不闻天子制。……镇国公，尔家王侯多不忠，耽耽正欲逞其凶，胡为鱼服效白龙？他年樵舍擒不早王新建擒宸濠于樵舍，尔家天下岂能保？终赖先朝遗泽深，令人长忆敬皇考。②

①② 万斯同：《万季野先生明乐府》。

这是讽刺明武宗的昏庸。皇考指的是明孝宗，若非孝宗时国势鼎盛，明王朝早已不保了。

(6)明世宗。

武宗迷恋于游戏，世宗则迷恋于成仙，都是昏庸之主，万斯同在《青词相》和《兔生子》二诗中予以抨击。如《青词相》：

> 嘉靖中，世宗好神仙，命词臣撰奉青词，一时宰臣无不由此进者，时号为“青词相”。
>
> 天子锐意求长年，深居秘殿祠神仙。一时臣僚争献媚，西苑供奉何荣贵。撰得青词文句谐，六卿身上鹤飞来。君不见，夏相当年弃西市，颇由青词失帝指。又不见，严相当时擅国权，实因青词邀帝欢。神仙之事诚有无，君兮相兮乃争趋。天子未得神仙力，群公实赖神仙扶。试观前后诸公辅，谁不由兹登政府。君王论相只青词，庙堂衮职更谁补？吁嗟！庙堂衮职更谁补。[①]

诗中指出，夏言的弃市、严嵩的擅权，都由世宗一人喜恶所致，而其所以喜恶，都由于青词，君主专制造成的政治腐败至此已极。所以万斯同认为嘉靖朝四十五年间“主昏于上，民变于下”，元气丧尽，直接指斥他为昏君。

---

① 万斯同：《万季野先生明乐府》。

(7) 明神宗。

《明乐府》中涉及万历年间的讽刺诗很多，大多批评明神宗时武备废弛，政治腐败，赋役沉重。如《筑边墙》：

> 万历元年三月，筑宣府北路诸边墙，明年二月，筑辽东西台墙，四年三月，复筑蓟州昌平诸边墙，十年二月，又筑山西诸边墙。
>
> 秦人备胡筑长城，长城一筑天下倾。至今笑齿犹未冷。岂知明人防北狄，专藉筑城为长策。不曰长城曰边墙，版筑纷纷无时息。东方初报墙功完，西方又传虏寇边。虏入溃墙如平地，纵横饱掠无所忌。虏退复兴版筑功，朝筑暮筑竟何利？帅臣徒受内府金，川原空耗司农费。……自古御胡在扼险，岂在万里筑垣墙。屡朝庙算皆如此，奈何独笑秦始皇！①

他把神宗的筑边墙与秦始皇筑长城相比拟，讥笑神宗的消极防御战略。此外，如前所述《哀闽商》的“天朝君臣悲未悲”所责问的这位君主就是神宗。《辽东饷》的“当日民情已渐涣，岂知敛财更敛怨。从此万方遂土崩，驯至一朝庙社换”指出，神宗末年已经国穷民怨，开启亡国的先机了。

(8) 明熹宗。

《明乐府》的《五人墓》、《九千岁》、《虎彪横》、《四姓

① 万斯同：《万季野先生明乐府》。

奴》等的锋芒，都指向魏忠贤的宦官专政，自然也讽嘲熹宗的昏庸无知。如《九千岁》：

魏忠贤窃柄，给事李鲁生、御史李蕃辈咸称九千岁。

皇明十二叶圣孙，深居法宫俨若神，天下万几由厂臣。厂臣者谁魏忠贤，势雄独坐力回天。幕下干儿已十百，庭中祝厘遂九千。九千岁，安足贵，岂知更有万岁在。胡为靳此一千年，不使乃翁尊无对。未几宫车遂晚出，乃翁寿止六十一。何不呼嵩祝万龄，致使乃翁凶短折。[1]

万斯同以嬉笑怒骂的文笔，对明太祖、成祖的残暴，英宗、熹宗的无知，宪宗的荒淫，武宗、世宗、神宗的昏庸，作了淋漓尽致的揭露。可惜他仅触及君主专制的现象，未能把此提高到理性的高度而予以批判。

清初作《明乐府》的不止万斯同一人，他的好友李文胤也作有《明乐府》。他说："余尝与吾友万季野言，谓谢皋羽生于宋末，尚能追撰《铙歌》、《骑吹》之曲，意在扬厉国威，其义可取，因亦作《铙歌》十八曲，以窃附正雅。"[2] 他作《明乐府》，是单纯地从忠君思想出发，歌颂前明国威。明史馆编修尤侗，也作有《拟明史乐府》一卷，然而他在诗中，以新朝官吏对胜国予以讽嘲，既谈不上民族思想，又非总结明

① 万斯同：《万季野先生明乐府》。

② 李文胤：《杲堂诗续钞》卷一《古乐府·皇明鼓吹铙歌》。

亡教训。万斯同则不然，他虽有强烈的民族思想，但并不单纯地忠于前明，所以站得高，看得深，看出前明的弊病。他并不是如陆嘉淑所说的“颂群后之谟烈”，而是暴露“群后”的残忍、专横、荒淫、昏庸；他也不是站在新朝立场而意存讽刺的，而是从总结有明一代经验教训出发，从而使他的讽刺，具有批判的性质。

万斯同并不是消极地对君主专制予以批判，他在批判中也提出了新的东西，但这些新东西也正如他所批判的旧东西那样，仅涉及于现象，而未作理性的探讨。

万斯同对明孝宗是称赞的，说：“孝宗之君德何其盛哉！”① “若其磊磊落落为一代伟人者，多出于弘治之世，何其盛也。”② “方弘治之世，人人自爱而尚名节，重廉耻。”③如果进一步探讨万斯同称赞孝宗的原因，就可以发现他思想中的一个重要观点，他在《读孝宗实录》中说：

> 孝宗为一代守成令主，而《实录》所纪当时之弊政何其多也。盖帝务通下情，人人得以尽言，故有过举尽形之于奏牍，人之见之者以为帝德之有失也，而不知正其能纳谏之美也。向非帝能纳谏，群臣安敢尽言，后人亦何由知其详哉！④

接着，他把孝宗之世与世宗之世作了对比：

---

①② 万斯同：《群书疑辨》卷一二《读白昂传》。

③ 万斯同：《群书疑辨》卷一二《读高铨传》。

④ 万斯同：《群书疑辨》卷一二《读孝宗实录》。

至如嘉靖之世，其治乱视此不啻什伯，今读其史，其弊之大者固已章著，而其小者反不若此之数数然，彼岂无失之可指乎？亦群工百职箝口而不敢言，故后人无由知其详耳。①

万斯同在这里提出了国家治乱兴衰的一个重要原因，即君主“务通下情”，而要做到这一点，需要两个条件：一是君主必须“能纳谏”，一是“人人得以尽言”。明孝宗由于做到了这两点，所以万斯同才称赞他的“君德”之盛，“弘治之世为极盛之时”②。相反，明世宗则不然，以己之好恶，生杀予夺，形成“群工百职箝口而不敢言”的政治局面，结果，不仅下情不能上达，而且造成“君臣上下莫非乖戾之气”，使国家元气“为之丧尽”，“遂致南北大乱，生民涂炭，流血成渠”。因此，万斯同认为君主的“纳谏”与群臣的“尽言”，亦即“天下之公论”相结合，是最理想的政治局面。这是他从批判君主专制制而提出的积极的政治主张。在明清两代君主专制极端强化的时期，这一主张具有限制君权的意义。

在批判君主专制中，万斯同关于“封建之制”的见解，值得探讨。他在《讲经口授》中说：“唐封建之制。自春秋战国以及唐藩镇割据，皆各君其国，各子其民，欲以自强，无不尽地力以足其兵食，一归郡县，则土地荒芜而兵力衰矣。”③ 乍

① 万斯同：《群书疑辨》卷一二《读孝宗实录》。
② 万斯同：《群书疑辨》卷一二《读倪文毅传》。
③ 万斯同：《讲经口授》。

一看，似乎万斯同在赞成国家分裂，反对统一，企图把历史倒退到封建割据状态，其实不然。他是看到封建割据的危害的，在《讲经口授》中他说到封建割据，“特其土地、人民皆得自专，故跋扈最甚。”① 五代时，“江南福建仍南唐、闽割据之旧，故其赋独重。”② 如前所述，万斯同对历史上的重赋、重役是痛心疾首的，那末，怎样来看待他这种矛盾的言论呢？

万斯同对封建与郡县的观点，必须联系当时的时代思潮作深入的分析，才能理解。清初，在探讨明亡原因中，鉴于前明君主专制中央集权制的祸害，不少进步思想家如黄宗羲、顾炎武、颜元等人，利用三代封建制来批判君主专制制，形成一股表面上看起来是复古的风气，形式上是封建、郡县之争，实质上是与对现实的批判密切地相结合的。万斯同的观点与顾炎武颇为一致。顾炎武说：“夫县令得私其百里之地，则县之人民，皆其子姓；县之土地，皆其田畴……县之仓廪皆其囷窌。为子姓则必爱之而勿伤，为田畴则必治之而勿弃，为……囷窌则必缮之而勿损。”③ 这与万斯同的“皆各君其国，各子其民……无不尽地力以足其兵食”的观点是相似的，可以说，两者都有“郡县之失，其专在上”④ 的意味。这里的郡县制，实际上是君主专制的代名词。侯外庐指出：

> 因为清初的思想家，都在“援古”或“托古”的形式下表达他们的思想，例如有些人在这时主张恢

①② 万斯同：《讲经口授》。

③ 顾炎武：《亭林文集》卷一《郡县论五》。

④ 顾炎武：《亭林文集》卷一《郡县论一》。

复古代的封建制度，他们所以要恢复“封建”的原因，就是为了要削弱天子的权限。[①]

侯外庐的分析是很中肯的，也适用于万斯同。因此我们不能以他在《与从子贞一书》中批评明太祖“好自用而不师古”，就认为他泥古。其实他批评明太祖“好自用”，是指他大权独揽，“不师古”是指他废除了三代以来的丞相制度。黄宗羲指出：“有明之无善治，自高皇帝罢丞相始也。”[②] 所以万斯同正是在“不师古”的帷幕下批评了有明一代的君主专制制度。

今人尹达在其主编的《中国史学发展史》中指出，明中叶资本主义萌芽出现后，“人们对帝王‘神圣’形象的怀疑逐渐发展起来，明武宗的荒淫、神宗的贪婪、熹宗的昏暗、思宗的虚伪，在一部分知识分子的思想上引起强烈的不满，并开始予以抨击。”[③] 他又说，加上他们有不主一尊的民主思想，肯定明末农民军抗清救国的历史功绩，否定君权神授，批判正统论，提出限制君权的理论和设想等等，这一切，说明“在他们的史学思想里出现了反对封建专制的民主思想”[④]。他的这一分析，对万斯同也基本适合。万斯同史论中上述种种新因素，说明他的思想或多或少地继承了晚明李贽的“圣主不世出，贤主不恒有”[⑤]，刘宗周的“公天下为好恶”[⑥]，黄

① 侯外庐：《中国思想通史》第五卷，第246页。
② 黄宗羲：《明夷待访录·置相》。
③④ 尹达主编：《中国史学发展史》，第293页。
⑤ 李贽：《藏书·藏书世纪列传总目后论》。
⑥ 黄宗羲：《子刘子行状》卷上，《黄宗羲全集》第一册，第236页。

宗羲的“以天下为主君为客”[1]，顾炎武的“分天子之权，以各治其事”[2] 等的启蒙思想，从而使他的思想从传统的民本主义而发展为具有“反封建专制的民主思想”的因素。

当然，不能对万斯同史学中所蕴含的民主思想评价过高，他在《讲经口授》中撇开历代的政治制度不谈，在京师开讲座，也未发现有关这方面内容的资料。在他现存的著作中，也没有如黄宗羲所说的“为天下之大害者，君而已矣”[3]、“君与臣，共曳木之人也”[4]，帝王之法为“非法之法”[5]，“公其是非于学校”[6] 等这样激烈的言论，他对君主专制的批判，也没有如黄宗羲那样系统而又有理论性。这些缺点，除主观上受他的“不谈学”，即不从事哲理探讨的影响外，客观上与万斯同所处的时代背景有关。明中叶以来，中国资本主义的萌芽处于发生和发展时期，因此各种思想：哲学、史学、文学等方面资本主义异端因素比较明显，而且在“天崩地解”的时代，封建思想的统治同样处于薄弱状态，知识分子有较自由的言论环境。在万斯同从事学术研究的时期，一方面在清廷武力征服的过程中，各地资本主义萌芽的因素遭到极大的摧残，尚未恢复过来；另一方面，清廷的统治在平定南明各小王朝和三藩之乱后已趋于相对稳定状态，文字狱已经发生过多次，知识分子言论的某种自由环境也随之消失。这是万斯同史论中反封建君主专制和早期启蒙思想不如他的老师的重要原因。

---

①③ 黄宗羲：《明夷待访录·原君》。

② 顾炎武：《日知录集释》卷九《守令》。

④ 黄宗羲：《明夷待访录·原臣》。

⑤ 黄宗羲：《明夷待访录·原法》。

⑥ 黄宗羲：《明夷待访录·学校》。

虽然如此，他史论中的民主性和人民性的精华，仍是值得珍视的宝贵财富。

四、论西学东渐和对科学进步的重视

(一) 会通中西而折其衷

万历末年，耶稣会传教士首次来华，传入了西方的文化。对西学东渐，万斯同采取分析的态度：对他们带来的较先进的自然科学，表示欢迎，而对他们传入的基督教教义，则予以排斥。他在《明乐府》的《欧逻巴》一诗中表达了他上述的观点。诗中说：

> 欧逻巴者，大西洋中之国也，去中华十万里。万历时，其国人利玛窦辈始泛海而来，善天文、历数，诸技艺皆巧绝。所设天主教，怪妄特甚，其徒相继而来，几蔓延于中国，中国人亦多惑其教者。
>
> 欧逻巴，何自来？遥遥泛海十万里，驱光逐影无津涯。弹丸穷岛居西极，古来原不通中国。博望乘槎初未经，章亥步地几曾识。欻然慕义来中华，历学精微诚可嘉。惊人奇技尤巧绝，鲁输马均曷足夸！天主设教何妄怪，著书直欲欺愚昧。流入中华未百年，骎骎势几遍海内。君不见，释教初兴微若荄，驯至滔天不可排。萌芽今日已渐长，他日安知非祸胎。兴王为治当防渐，中土那容此辈玷。诗书文物我自

优，何烦邪说补其欠。会须驱斥使奔崩，一清诸夏廓邪氛。火其书兮毁其室，永绝千秋祸乱根。[1]

明清之际西方文化的传入，有一部分人采取不加分析全盘接受的态度，如徐光启、李之藻等，他们热烈欢迎西方近代科学的传入，但对耶稣会教士的宗教侵略缺乏警惕性。有一部分采取不加分析全盘排斥的态度，如冷守忠、魏文魁和清初的杨光先等，他们不但反对基督教会的活动，也反对西方的科学技术，这两者都有片面性。万斯同对耶稣会教士传入的基督教义和科学技术采取不同的态度，这是正确的。

万斯同还对中西双方科学技术作了比较和分析，他在《送梅定九南还序》中，首先称赞梅氏所著历算诸书，然后说：

尝慨历之为学，帝王治世之首务，而后代率委之畴人子弟，致胶其法而不能通其义。如有明三百年中，学士大夫非无通晓其学者，往往不见用，其所用者，不过二三庸劣台官，死守一郭守敬之法而不知变。夫守敬之法非不善，然在当时已不能无少误，乃历三百年之久，犹且坚其死法，其于历果能无误耶？故古今历法之疏，无如明世之甚，由专委之畴人，不知广求学士大夫讲明其义也。迨西法既入，其说实可补中国所未及。崇祯初，尝设官置局，博征天下通晓历法者与相辨析，于是西人所著即名《崇祯历书》，而以元年戊辰为历元，其书实可施用，

① 万斯同：《万季野先生明乐府》。

> 今世所行西洋《新法历书》，即《崇祯历书》也，但易其名而未始易其说。乃世之好西学者，致诋毁旧法，而确守旧法者，又多抉摘西学之谬，若此者，要未兼通两家之学而折其衷也。梅子既贯通旧法，而兼精乎西学，故其所著《历学辨疑》，旁通曲畅，会两家之异同，而一一究其指归，乃知西人所矜为新说者，要皆旧法所固有，而西学所独得者，实可补旧法之疏略。此书出而两家纷纭之辩可息，其有功于历学甚大。梅子又能制器，所制窥天、测影诸仪，大不盈尺，而曲尽其精蕴，方之于古，即一行、王朴、沈括之流未之能过，不意文人之中有斯绝技，余能不低头下拜耶！①

万斯同这段话有三层意思：

一、对明代历法衰落的批评。

历算之学，在中国古代原很发达，也是科举取士的内容之一，历来站在世界前列。只是到了明代，一方面由于科举取士全以《四书大全》和《五经大全》为准绳，历算之学被排于仕途之外；另一方面，又严禁学习和编造历书，凡学习历法的要遣戍，编造历书的要处死。在这种双重政策下，知识分子自然不再从事历法的研究，这项工作全委之负责皇家天文台的钦天监台官和操作人员（畴人子弟），他们只知固执旧法，不知其理，“胶其法而不通其义”，所以历算之学在明代衰落了。

---

① 万斯同：《石园文集》卷七。

二、对明清之际中西历法论争的看法。

自从万历末年利玛窦等西方传教士传入西方近代历算之学后，发生了二次“中法”与“西法”的论争。第一次在万历末年和崇祯初年，“西法”的拥护者为徐光启、李之藻、李天经等人；“中法”的拥护者为冷守忠、魏文魁等人。所谓“中法”，即明时推行的《大统历》（实即郭守敬的《授时历》），从元到明，已历三百年左右，台官与畴人只知执其法而不知其理，时间愈长，误差愈大，因此推算日食、月食常有错误。朱载堉在当时已提出改历之议，遂启这场论争。论争结果，实验证明西法的精确，于是以西法制订了《崇祯历书》。万斯同指出“其书实可施用”，西法可补中法的不足，肯定了以西法编历书的作用。

三、提倡会通中西而折其衷。

万斯同对固守中法，固步自封，“多抉摘西学之谬”者表示不满，但对西方传教士和西学拥护者“诋毁旧法”，把中法说得一无是处也不同意，他主张“兼通两家之学而折其衷”，即研究中法、西法的优缺点，而各取其优点，所以他称赞梅文鼎（字定九）“贯通旧法而兼精乎西学”，“会两家之异同而一一究其指归”。

当时，从西方传入的天文学，是丹麦人第谷的地球中心说、地心体系说和从古希腊传下来的“本轮”、“均轮”说，并不比中法高明多少。不过，西法有经纬度的测定和计算方法这是中法所无的，数学中的球面、平面和三角学较精密，因此西法对日、月食的推算比中法精确。万斯同提倡会通中西，取其长而去其短，折两者之衷，既不排斥，也不保守，这是正确的态度。在梅文鼎之前，王锡阐就对西法的优缺点进行过具体、细致和合理的分析。

不过，万斯同的观点中有一点是错误的，即他所说的“乃知西人所矜为新说者，要皆旧法所固有”。如果所指的是西法中有一部分属过去中法传入西方的，如代数，并不一定错，但也应该考证。如说西法全部（“要皆”）为中法所固有，那自然是不正确的，这或许是受黄宗羲影响所致。黄宗羲认为：“勾股之学，其精为容圆、测圆、割圆，皆周公商高之遗术，六艺之一也。……珠失深渊，罔象得之，于是西洋改容圆为矩度，测圆为八线，割圆为三角，吾中土人士让之为独绝，阙窃之为违天，皆不知二五之为十也。”① 稍后王锡阐也说：“今者西历所矜胜者，不过数端。……孰知此数端者，悉具旧法之中。”② 梅文鼎也有这种观点，这是当时士大夫出于大国主义带有保守色彩的普遍思想。

（二）重视自然科学的进步

明中叶以来商品经济的繁荣和西方自然科学的传入，刺激了中国自然科学的进步，也影响了万斯同。

万斯同对古代的律吕学作了考证。古代音乐家认为乐器的尺度以周尺为准，他经过考证，否定了这一观点。他说：

> 后之言乐律者，皆以周尺为准。按周尺最短，周尺比宋尺止有七寸五分。应钟律三寸九分，若以宋尺揆之，不满三寸，何以成声？今以三代授田尺度

① 黄宗羲：《南雷文案续刻·叙陈言扬句股述》。

② 王锡阐：《历策》。

> 揆之，则夏尺较周尺长一倍，唐虞以前之尺大约与夏尺同。黄帝时作乐之律，其长短当以夏尺为准，不当以周尺为准也。①

万斯同又否定了千余年相传不科学的所谓“候气飞灰”之法。他说，所谓“候气飞灰之法”是：“为室三重，户闭，涂衅必周密，布缇缦案中，以木为案，每律各一，内卑外高，从其方位，加律其上，以葭莩灰抑其内端，按历而候之，气至者灰去，其为气所动者其灰散，人及风所动者，其灰聚。”② 万斯同介绍“候气飞灰法”后，对这一方法的来源作了探讨，他说：

> 古人先有律管而后实以秬黍，后人则累黍而定管。管有厚薄不同，而黍之大小则又视年之丰凶，虽云择其中者，宁遂可以为定乎？累黍不能定乐，不得已而有飞灰候气之法。候气究不可得而定，则又求之于历代尺度。③

接着，他批判了南宋蔡元定的候气说：

> 宋蔡西山注《律吕新书》，备述古今论乐之说，极言候气之善。然西山终未尝亲试，故知候气之法

---

① 万斯同：《讲经口授》第 65 页。
② 万斯同：《讲经口授》第 67 页。
③ 万斯同：《讲经口授》第 68 页。

言之可听，而未必其实可行也。[①]

他在这里提出了"亲试"，即实验的问题。蔡元定虽然讲得好听，但从未对候气法作过实验，只是纸上谈兵，所以万斯同批评他"未必其实可行"。

万斯同上述观点显然受了明科学家朱载堉的影响。朱载堉作《候气辨疑》，批评蔡元定等人崇拜候气之说为"道听途说，而未尝试验耳"[②]。明清之际有些学者强调实验，这是近代自然科学的萌芽。

如果说候气飞灰之法只是不科学，那末认为以帝王之身为度，以其声为律，则是古代律吕之学中的迷信思想。万斯同对这一迷信思想叙述说：

> 大禹身为度而声为律，其所言之声即律也，其身之中指中节即度之一寸也。宋徽宗时，蔡京佞曰："皇上建中和之极，声为律而身为度，即以陛下中指中节为寸以之定乐，有何不可。"时有方士魏汉津即命其以是定乐云。[③]

文中他虽然未对这种迷信思想进行讽刺或批判，但批判性隐寓于文中，是不言而喻的。

万斯同对明清之际自然科学的进步十分重视，在《讲经

① 万斯同：《讲经口授》，第 69 页。
② 朱载堉：《律吕精义·内篇》卷八《候气辨疑序》。
③ 万斯同：《讲经口授》第 68—69 页。

口授》中，他历述有明一代的律吕研究者，如韩邦奇、黄佐、朱载堉等人，其中以朱载堉最为重要，他作了比较详细的介绍和评述。

他先介绍朱载堉的生平："明郑王世子载堉[①]，本应袭封，让于其从兄，而自专心古学，故有《律》、《历》两书。"[②] 然后介绍了朱载堉的科学成就：

> 明郑王世子名载堉者，精于律、历，有《郑世子律书》及《历书》，其说尽废从前言乐之书，并破三分损益，隔八相生之说。[③]

所谓"从前言乐之书"有关"三分损益，隔八相生"的，最早见于《管子·地员篇》，以后则为《史记·律书》和《汉书·律历志》以及京房的六十律之说。什么叫"三分损益，隔八相生"呢？万斯同作了介绍：

> 京房六十律之说，受于焦延寿，其说云，以上生下，皆三生二；以下生上，皆三生四。阳下生阴，阴上生阳，终于仲吕，而十二律毕矣，此即"隔八相生"、"三分损益"之说也。[④]

---

① 《讲经口授》记录者"堉"写作"熁"，今据《明史》卷三一《历一》改。

② 万斯同：《讲经口授》第69—70页。

③ 万斯同：《讲经口授》第67页。

④ 万斯同：《讲经口授》第69页。

又说：

> 三分损益，隔八相生，凡阳律生阴吕者，三分阳历之数而损其一，下生阴吕；凡阴吕生阳律者，三分阴吕之数而益其上，生阳律。自黄钟生林钟，林钟生太簇，太簇生南吕，南吕生姑洗，姑洗之数六十四，三分之有奇零不尽之数，而五音止此矣。姑洗生应钟，为变宫，应钟生蕤宾为变征，是为七声，以后损益之数与前相反，方合长短之序，但分数仍奇零不尽。①

所谓“三分损益，隔八相生”，是指乐器管弦长短和发音高低十二律的计算方法。十二律即黄钟、大吕、太簇、夹钟、姑洗、仲吕、蕤宾、林钟、夷则、南吕、无射、应钟。其中黄钟、太簇、姑洗、蕤宾、夷则、无射称六律，即六阳律，其他称六吕，即六阴律。古人作乐器，按十二律的顺序，以第一律黄钟为准，其第八位为林钟，林钟的第八位为太簇。那末，如何以黄钟管长计算第八位林钟的管长呢？黄钟管长为九寸，三分损一，即以三除之，以二乘之，即 $9\times\frac{2}{3}$，得六寸，即为林钟管长。损指由律（阳律）下生吕（阴律），黄钟为律，林钟为吕。林钟管长六寸，三分益一，即以三除之，以四乘之，即 $6\times\frac{4}{3}$，得八寸，即为太簇。益指由吕上生律，太簇为律，因此，由“三分损益”而成“隔八相生”。

---

① 万斯同：《讲经口授》第66页。

上述计算方法，是先秦时期原从实践中产生的乐理，然不够精密，十二律相邻两律的频率比不完全相等，因而又被称为十二不平均率，不便于演奏和声，但以后就成为定理死数，以此定数而求音。朱载堉在《律吕精义》中指出这种计算方法的缺陷，而创造了更精密的新的计算方法。他的计算方法是以黄钟为实，除以第十二位应钟倍数的1.059463（小数点后共有二十五位数，今略）就成了次律的管长。1.059463这一数字即$\sqrt[12]{2}$，他称为“密律”，使十二律中相邻两律间的频率比完全相等，所以称为“十二平均率”，这是今天仍在应用的十分精密的计算方法。朱载堉是世界上这一方法的首创者，比欧洲音乐理论家梅尔生（Marie，Wersenne1588—1648）的发现早半个世纪，这一计算方法，大大推动了世界音乐文化的发展。但在他的生前，这一方法被人所攻击，死后百年间在国内几乎被人遗忘。而第一个发现朱载堉的功绩，指出他在古代音乐计算方法上的革命作用（“尽废从前言乐之书，并破三分损益、隔八相生之说”）的就是万斯同。在他之后，仅雍乾时期的江永而已。只是到了十九世纪末，才得到德国物理学家赫姆霍茨（H. L. F. Helmboltz 1821—1894）和比利时布鲁塞尔乐器博物馆馆长、声学家马容的高度评价，承认朱载堉的上述科学成果比西方进步，然这已是万斯同死后近二百年的事了。由于《讲经口授》为记录本，记录又极简单，万斯同既看过朱载堉的“律历之书”，在当时必有较多的介绍，可惜已无法了解。

除朱载堉外，在万斯同所修的《明史稿》中特地介绍了嘉靖时期浙东著名的天文学家和数学家周述学。万斯同手定的《明史稿》（天一阁藏）没有周述学传，我们已无法窥见万斯同是如何写的，但王鸿绪的《明史稿》有周述学传。众所周知，王鸿绪的《明史稿》又是据万斯同所修明史初稿删削而定。万斯同又是黄宗羲的学生，黄宗羲所著《周云渊先生传》（即周述学）万斯同自然看过，他正是根据黄宗羲的周传而写入《明史稿》，然后又变成王稿周传的。对比黄传和王传，就可以看出两者的嬗递关系。黄宗羲弟子北上修史，除万斯同外，尚有万言，然万言所修为《崇祯长编》及《明女史》。此外其子黄百家也参加修史，并参与《天文志》的纂修，其中亦讲到周述学，但黄百家不参加《方伎》各传的撰写，所以把黄宗羲的周传修改而编入《方伎》的只能是万斯同，何况他又是明史的主编。下面我们分别把黄传与王传分别对比于下：

黄宗羲传	王鸿绪传
1. 周述学，字继志，别号云渊，越之山阴人。好深湛之思，凡经济之学，必探原极委，尤邃于易历。	1. 周述学，字继志，浙江山阴。读书好深湛之思，尤邃于历学。
2. 古之言历者，以郭守敬为最，而守敬所作历经载于《元史》者，言理而不传其法。其法之传于历官者，有《通轨》、《通经》诸书，则死数也。顾其作法根本，所谓弧矢、割圜，历官弃而不理，亦无传外之人。	2. 言历者以郭守敬为最，而守敬所作历经载于《元史》者，言理而不言法。历官所传，止有《通轨》、《通经》诸书，其法根本，所谓弧矢、割圜，历官弃勿道，传遂绝。
3. 当是时，毗陵唐顺之，吴兴顾应祥皆留心历学，求其书而不可	3. 武进唐顺之，长兴顾应祥皆究心历学，求其书不可得。述学

得，述学竭其心思，遂通弧矢之术。	覃精研思，遂通弧矢之术。
4. 从来历家所步者，二曜交蚀，五星顺逆而已。自西域经纬历入中国，始闻经纬凌犯之说，然其立法度数与中历不合，名度亦异。顺之慨然欲创纬法，以会通中西，卒官不果。述学乃撰中经，用中国之算，测西域之占，以毕顺之之志。	4. 从来历家所步者，二曜交蚀，五星顺逆而已。自西域回回经纬历入中国，始闻经纬凌犯之说，然其立法度数与中历不合，名度亦异。顺之慨然欲创纬法，以会通中西，卒官不果。述学乃撰中经，用中国之算，测西域之占，以毕顺之之志。
5. 日行黄道，月行九道，而古来无所谓星道者，述学探究五纬细行为星道五图，于是七曜皆有道可求。与顺之论历取历代史志之议，正其讹舛，删其繁芜，然于西域之理未能通也。又撰《大统》、《万年》二历《通议》，以补历代之所未备。	5. 日行黄道，月行九道，古来无所谓星道者，述学探究五纬细行为星道五图，于是七曜皆有道可求。与顺之论历取历代史志之议，正其讹舛，删其繁芜，然于西域之理未能通也。又撰《大统》、《万年》二历《通议》，以补历代之所未及。
6. 自历以外，图书、皇极、律吕、山经、水志、分野、算法、太乙、壬遁、演禽、风角、鸟占、名符、阵法、卦影、禄命、建除、埋术、五运、六气、海道、针经，莫不各有成书，发前人所未发，凡千余卷，总名曰《神道大编》，盖博而能精，上下千余年，唯述学一人而已。	6. 自历以外，图书、皇极、律吕、山经、水志、分野、舆地、算法、太乙、壬遁、演禽、风角、鸟占、名符、阵法、卦影、禄命、建除、葬术、五运、六气、海道、针经，莫不各有成书，凡一千余卷，统名《神道大编》。
7. 嘉靖间，锦衣陆炳访士于	7. 嘉靖间，锦衣陆炳访士于

沈练，练以述学言，礼聘至京，炳服其英伟，荐之于赵司马，司马就访边事，述学曰："今岁主有边兵，其应在乾、艮，艮为青州、辽东，乾为宣大二镇，京师可无虞也。"已知其言。司马将具题大用，会总兵仇鸾闻名欲致之，述学识鸾必败，先几还越。总督胡宗宪征倭，私述学于幕中，资以秘计，述学亦不惮出入于狂涛毒矢之间，卒成海上之功。①	经历沈练，练举述学，炳礼聘至京，服其英伟，荐之兵部尚书赵锦，锦就访边事，述学曰："今岁主有边兵，应在乾、艮，艮为辽东，乾则宣大二镇，京师可无虞也。"已而果然。锦将荐诸朝，会仇鸾闻其名欲致之，述学识其必败，乃还里。总督胡宗宪征倭，召置幕中，亦不能荐，以布衣终。②

从上述对比来看，王稿的周传与黄宗羲的周传内容基本一致，有许多地方几乎一字不漏地照抄。不同的是，黄宗羲《周云渊传》下面还有一大段述及自己对周述学的了解以及《神道大编》的散失，并指出："而后知邢云路的《律历考》所载，皆述学之说掩为己功也。"③王鸿绪则把这一段全删了。由此可知，无论是王鸿绪《明史稿》还是张廷玉《明史》中的周述学传，都是根据黄宗羲周传删削而成，而第一个把黄宗羲周传修改编入《明史稿》的则是万斯同。他在《两浙名贤录》的绍兴府山阴县、会稽县条内也介绍了周述学，说："号云渊，布衣，博学，著述最富。"

从朱载堉和周述学两个例子，可以看到万斯同对自然科学的进步十分重视，这是他史学思想中值得注意的一个方面。

---

①③　黄宗羲：《南雷文案》卷九《周云渊先生传》。

②　王鸿绪：《明史稿》卷一七六《方伎·周述学》。

五、其　他

万斯同的史学思想尚有几个问题值得进一步分析和探讨。

首先是关于万斯同有否君权神授思想的问题。有的学者在评论王鸿绪《明史稿》的《太祖本纪》中说：

> 王（鸿绪）稿除保留了万（斯同）稿的基本史实外，删去编造的神话。如万稿追溯朱元璋的先帝是“颛顼之裔”等附会和不实之词，被删去了。尤其删去朱元璋入皇觉寺为僧后出合肥，再遇两紫衣道士之传闻，实是删芜见真，删得好。①

作者在这里肯定了万斯同编造了关于朱元璋的神话，显然认为如班固《汉书》中刘邦斩白蛇的神话一样，万斯同在提倡君权神授，并认为王鸿绪的思想比他高明。

作者这一推论的前提是肯定现藏北京图书馆的三百一十三卷本《明史》抄本为万斯同手定的《明史稿》残本。万斯同《明史稿》的各种本子十分复杂，这三百一十三卷本《明史》既非万氏亲笔，就不能肯定为万氏定稿。李晋华在《明史纂修考》中说这一抄本，“闻得之闽中，相传季野曾入闽，

① 阎清、葛增福：《王鸿绪》，见《中国史学家评传（中）》第 894 页，中州古籍出版社 1985 年版。

故此稿因得于其地云。”[1] 然而，据我考证，没有任何文献提到万斯同曾到过福建，李晋华以传闻为考证依据，实属疏忽。

按《太祖本纪》的初稿为汤斌所撰，汤稿并未有“其先帝颛顼之裔”句，现藏北京图书馆的四百一十六卷本《明史稿》，曾亦认为系万斯同原作，其《太祖本纪》也没有这句话。这句话究为何人所加，实为一大问题，不能轻易地归于万斯同身上。

汤稿及四百一十六卷本确有明太祖遇二紫衣人的事，三百一十三卷本《明史》则无。王鸿绪取后者而不取前二种，这自是好事，但这一“删芜是真”，并非出自王鸿绪之手。关于《太祖本纪》中的神话，除上述二则外，尚有多种，而王鸿绪在其《横云山人明史稿》中仍保留着，今把这几种本子中有关《太祖本纪》中的神话摘抄于下，以作比较。

一、汤斌《太祖本纪》：

> 元天历元年戊辰九月丁丑，生于东乡，赤火烛天如火。……至正四年旱蝗，民大疫，皇考妣及伯兄相次殁，太祖年十七，贫无以殓，乡人刘继祖畀以葬地。……太祖乃入皇觉寺为僧。逾月，僧饥散去。太祖西游至合肥，道病，有二紫衣人与俱，病瘥，忽不见。至六安，遇一老人负箧行，惫甚，太祖怜之，谓曰：“吾为翁负。”老人无所让，至暮，谓太祖曰：“公有奇表，贵不可言，愿自爱。”[2]

① 李晋华：《明史纂修考》卷一〇《附图四》。

② 李晋华：《明史纂修考》卷一〇《附图三》。

二、三百一十三卷本《明史·太祖本纪》:

太祖生于元天历元年戊辰九月丁丑。前一夕，太后梦神馈之药，有光，吞之，寤而生太祖，红光满室，自是夜数有光怪，惊动里人。……尝侍仁祖于东室，檐下有长髯道士朱衣持简，揖仁祖而言曰:“阿翁八十三当大贵。”既而不见。……太祖年十七，遭父母伯兄丧，贫无以葬，将茔殓瘗于山麓，与仲兄舁至中途……忽雷雨至，太祖走匿，比晓往视，已成坟矣。……太祖乃西出合肥，道病，有两紫衣人与俱，所以调护者甚至，数日，少间，两人辞曰:“侍我三日不来而后去。”既而不至……乃适六安，遇一老人负箧行，太祖怜其困，为代负，亦不让……①

三、四百一十六卷本《明史稿·太祖本纪》:

以元天历元年九月丁丑生，前一夕，妣陈氏梦神馈之药，有白光，吞之寤，犹闻香气，及产，室有光烛天，里人惊以为火，就视无有。……年十七，值饥疫，一月中考妣伯兄皆殁，贫无以殓，里人刘继祖与之地，乃得葬。……太祖西行求食，道合肥，

① 李晋华:《明史纂修考》卷一〇《附图四》。

病，遇紫衣二人与俱，护视甚至，已，忽不见。[①]

四、王鸿绪《明史稿·太祖一》：

前一夕，后梦神馈白药一丸，置掌中有光，吞之，寤犹闻香气，及产，红光满室，自是夜数有光，邻里望见，惊以为火，辄奔救，至则无有，人咸异之。……尝侍仁祖于东室檐下，有长髯道士朱衣持简，直入揖仁祖曰："翁八十当大贵。"言讫出门不见。及太祖即帝位，追上尊号，推其年数，盖适符云。……父母伯兄相继没，贫不能殓，里人刘继祖与之地，乃与仲兄舁至中途……雷雨忽大作，走避村寺，比晓往视，土坟起成高陇矣，即凤阳祖陵也。[②]

上述所摘录这四种《太祖本纪》，其神话共有六：一其先为颛顼之裔；二生时红光满室；三朱衣道士预言朱元璋父八十三当大贵；四葬父母时雷雨大作而坟忽成；五生病时有二紫衣人为之护理；六在六安遇一老人也预言当大贵。这六种神话，汤斌取其三，三百一十三卷本全取，四百一十六卷本取其二，王鸿绪取其三，王稿所取的为第二、三、六点。可知王鸿绪并未全删《太祖本纪》中编造的附会不实的神话，仍保留着朱元璋君权神授的思想。

① 李晋华：《明史纂修考》卷一〇《附图五》。
② 李晋华：《明史纂修考》卷一〇《附图六》。

问题是万斯同也没有删去这些神话，这是不是与他批判君主专制、指责明太祖残暴相矛盾呢？万斯同是位具有强烈民族思想的史学家，在他手定《明史稿》时，对被满族所推翻的前汉民族国家的开国者为他人所加的神圣光环，他在感情上不忍删去，他毕竟是一位封建社会的史学家，但更是一位忠于历史和受时代思潮熏陶的史学家，绝非是一位“君权神授”论者。

这种矛盾性我们还可以用其他事例来证明。例如，他对元顺帝即南宋亡国之君恭帝（降元后封瀛国公）子一事作了考证，结论是：“然则顺帝之为恭帝子，而赵氏之复有天下也，章章明矣。”[1] 他这一考证，出于强烈的民族意识是可以肯定的，也不能全否定他的考证。然而，他在《再书庚申君遗事后》一文，联系宋太祖以庚申年受周禅，陈希夷怕听五更头，而其实五更暗寓五庚，宋太祖后经历五次庚申而为宋理宗景定元年（1260），而元世祖即于这一年即位。而元顺帝恰好也生于庚申，去理宗景定元年也是六十年，对这一历史的巧合，万斯同无以解释，而只好归于天数。他说：“夫元之混一天下，止八十九年，而顺帝乃反得三十六年，天之所以报赵氏者，岂不厚哉！”[2]

但是，如果不涉及民族关系，那就不同了，对史书中记载的迷信事迹，或予以辛辣的讽刺或直接斥为怪妄。《明乐府》中除《青词相》外，又有《兔生子》、《献白莲》等，如《兔生子》，讽刺明世宗好神仙，文如下：

---

① 万斯同：《群书疑辨》卷一一《书庚申君遗事后》。

② 万斯同：《群书疑辨》卷一一《再书庚申君遗事后》。

世宗好神仙，尝得一白兔，谓上元所赐，甚宝之。已而兔复生子，益大喜，谒谢上元，群臣皆称贺。

白兔来兮山中，皇心悦兮动容。拜神贶兮叩元宫，兔复生子兮嘉瑞重重，天颜益喜兮，帝赉何隆。庆百辟兮，舞群工。洁苹蘩兮，谢苍穹。欢成仙之可冀兮，何宠锡之骈蒙。彼小物之偶至兮。吾安知帝眷之所钟。[1]

这是反对符瑞迷信。

他在《庙制图考》一书中，则抨击唐宋皇帝相信道教神仙之说，他说：

按宋有景灵宫，祀司天保生天尊大帝，谓之圣祖。史言真宗梦之帝所，有一神自言姓赵，名玄朗，乃汝始祖。明日言于廷臣，遂建此宫。自僖祖以下悉立庙于其侧。……每郊祀天地，先朝献景灵，后告太庙，其诞妄不经至此，视唐之德明兴圣更有甚焉，而宋臣曾无一人议及者，吁，可叹哉唐追尊皋陶为德明皇帝，老聃为兴圣皇帝，立太请宫、祀兴圣、禘祫行礼于此。[2]

① 万斯同：《万季野先生明乐府》。
② 万斯同：《庙制图考》第79—80页。

他在《讲经口授》中也说：

> 宋真宗谓群臣曰："朕梦至神官，有七神人在上，皆冕旒王服，令朕拜之。且曰：'第七位即汝祖也，在古为颛顼，在今为赵玄朗，汝谨识之，可为立庙。'"群臣不敢违其议，因为立庙，其制大于太庙十倍。……后果七年而成，谓之景灵宫。其事怪诞不经，而当时廷臣从无谏止，先后诸大儒亦从无议及此事者。①

这是赵宋皇帝自己捏造的"君权神授"说，万斯同斥为"诞妄不经"、"怪诞不经"，可知他是反对这种神学史观的。值得注意的是，在他斥为"怪诞不经"的还包括"在古为颛顼"的神话，由此可以推论，三百一十三卷本《明史》抄本的《太祖本纪》中，"其先帝颛顼之裔"句，决不是万斯同加上去的。

总之，万斯同史学思想中并未彻底摆脱旧历史学家不可避免的某种天命论的残余影响。然而，这种影响在他的历史观点中并不占主导地位，在他的史论中闪烁的是批判君主专制的战斗锋芒。

其次，关于对张居正的评价问题。

张居正是明朝中期著名的改革家。万历初年，在他的执政下，明朝处于兴盛状态。可是万斯同对他却予以严厉的批评，他在《书张居正传后》，列举了张居正的二十四条罪状，

---

① 万斯同：《讲经口授》第60页。

他说：

关中冯恭定公（冯从吾）尝论张居正有十大罪，余更广之为二十四大罪：首逐顾命元老一也；交结近侍冯保二也；父死不奔丧三也；谪削忠谏之臣四也；两宫并尊，乱屡朝嫡妾之分五也；穆宗附庙，神主不由中门，使天子得罪于其父六也；废锢天下名贤七也；引用天下凶邪八也；曳白之子，皆登上第九也；据王府为私第十也；祖制，百里内不视朝亲王者罪死，而居正与亲王抗礼，致亲王城迎接十一也；杀戮天下名士吴仕朝、梁元辈十二也；以私憾致侍郎洪朝选于死十三也；衰麻之中，蟒服巡城十四也；每岁决囚，勒为定额十五也；以催科为考成，使吏治大坏十六也；禁天下报灾异十七也；用游棍徐爵为锦衣，传道禁中消息十八也；纵家奴游斥于外，干预部院公务十九也；兴王大臣之狱，几杀顾命大臣二十也；祖训请设丞相者，全家处斩，居正公然自称为宰相二十一也；尽揽部院之权，使九卿不得举其职二十二也；废毁天下书院，禁士子不得讲正学二十三也；任用顽钝无耻之徒，布满高位，使朝廷无一正人二十四也。①

这二十四大罪状，有不少确实没有什么重要意义，从总

① 万斯同：《群书疑辨》卷一二《书张居正传后》。此文尚有万氏自注的各类人名，今略。

体上来说，万斯同对张居正的评价是不正确的，在这一问题上说他缺乏史识有一定的道理。但是我们也不能全部否定他对张居正的批评，他对张居正的批评，至少有四点是正确的。

一是张居正容不得不同的意见，他“谪削忠谏之臣”，“废锢天下名贤”，如邹元标、海瑞等以及指使杀害不附自己的洪朝选，都是他不能容人的表现。张居正以内阁擅权，引起言路不满，明末的阁、谏之争自此始，张居正卒后，愈演愈烈，造成明末党争激烈的政局，当然，这已与张居正没有关系了。

二是“废毁天下书院”。明末讲学之风盛行，封建异端思想往往出于其间，如王艮、何心隐、罗汝芳、李贽等人，并由自由讲学而形成自由结社，如东林党人的活动等。但这一讲学之风遭封建统治者多次打击：明世宗毁各地书院于前，张居正再毁于中，明熹宗时阉党镇压于后。这一讲学与反讲学为形式的文化斗争，正如侯外庐先生指出的：“集中反映了要求讲学自由、反对封建迫害的启蒙思想与禁止讲学，对讲学者横加迫害的专制主义之间的斗争。”[①] 它反映了明末资本主义萌芽时期不同阶级集团的不同政治态度。张居正凭借明太祖“卧碑”的规定，把当时知识分子的思想限制于程朱理学之中，并以此迫害罗汝芳，杖杀何心隐（即梁汝元，《群书疑辨》阙“汝”字），反映了他的封建专制主义的立场。从历史地位来看，张居正是一位矛盾的政治家，他丈量土地，推行“一条鞭法”，在客观上有利于资本主义的萌芽，而他“废毁天下书院”，镇压封建异端思想，摧残了政治、思想和文化上

---

① 侯外庐：《中国思想通史》第四卷下册，第1006页。

的新因素，在这方面万斯同对他的批评是对的。

三是用人不当。要推行改革，不但需要取得帝王的支持，还要有同僚的协助。但在张居正周围的人，却有许多是逢迎拍马之徒。万斯同指责他“引用天下凶邪”、“任用顽钝无耻之徒”，这太夸大了，抹煞了张居正在前期用人的正确性，且为他所指责的，也并非全是邪人。但张居正在丁丑京察后，用人唯亲，被阿谀之徒所包围，为万斯同点名的潘晟、王篆、王宗载、于应昌、方逢时等人，确属这类人物。这就使他在晚期不能发现自己的失误，使他的改革后继无人，这是造成他改革失败的重要原因之一。

四是对家属和奴仆的包庇纵容。张居正的长子张敬修中状元，次子嗣修因明神宗的帮助才得一甲二名榜眼。三子懋修也中乡试，由于张居正的死，才未考中进士。万斯同说他的“曳白之子皆登上第”，指的就是他们。曳白，就是交白卷，张居正这三位儿子并不是交白卷的人物，但是依靠张居正的关系，乃至依靠皇帝帮助作弊，才登上第，这是不能否认的。张居正宠奴游斥（或作游七），招权纳贿，不少官僚武官纷纷与他交结，这是事实。这种情况不但使张居正的威信大受影响，而且使一些正直的人士与他拉开了距离。

万斯同评价张居正的失误，在于他仅看到张居正晚期的错误，而忽视了其大部分时期执行的正确的政策和作风；他只着眼于张居正某些局部的和次要的错误，或者虽然也是重要的错误，但是攻其一点，不及其余，完全否定了张居正的改革及其成绩，这就不对了。在这一问题上他不如李贽。李贽在论张居正杀他的崇拜者何心隐事时说：“然何公布衣之杰也，故有杀身之祸；江陵（张居正）宰相之杰也，故有身后之辱。不论其败而论其成，不追其迹而原其心，不责其过而赏其功，则二老者，皆吾师也。”① 他仍称张居正为“宰相之杰”，为“吾师”，看问题比万斯同深刻和全面。

万斯同批评张居正有其历史渊源，他深受蕺山之学的影响，刘宗周虽不是东林党人，但他与东林党人有密切的关系。东林党人由于张居正毁书院，禁讲学，因此多对他表示不满。但后期的东林党人和复社人士，对张居正的评价已开始转变，所以万斯同在清初还历数张居正的大罪，这不能不说是他史论中的一大错误。

最后，关于他对明末党争的态度问题。

万斯同不仅是蕺山之学的信从者②，而且他的老师黄宗羲又是东林党健将黄尊素的儿子，他的父亲是复社名士和刘宗周的弟子，所以他在明末的党争中自然站在东林党人一边。他在《书弹园杂志后》一文中，把宣党、昆党、阉党都称为“小人”，而称东林党人为君子。③ 他激烈抨击吴玄子的《从吾录》，称吴氏为“匪人”，说这本书，“凡万历中小人攻君子之说，无不载，末复为说以扬之，而当世君子多为其所掊击焉”，斥责吴氏“呈身丑类，献媚当徒”，“公然为名教之罪人，真小人无忌惮之尤者”④。他与六兄万斯大翻阅家藏先代往来书信，见有汪镕给其曾祖信，乔应甲给其祖信，汪、乔两人都属昆、宣党人，他就向万斯大建议：“是小人之尤也，曷斥

① 李贽：《焚书》卷一《答邓明府》。

② 万斯同后来虽由蕺山之学转向潘平格之学，然刘宗周的道德学说及其政治态度对他仍有强烈的影响。

③④ 万斯同：《群书疑辨》卷一二。

之。”万斯大接受他的建议，在辑《濠梁万氏宗谱》时，就不把这两封信录入。万斯同说：“愚是益笑奸徒之不容幸免而小人之为人唾骂无已时也。……其他若赵庄靖、若邹文庄，虽片纸而不遗；若文徽仲、若王稚宜，虽布衣而必录，家乘之中而寓《春秋》之法焉。”① 他对明末党争中所处的态度是很明显的。

然而，万斯同并不如黄宗羲那样持论严厉。黄宗羲认为“君子小人无两立之理”②，把攻东林的一概视作为小人。如对王永光其人，夏彝仲在《幸存录》中说：“王永光亦清执，王恭厂之变，其疏独侃侃。崇祯初为冢宰，东林必欲逐而去之，永光愤激为难，引用袁宏勋、张道濬辈，再起玄黄之争，实已甚之故耳。”③ 黄宗羲对夏彝仲这一观点大不以为然，说：“愚按：小人不同，有把持局面之小人，有随波逐流之小人，虎、彪、十孩儿之类，随波逐流，吾所谓胁从者也；逆案内之杨维垣、徐大化，逆案外之王永光、温体仁等，把持局面，吾所谓为魁之十数人者也。逆阉既诛，逆案未定，杨维垣把持之；逆案已定，王永光把持之，皆绍述逆案之政者也。袁宏勋、张道濬、高捷、史范一辈小人，翩翩而进，以锢君子，而抑之使为已甚，则进君子退小人皆不可矣。”④

万斯同对王永光的评价，却颇与夏彝仲一致，今把天一阁藏《明史稿》的《王永光传》摘要录于下：

---

① 万斯同：《群书疑辨》卷一二。
② 黄宗羲：《汰存录》，《黄宗羲全集》第一册，第 328 页。
③ 黄宗羲：《汰存录》，《黄宗羲全集》第一册，第 334 页。
④ 黄宗羲：《汰存录》，《黄宗羲全集》第一册，第 334—335 页。

王永光，长垣人，万历二十年进士。……泰昌时历工部左侍郎署部事。时方营定、庆两陵，又建三殿，永光以财用不继，请尽停内府诸工，报可。奉圣夫人客氏等五人出府，诏所司陈设费当四千余金，永光以非故事执奏，不允。……永光居官廉而为人强悍沉鸷，雅不喜东林，至是势盛，永光意不自得。……永光乃自引归。既而魏忠贤窃柄，尽逐东林，其乡人无不附丽以进。永光故忠贤同乡，又为东林所摈，忠贤党崔呈秀、徐大化辈相推毂。五年春，起为南京兵部尚书。其冬，诏改北部，寻加太子太保。明年三月，诏遣刘应坤等镇守山海关，永光再疏力谏不纳。忠贤势益炽，数兴大狱，已杀杨琏、左光斗等六人，又逮周起元、周顺昌七人，朝野震骇，公卿百执事悉其党人，莫敢一言。其五月，会王恭厂灾，……帝下诏修省。廷臣媚忠贤，率言火药为灾，无足虑。职方主事华亭张履端、王陞，密草一疏，属之，略言："古今灾异洊至，必朝有纰政，位有佥人，颠倒悖谬，然后逢天瘅怒，而谴告随之。……"自赵南星、杨涟等被逐，谠言遂绝，及是永光疏出，天下传诵。忠贤及其党大恨，矫旨数百言，事为解释，犹以永光同类，不遽斥也。其月，朝天宫又灾，永光复率僚属上言："今旬月之间，两遘异变，甚至雨泽未霈，冰雹随之。……"当是时，周顺昌、周宗建、李应昇、黄尊素、周起元犹系秘狱未死，永光觊其生，故呼号益急。忠贤辈知其情，矫旨谯让，永光遂连疏移疾归。崇祯元年，召拜户部尚书，未几

> 改吏部，列上“明职掌、广资访、省资俸、抑躁竞、杜请托、惩规避、通壅滞”八事，帝悉允行。永光在天启朝虽为魏忠贤引用，而心不善其所为，颇矫矫自异，独魏良卿封伯，援刘永诚从子聚封宁晋伯为例，且有“厂臣纯忠、许国，正色立朝”诸语，朝士因指目为忠贤遗党。而是时，东林复盛，永光雅不与合事，多相左。乃命奉诏同定逆案，凡疏颂者悉不免，帝独寘永光不问。朝士以永光附逆，不当使定案，诋毁之，永光内惭，益相水火。尝用李养正为南京刑部尚书，御史姜兆张劾其党奸；已用田仰巡抚贵州，南京御史徐尚勋又劾其受嘱，且言永光五不当留。自是礼部主事王永吉，御史顾其国、李长春、吴甡、毛羽健、张继孟、王象云、马鸣世，给事中张国维、刘斯琜、陈良训、张镜心，相继论列。永光计无复之，遂发愤为难，谋引史堃、高捷、袁弘勋自助……而锦衣指挥张道濬亦附之，日以排东林为事。会周延儒、温体仁以排钱谦益，不容于东林，永光遂与之合。①

通过上述传记，可以看到王永光原非党争中人。他“雅不喜东林”，即为东林所攻而引归，自然非东林党人。在魏忠贤掌权时，他“心不善其所为”，两次利用天灾，欲营救周顺昌、周起元等人，为魏忠贤斥责而“移疾归”，显见他非阉党。他请停定、庆二陵等内府诸工，反对客氏出宫大肆铺张的陈

① 天一阁藏万斯同：《明史稿·王永光》。

设费用及崇祯元年所上八事，都针对时弊，是一位识大体而又干练的大臣。只是当时东林党人党派观念太深，必欲驱逐他而后已，先使他“内惭”，继则把他推到对立面，亦结党，且与温体仁结合，“遂发愤为难”，百计排斥东林了。万斯同在王永光的传记中，详尽地叙述了王永光这一演变过程，其观点与夏彝仲《幸存录》所说的观点完全一致，可以说是《幸存录》观点的具体化和补充，而与其师黄宗羲《汰存录》的观点并不一致。他对明末党争所处态度不像黄宗羲那样偏激，比较持平，他正是以这样观点来纂修和审定《明史稿》的。

第七章　万斯同的历史编纂学

万斯同的历史编纂学①，主要反映在方苞回忆的《万季野墓表》、万斯同《与李杲堂先生书》及《寄范笔山书》这三篇文章中。

方苞的《万季野墓表》是一篇了解万斯同历史编纂法的重要文章，方苞在文中略述了万斯同向他谈的有关史法的一席话，兹摘要于下：

> 丙子秋，余将南归，（万斯同）要余信宿其寓斋曰："吾老矣，子东西促促，吾身后之事豫以属子，是吾之私也。抑犹有大者，史之难为久矣，非事信而言文，其传不显。李翱、曾巩所讥魏晋以后，贤

① 我在这里所说的历史编纂学，是从广义意义上而言的，不局限于一般所说的历史编纂的体裁或体例。

奸事迹并暗昧而不明，由无迁固之文是也。而在今，则事之信犹难，盖俗之偷久矣，好恶因心而毁誉随之；一室之事，言者三人，而其传各异矣，况数百年之久乎？故言语可曲附而成，事迹可凿空而构，其传而播之者，未必皆直道之行也，其闻而书之者，未必有裁别之识也。非论其世知其人，而具见其表里，则吾以为信，而人受其枉者多矣。吾少馆于某氏，其家有列朝《实录》，吾默识暗诵，未敢有一言一事之遗也。长游四方，就故家长老求遗书，考问往事，旁及郡志邑乘，杂家志传之文，靡不网罗参伍，而要以《实录》为指归。盖《实录》者，直载其事与言，而无可增饰者也。因其世以考其事，核其言而平心以察之，则其人之本末可八九得矣。然言之发或有所由，事之端或有所起，而其流或有所激，则非他书不能具也。凡《实录》之难详者，吾以他书证之；他书之诬且滥者，吾以所得于《实录》者裁之，虽不敢具谓可信，而是非之枉于人者盖鲜矣。昔人于《宋史》已病其繁芜，而吾所述将倍焉。非不知简之为贵也。吾恐后之人务博而不知所裁，故先为之极，使知吾所取者有可损，而所不取者，必非其事与言之真而不可益也。子诚欲以古文为事，则愿一意于斯，就吾所述，约以义法而经纬其文，他日书成，记其后曰：'此四明万氏所草创也。'则吾死不恨矣。……"又曰："昔迁固才既杰出，又承父学，故事信而言文。其后专家之书，才虽不逮，犹未至如官修者之杂乱也。比如入人之室，始而周其堂寝匽湢焉，继而知其畜产礼俗焉，久之其男女少长，性质刚柔，轻重贤愚，无不习察，然后可制其家之事也。官修之史，仓卒而成于众人，不暇择其材之宜与事之习，是犹招市人而与谋室中之事耳。吾欲子之为此，非徒惜其心力，吾恐众人分割操裂，使一代治乱贤奸之迹暗昧而不明。”①

上述这段话指出万斯同引以自豪的“四明万氏”所草创撰修明史的六点史法：即事信而言文、论世知人、平心、以《实录》为指归而参伍以野史、宁繁勿简和反对官局修史。下面结合万氏其他文章分别予以论述。

一、编纂史著的原则——“事信而言文”

事信，即成信史，这是我国历代史学家的传统原则。刘知几在《史通》中曾予以较全面的论述。万斯同之所以强调这一点，是为明朝史学存在的问题而说的，也是针对他编撰明史时的复杂情况而说的。

顾炎武曾对明朝史学的各种失误作了如下简略的概括：

先朝之史，皆天子之大臣与侍从官承命而为之，而世莫得见。其藏书之所曰皇史宬。每一帝崩，修《实录》，则请前一朝之书出之以相对勘，非是莫得见者。人间所传止有《太祖实录》。国初人朴厚，不

① 《方苞集》卷一二《万季野墓表》。

敢言朝廷事，而史学因以废失。正德以后，始有纂为一书附于野史者，大抵草泽之所闻，与事实绝远，而反行于世，世之不见《实录》者从而信之。万历中，天子荡然无讳，于是《实录》稍稍传写流布，至于光宗而十六朝之事具全。然其卷帙重大，非士大夫累数千金之家不能购，以是野史日盛，而谬悠之谈遍海内。①

他指出了国史与野史存在的问题。万斯同的看法与顾炎武基本一致。关于国史之失，他这样说：

自古右文之朝，熟不以藏书为美哉！秘书缺略而未备，未有若明代之甚者也。虽内之文渊阁，外之翰林院、国子监皆为藏书之府，然藏之无几，而其所藏者，又皆禁而不许观。故直文渊阁者，不得言文渊阁之书，官翰林者，不得披翰林院之籍，其在国子亦然，不过每一岁一晾，以防蠹朽而已。夫天子既不留心于载籍，而学士大夫又不敢观中秘之书，则书籍之不备，亦何伤之有？顾士庶之家，犹且购书以垂子孙，而石渠之中，兰台之内反缺略而不备，毋乃非盛事乎哉！②

石渠、兰台所藏的中秘书既然不能披阅，修《实录》的大臣

① 顾炎武：《亭林文集》卷五《书吴潘二子事》。
② 万斯同：《群书疑辨》卷一二《读实录邱文庄传》。

自然可以上下其手，《实录》也就难以成为实录了。

至于野史，万斯同也有评论，他看了这些野史后说：

> 见其牴牾疏漏无一足满人意者，如郑端简（郑晓）之《吾学编》，邓潜谷（邓元锡）之《皇明书》，皆仿纪传之体，而事迹颇失之略。陈东莞（陈建）之《通纪》，雷古和（雷礼）之《大政记》，皆仿编年之体，而褒贬间失之诬。袁永之（袁袠）之《献实》，犹之《皇明书》也，李宏甫（李贽）之《续藏书》，犹之《吾学编》也，沈国元之《从信录》，犹之《通纪》，薛方山（薛应旗）之《献章录》，犹之《大政纪》也。①

万斯同指出这些野史或事迹失之略，或褒贬失之诬。国史、野史既然存在这许多问题，自然难成信史了。

不过，他提倡"事信"，主要原因还在于他在修明史中遇到的问题，即他向方苞说的："语言可以曲附而成，事迹可以凿空而构。"这句话他是有所指的。他的侄子万言，与他一起北上修史，由于崇祯一朝无《实录》，这一朝的历史很难写，必须先立长编。当时万言独力完成《崇祯长编》一书，但崇祯一朝的人物或其子孙，在清初尚存在，他们为了使自己的父亲或祖父免去历史恶名，多方请托，拉拢权要，妄图篡改历史，万言就因坚持"事信"的原则，被外放五河县，然后制造冤案，几乎被杀。全祖望弟子蒋学镛在《鄞志稿》中提

① 万斯同：《石园文集》卷七《寄范笔山书》。

及这件事说：

万言，字贞一，号管村。……召修明史，独成《崇祯长编》，杨武陵（杨嗣昌）孙行贿于阁臣明珠，乞于督师①《传》少宽假，又有运饷官以弃饷走死，命附入死事之列，并力拒之，以此得罪当轴。后以教习期满，知五河县，大吏承阁臣旨，文致之，论死。其子承勋遍贷诸有力者，得以赎免。②

黄百家也谈到修明史时这种情况，他说：

嗟乎！修史之事，至明室而愈难矣。草除之失买，秘阳之丑正，《要典》之逆言，思陵之坠简，以致伪书流行，多不胜数。是非通知三百年之首尾条贯于胸中者，未免为公超之雾所染，东西易问，恶能脔谄魂、发潜德于笔下乎？昔先遗献尝怪以某相之丧师误国，而《冬心诗》惑于孤儿之诡说，颂功

---

① 杨嗣昌于崇祯十二年以兵部尚书督师荆襄军。

② 蒋学镛：《鄞志稿》卷一五《文苑传下·万言》。然这件事全祖望却归于万斯同，他在《贞文先生万斯同》中说："故督师之姻人方居要津，乞史馆于督师少为宽假，先生历数其罪以告之。有运饷官以弃运走道死，其孙以赂乞入死事之列，先生斥而退之。"然他在《陈卜年志》（《鲒埼亭集》卷二二）中却说："其时故国辅相子弟多以贿入京，求史馆诸总裁，末减其先人之传，而管村适主《崇祯长编》，力格之，坐是出知五河县，……又令大吏以事致其罪，论死。"两文互相牴牾。万言确因修史获罪，故蒋学镛为之改正。

> 劳，近闻复有欲为险心辣手亡国之某相颂功者，则更可怪矣。语云："国可灭，史不可灭。"柱下皇宬，原非布衣之事，先生虽死，知当事者自能出定力以主持，必不至使后人有纠缪之举也。[①]

黄百家所说丧师误国之某相，当为杨嗣昌，杨嗣昌曾任东阁大学士；而险心辣手亡国之某相，当指温体仁。由此可知，当时以直笔修明史，确很困难。所以万斯同有"而在今，则事之信尤难"之叹。

至于"言文"，则当时史学家观点不一，如潘耒不但反对"言文"，而且认为史的失实与文人夸大其词有关，他说："史学之废，文人为之也。史以载事，欲其核，事苟核矣，文即不胜无害。事未核而缘饰之以文，失实乱真，贻误千载。……今之自命为文人者，方其读史，专求文章之波澜意度，用以资其为文，一旦操史笔，亦惟求工于文词，而事迹之虚实，记载之牴牾，有所不暇计。"[②] 潘耒主张："其文直，其事核，苟直且核，史家之能事毕矣。"[③]

万斯同一贯主张"言文"，他早年在《与李杲堂先生书》中就请李文胤"以我之文章，表前人之遗行"[④]。因为李文胤是甬上的文章巨匠，万言亦擅长于文，黄宗羲曾称赞他"规模震川之古淡，加以剡源之色泽"[⑤]，所以万斯同在《与从子

① 《碑传集》卷一三一，黄百家：《万季野先生斯同墓志铭》。

②③ 潘耒：《遂初堂文集》卷七《松陵文献序》。

④ 万斯同：《石园文集》卷七。

⑤ 黄宗羲：《南雷诗历》卷二《喜万贞一至自南浔以近文求正》。

贞一书》中鼓励他治史。在他看来，具有司马迁、班固之文才，史著才能传世。

不过细加分析，万斯同与潘耒的见解的矛盾仅在形式，实质上并不矛盾。因为万斯同是主张在“事信”的前提下才“言文”的，在信史的原则下对史著修饰以文藻。而潘耒反对“事未核而缘饰之以文”，其目的也是为了不应以文而“失实乱真”，破坏了“事信”的原则。所以两人都以信史放在第一位，在本质上并不矛盾。然而，由于万斯同对自己的文才十分谦虚，他对万言说：“使我有汝笔，班马不难至也。”① 又请方苞“经纬其文”，似乎自己文笔不行。他的同乡后学陈康祺说：“昆山领史局，季野为之任考索，而颇委紫笥（陶元淳）以文。”② 阮葵生也说，万斯同晚年修史，“信口衍说”，钱名世则“授而籍之”③，遂使后人认为万斯同有史才而少文笔。近人张须在《万季野与明史》中说：“观诸家所载，季野与万言、黄百家、方苞诸人之语，大约淹贯为长，而文笔则逊”，“故小家散记，或谓尝委陶元淳以文事……或谓晚年之稿，皆钱名世所为。”④ 与此相反，刘光汉在《论近世文学之变迁》中却认为：“余姚黄氏，亦以文学著名……浙东学者多则之。季野、谢山，咸属良史，惟斐然成章，不知所裁，然浩瀚明showing，亦近代所罕观也。”⑤ 推崇他的文才。平心而论，万斯同的文笔与黄宗羲、全祖望相比则稍逊，然认为连一般文人也

① 蒋学镛：《鄞志稿》卷一五《文苑传下·万言》。

② 陈康祺：《郎潜纪闻二笔》卷一三《陶紫笥之志节》。

③ 阮葵生：《茶余客话》卷九《万斯同修明史》。

④ 《东方杂志》第33卷，第14号。

⑤ 《国粹学报》第26期。

不如，也不至于此。万斯同提倡“言文”，主要是希望胜国历史，能因有司马迁、班固之笔，而传之久远。

二、编纂人物传记的客观标准——“论世知人”

为了避免对历史作主观的篡改，万斯同根据《孟子·万章章句下》“论其世”的观点，提倡“论世知人”的客观标准。对这一标准他解释为：“因其世以考其事，核其言。”就可对其人作出正确的评价。如他在《书弹园杂志后》说：

> 甚哉！伍袁萃之妄也，其《杂志》所载，大要为辛亥京察一事耳。辛亥之役，孙公丕扬为冢宰，凡小人之号为宣党、昆党者，斥之殆尽，而王绍徽、乔应甲亦在其中。绍徽素有清誉，应甲尝劾李三才，萃深恶三才，凡劾三才者皆称为豪杰，故为二人不平。于察典既峻，小人之击孙公者，极其褒美，而君子之持正议者，痛加诋毁，自以为《春秋》之笔矣。迨魏忠贤一出，向之褒美者，鲜不失身丧节如徐北魁、邵辅忠、徐绍吉、刘廷元，及绍徽、应甲，后皆入逆案内。而其所诋毁者，独能保其身名，于是袁萃之论不攻而自败。①

① 万斯同：《群书疑辨》卷一二。

万斯同在这里提出了“论世”的例子。在万历之世，党争激烈，是非似乎难定，袁萃称乔应甲等人为豪杰，可是到了天启之世，魏忠贤掌权，乔应甲等人投入了魏阉的怀抱。从魏忠贤横行之世，就可知有些人“失身丧节”，有些人则“保其身名”，是非、黑白分明，这就是“论世知人”。

万斯同所说的“世”，不仅是指时代之世，而且指个人的身世，他认为只有了解历史人物的生平事迹，及其所处环境，才能了解其人的是非功过，也就是戴名世在后来所说的：“一事必有一事之终始，一人必有一人之本末，综其始终，核其本末，旁参互证，而固可以得其八九矣。……设其身以处其地，揣其情以度其变，此论世之说也。”①

明国史《唐襄文传》对唐顺之评价极低，讥他初欲猎声得官，后因奸人赵文华之荐才得复出，最后抨击他不自量力，欲以平倭自见，结果暴己之短而为人所笑。万斯同不同意这一写法，他就用“因其世以考其事”，也即“综其始终，核其本末”，“设其身以处其地，揣其情以度其变”的论世标准，反驳了《实录》对唐顺之的诬陷。

万斯同在《读唐襄文传》中认为，要正确评价唐顺之，必须了解他一生事迹及其所处情况。首先，他反驳唐顺之因奸臣赵文华之荐才得出仕的讥讽，他举唐顺之在此之前两次可以为翰林而不就的事实，说明他不是为做官而有求于赵文华的。《明史》卷二五〇《唐顺之传》载，第一次在嘉靖八年，他会试第一，其座主张璁欲留他于翰林，为他所辞。第二次在嘉靖十二年，又任他为翰林编修，“校累朝《实录》，时将

① 戴名世：《戴名世集》一四《史论》。

竣，复以病告”[1]，引起张璁发怒，罢官，永不复叙。明翰林官编修国史，为登进之路，可以飞黄腾达，可是唐顺之一再辞官。万斯同举此例后指出，唐顺之“何不优游文史之地驯致通显”？“始弃翰苑之华阶而挽求部曹之冗职，亦大非人情矣。”[2] 这是举唐顺之生平之世一二事迹，“揣其情以度其变”，论唐顺之并不是“策干于文华，因以得进”的。

其次，他反驳国史谓唐顺之所以不欲为翰林，是因为他欲“猎奇致声誉”，故“屏居十年”的诬诋。万斯同以唐顺之在二十三岁即会试第一事，说他“以弱冠登上第，一时文名甚籍”，并不是无声誉而须用猎奇的办法。《明史》载，他因与罗洪先、赵时春等同请朝太子事，被削籍归，因此卜居山中，读书十余年，虽然中外推荐，都不见用，说明其所以不用，是因为“当路者不悦”所致，而非明世宗为了摧抑“浮名无实”之士的缘故。

上述二点，综合了唐顺之做官一事的始终，而核其本末，反驳了国史对唐顺之的诬诋之词。

最后，万斯同反驳了说唐顺之以边才自诡，欲以致用，以致尽暴其短而为人所笑的议论。《明史》载，唐顺之以郎中视师江浙讨倭寇，“乃躬泛海，自江阴抵蛟门大洋，一昼夜行六七百里，从者咸惊呕”，“倭泊崇明三沙，督舟师邀之海外，斩馘一百二十，沉其舟十三”[3]，因功才官至右通政，又升为右佥都御史。后虽破倭寇于姚家荡，但此后两次交战皆不克。因战场劳苦，得重病。三十九年春，渡海至通州而卒。万斯同

①③ 张廷玉：《明史》卷二五〇《唐顺之传》。

② 万斯同：《群书疑辨》卷一二《读唐襄文传》。

指出，他起初仅为郎中，权轻“不足以集事”，后虽为右佥都御史，开府淮阳，但未几即卒，所以不能“大有所展布”。然他两次带病，扬帆海外，军容大振，且有战功，万斯同说：“天下皆叹其忠，何短之暴，而又何人笑之?”① 他据此认定，唐顺之“盖睹乡邦之涂炭思救之者，其本志也，不得竟其志者，限于年也，奈何没其生平而诬诋之哉”②！这是万斯同设身处地（权轻、年短），揣唐顺之之情（本志），来评价他的征倭事迹。

由此可见，万斯同所说的“因其世以考其事，核其言”的“论世”方法，是把历史人物的言行，放在客观时代背景或个人的客观条件和环境之下予以考察，才能得出“知人”的正确评价，才能发现撰写者的错误。

三、编纂人物传记的主观要求——“平心”

历史著作是由人写的，如执笔者曲学阿世，颠倒是非，那末历史就不能成为信史。万斯同深恶那种“好恶因心而毁誉随之”，使“言语可以曲附而成，事迹可以凿空而构”的违背史实的做法。所以他在提出“因其世以考其事，核其言”的“论世”客观标准之后，又提出了“平心以察之”的撰写人物传记的主观要求，认为主观客观的结合，“则其人之本末可八九得矣”，就不会冤枉了历史人物。

①② 万斯同：《群书疑辨》卷一二《读唐襄文传》。

万斯同提出“平心”的史德，有其时代原因。明清之际，由于诸种情况，国史、野史谬误颇大，其中一大原因，就是作者的好恶因心。王世贞指出国史之失，在于“当笔之士，或有私好恶焉，则有所考无所避而不欲书”，野史则“挟郄而多诬”，“寄雌黄于睚眦”①。作者心有偏袒，造成史书失实。

王世贞指出的问题，是明清之际史学家的共识。钱谦益同样认为，国史“各以己意为记注，凭几之言可以增损，造膝之说可以窜易”，至于野史，则“各以胸臆为信史”②。黄宗羲也说“《实录》有所隐避，有所偏党”③，野史“或爱憎之口，多非事实”④。戴名世痛感国史由于“载笔之臣，或铺张太过，或隐讳而不详”⑤，野史“或多徇其好恶，逞其私见”⑥。

针对史著中“好恶因心”的弊端，钱谦益提倡撰写史书应该“虚己”⑦。戴名世也主张“虚其心以求之，平其情而论之”⑧。他们都一先一后，与万斯同的“平心”论互相呼应，力主史著的执笔者必须在主观上无所偏袒，站在公正的立场上，才能使所著成信史。

万斯同以明国史和野史中不少事例，来说明“好恶因心而毁誉随之”的问题。他批评《太祖实录》第三稿的为“国讳”⑨、《孝宗实录》的“随人曲笔”⑩，如他在分析国史对唐顺

---

① 皆见王世贞：《弇山堂别集》卷一二《史乘考误》一。

②⑦ 皆见钱谦益：《牧斋有学集》卷一四《启祯野乘序》。

③ 黄宗羲：《南雷文定四集》卷一《陆石溪先生文集序》。

④ 黄宗羲：《南雷文定三集》卷二《桐城方烈妇墓志铭》。

⑤⑥⑧ 戴名世：《戴名世集》卷一四《史论》。

⑨ 万斯同：《群书疑辨》卷一二《读太祖实录》。

⑩ 万斯同：《群书疑辨》卷一二《读孝宗录》。

之的诬诋后说：

> 吾观国史前后诸《传》，其褒贬不过数语，独公此《传》，一事而言之再三，彼将以是深章其丑，不知适是自形其为忌耳。自古史官挟私以枉人者何限？吾于公深有感也。[①]

上述说的是《实录》中的问题，至于野史，由于明末党争激烈，野史中存在问题也很大。他在《书弹园杂志后》一文中已有“君子之立言者，可自逞胸臆哉”[②]之叹。他又举因万历己巳京察事，伍袁萃著《林居漫录》，贺灿然著《漫录评正》驳袁氏所著，袁氏又著《驳漫录评正》反驳，贺氏再著《驳驳漫录评正》再驳，“彼此讦发，几如两造之讼”[③]。万斯同说：

> 事起于袁萃之讥灿然，而灿然为之报复耳。吾谓袁萃之乖僻，其持论固未必尽当，然灿然之挟忿诋讦，亦不足为实论也。……然则灿然者，固失之于逞愤，而为袁萃者，亦无轻于著书哉？[④]

伍贺两人各挟私逞愤，其心失去公平，他们的著作自然“事之信尤难了”。

---

① 万斯同：《群书疑辨》卷一二《读唐襄文传》。

② 万斯同：《群书疑辨》卷一二。

③④ 万斯同：《群书疑辨》卷一二《书驳驳漫录评正后》。

唐刘知几反对史臣“爱憎由己，高下在心”①，痛斥修史者，“用舍由于臆说，威福行乎笔端”，遂致“事每凭虚，词多乎有”，“假人之美，藉为私恶”，“诬人之恶，持报己仇”，指斥这种人是“记言之奸贼，载笔之凶人”②。万斯同的“平心”论，正是继承了刘知几反对曲笔的优良传统，又是根据当时史学中存在的问题而提出的。

四、编纂史著的主要方法——以《实录》为指归，参伍以野史

这是万斯同编纂明史的主要方法，这一方法，他早年在《寄范笔山书》和《与李杲堂先生书》中已提出来了。他说：“欲以国史为主，辅以诸家之书”，“采《实录》之明文，搜私家之故牍，旁及于诸公之文集”③。经过明史馆多年的实践，遂成为“四明万氏”的史法信条。

为什么要以《实录》为指归呢？这是因为：“盖《实录》者，直载其事与言，而无可增饰者也。”为什么要“网罗参伍”各种野史（郡志、邑乘、杂家、志传之文）呢？因为“言之发或有所由，事之端或有所起，而其流或有所激，则非他书不能具也。”万斯同归纳修史中《实录》与野史的关系为：“凡《实录》所难详者，吾以他书证之；他书之诬且滥者，吾以得于《实录》者裁之”④。

①② 浦起龙：《史通通释》卷七《曲笔》。

③ 皆见万斯同：《石园文集》卷七《寄范笔山书》及《与李杲堂先生书》。

④ 《方苞集》卷一二《万季野墓表》。

以《实录》为指归，不能误解为万斯同尽信《实录》。李晋华在《明史纂修考》中说："而万斯同亦笃信《实录》之人……殊不知《实录》多史臣曲笔，不可尽信。斯则彝尊、斯同等之误，亦无预于王鸿绪也。"① 他说万斯同笃信《实录》，乃至信史臣的曲笔而造成失误，这是对万斯同的"以《实录》为指归"的误解。

如前所述，万斯同多次指出《实录》不可尽信，《读唐襄文传》就是一例。又如，他在《读太祖实录》中指出明太祖"杀戮之惨"，"自暴秦以后所绝无而仅有"后接着说：

> 乃我观《洪武实录》，则此事一无所见焉，纵曰为国讳，恶得顾为信史乎？至于三十年间，荩臣硕士，当无嘉谟嘉猷足以垂之万祀者，乃一无所记载，而其他琐屑之事，如千百夫长之祭文、番僧土酋之方物，反累累不绝焉，是何暗于大而明于小，详于细而略于钜也。②

他指出《洪武实录》两大缺点，一是"为国讳"，一是疏漏，即"暗于大而明于小"。他对《洪武实录》作如下评价：

> 洪武之史凡三修，其一在建文之世，其一在永乐之初，此则永乐中年湖广杨荣金幼孜所定也。吾意前此二书，必有可观，而惜乎不及见也。若此书

① 李晋华：《明史纂修考》五《明史稿与明史通评》，第51页。
② 万斯同：《群书疑辨》卷一二。

者，疏漏已甚，何足征新朝之事实者，君子即不观可也。①

他也指出《孝宗实录》的问题：

> 有明之《实录》，未有若弘治之颠倒者也。盖总裁于焦芳，而撰述于段炅辈，宜其如此。吾窃怪当时诸公如李文正、王文恪、杨文忠、梁文康，皆有总裁之责，何乃一无纠正而任其颠倒若是耶？中书之堂既已伴食，兰台之内又欲随人曲笔耶？甚者诸公之靡也，一焦芳以附瑾之故，笔削之际犹且不敢逆之，则当瑾之横行而曰："吾将有所补救。"吾不知所补救者何事也？即畏芳之螫，独不畏万世之公议乎？与之同官而犹若此，将古之笔枋头之败而详张说之事者，独何人也。吾是以益叹古人之不可及而知有明《实录》之未可尽信也。②

他在这里主要指出《实录》修撰者的史德问题，并由《孝宗实录》而推论"有明《实录》之未可尽信"这一普遍性的结论。

不过，也不能因此得出万斯同不相信《实录》的结论，他在《寄范笔山书》中高度评价《实录》的作用：

> 客岁馆于越城，得观有明历朝《实录》，始知天下之大观，盖在乎此。虽是非未可尽信，而一朝之

①② 万斯同：《群书疑辨》卷一二。

> 行事，暨群工之章奏，实可信不诬。因其事以质其人，亦思可半矣。始叹不观国史，而徒观诸家之书者，真犹以管而窥天也。[①]

《实录》“虽是非不可尽信”，但所记载的事和奏章却是客观事实，所以万斯同尽顾指出《孝宗实录》的是非颠倒，但在史论中仍大量引用《孝宗实录》中的内容，如《实录》中的《邱文庄传》、《倪文毅传》、《白昂传》、《史琳传》等，都据以发表自己的评论。万斯同在史论中确是以《实录》为指归而辅以诸家之书的，以《读梁文康传》为例，他说：

> 文康（梁储）居内阁十二年，其功烈卓然可纪者何少也？……吾初读《皇明通纪》及霍韬、黄佐所作《文康传》，见所载草敕之事，未尝不叹其事之伟也。后读赵文肃（赵大洲）《杨公神道碑》及王元美所辨草敕之事，又归其事于杨文忠（杨廷和），传闻异词如此，吾安所适从？然欲竟属之于文康，吾亦有所不信也。诸家野史载文康子次摅因争田事杀杨氏一村二百余人，吾始不信，后读《武宗实录》，始信其诚然。夫身为宰相而子不通至此，既不能正子以法，又不能引罪求归，任台谏之交章而安然不动，何颜之厚也。……由此观之，文康之为相，贤耶？否耶？亦可以决矣。余观国史本传，不置褒贬，世之论文康者，好之则过于褒，恶之则过于贬，余

① 万斯同：《石园文集》卷七。

> 亦何能定其为人，姑撮《实录》之所载与谏官之所劾者书于《传》末，庶可考而知焉。[①]

对梁储“草敕”[②]事，野史记载各异，《实录》本传对他又不置褒贬，对这个人应如何评价？只能根据《实录》所载事迹与谏官对他所劾奏章这些客观史料，才“庶可考而知焉”。如野史记梁储子为争田杀杨氏一村二百余口，是否可信，万斯同据《武宗实录》所载谏官劾梁储子杀人的奏疏，说明野史并非捏造。梁储对其子杀人包庇纵容，这一事实可以说明梁储的贤否，并从而作出对他的正确评价。由此可知，万斯同在史论中确是以《实录》为指归而辅以诸家之史的。

不仅在史论，在史著中万斯同也应用这一方法，如他撰《吴一鹏》传，在稿中注明：“一鹏诸疏，尽见《嘉靖实录》，余见《献征录》。”[③]在他所著《王轶》传旁也亲笔写：“□山港，见《实录》嘉靖三十二年一月；轶与任环败贼，见三十四年四月；轶与泮死难，见是年五月。《献征录》、《生气录》皆有轶及泮传。”[④]这是他撰史以《实录》为指归辅以诸家之书的最好说明。

万斯同关于《实录》与野史关系的观点，当时史馆的纂修诸臣也多有相同的看法。如梁储“草敕”事，毛奇龄就削而不载。《梁储传》为毛奇龄所写，他这样写引起其他纂修官

---

① 万斯同：《群书疑辨》卷一二。

② “草敕”，野史指武宗时，幸臣江彬等人为秦王请关中闲田以为牧地，武宗应允。梁储故意拟写敕书，动以危害，武宗遂止。

③ 天一阁藏万斯同：《明史稿·孙一元》。

④ 天一阁藏万斯同：《明史稿·孙玺》。

施闰章、朱彝尊等的不理解，问他为何与旧史相反，毛奇龄回答说："所反者野史，非旧史也"，"某敢削储事哉！顾储实无此事。即此事故有之，顾在嘉靖三年武宗大行梁储去位之后，而为储事，冤乎？"① 毛奇龄所说的野史，指陈建《皇明通纪》及何乔远《名山藏》和李贽的《续藏书》等书，这些野史都说草敕事发生在正德十二年，然而《武宗实录》却不载此事。毛奇龄根据《世宗实录》三年所载秦王请地事，指出："则是野史所载储事，正窃借此事而影射以成文者。"② 可知毛奇龄也是以《实录》为指归并裁其"诬且滥"的。

潘耒对野史评价很高，认为："野史者，国史之权舆也。微野史，则国史无所依据。"③ 然而他撰明史《食货志》，先将明代《实录》有关食货部分通纂一编，然后下笔，他同样认为撰写《食货志》，必须"既以《实录》为主，又博采诸家著述、名臣奏议，与凡典章故实之书，次第节录，以备参考，必求如是而后可以无憾"④。

朱彝尊也不是如李晋华所说的"笃信"《实录》之人，他曾说："讵可止据《实录》一书，遂成信史也邪？"⑤ 但他又说："论者以革除靖难之事，载诸《实录》者皆曲笔（指《太祖实录》），无宁取之野史。然《实录》之失患在是非之不公，然人物可稽，岁月无舛，后人不难论定。至逊国诸书（指野史），往往以黎丘之鬼，眩人观听，以虚为实，以伪乱真，其

①② 刘承幹：《明史例案》卷五《毛西河奉史馆总裁札子》。
③ 潘耒：《遂初堂文集》卷六《交山平寇本末序》。
④ 刘承幹：《明史例案》卷六《潘次耕上某总裁书》。
⑤ 刘承幹：《明史例案》卷五《朱竹垞史馆上总裁第二书》。

不滋惑焉者寡矣。”①

毛奇龄、潘耒、朱彝尊是史馆纂修中的佼佼者，他们关于《实录》与野史关系的观点与万斯同一致，只是万斯同的论述比他们更为完整和系统，并自觉地上升为一大史法。这一史法，不仅是他自己修史经验的总结，也是修史诸纂修官经验的总结。

五、编纂明史的特殊方法——宁繁勿简

修史的繁简问题，历来就有不同的看法。荀子提倡“远略近详”②，然也有人力主省略，“迁叙三千年事，五十万言，固叙二百四十年事，八十万言，是班不如马也。”③刘知几不同意这一见解，他认为古略近繁，是由于“古今不同，势使之然也”④。他主张：“论史之繁省者，但当求其事有妄载，言有阙书，斯则可矣。必量世事之厚薄，限篇第以多少，理则不然。”⑤刘知几这一主张是正确的，得到后人的赞同。

但这一问题，在明清之际又重新提出来了，明袁中道主张：

> 修史之要有二：一曰“简”。今夫迁固史略，未若唐宋史之备也。然今之人熟唐宋之史者百无一二，

① 刘承幹：《明史例案》卷五《朱竹垞史馆上总裁第四书》。
②③④⑤ 浦起龙：《史通通释》卷九《烦省》。

> 而熟迁固之史者遍天下，则何也？《汉》、《史》要约易诵，而近代繁芜不可读也。①

袁中道认为史书只要记载“彼其人之有关法戒者”和“事之有关理乱者”就行了，至于“盐米杂事”根本不能写入史书。此外，“且史之作也，亦欲使后人诵而法之，若繁芜不可读，则人相与厌而束之高阁，又何用史？”②他否定盐米等杂事在史学上的重要意义，又从文学上主张“要约易诵”。这一说法是片面的。

简与繁这一问题，主要是因元人修《宋史》的繁芜令人不满而成为明清史学讨论中的一大问题。《宋史》详略失当，详于北宋而略于南宋，重复杂乱，有一人两传，有应立传而无传，又有无传而以为有传的；有一书而误为两书的，《纪》、《志》、《表》、《传》一事重见；曲笔隐瞒，文字舛错又很多。不仅《宋史》，明人所修的《元史》同样如此。顾炎武指出：

> 不知诸史之中，《元史》最劣，以其旬月而求，故舛谬特多，如《列传》八卷《速不台》，九卷《雪不台》一人作两传；十八卷《完者都》，二十卷《完者拔都》，一人作两传，几不知数马足，何暇问其骊黄牝牡耶？③

《宋史》、《元史》这种繁复情况，自然成了明史纂修时必

①② 袁中道：《珂雪斋集》卷二〇《史记》。

③ 刘承幹：《明史例案》卷八《顾亭林与公肃甥书》。

须讨论的问题。顾炎武上述的批评，就是针对讨论明史的体例和编写方法过程中，有人提出洪武初期修《元史》的故事而发的。基本上体现了万斯同修史思想而以徐乾学名义提出的《修史条议》的第十五条，曾谈到"《本纪》之体，贵乎简要"①，说《新唐书》的《本纪》追求文字简省，失之于略，《宋史》、《元史》的《本纪》追求史实的完备，而失之于繁。但这是谈《本纪》的写法，而未谈《列传》的写法。

万斯同对方苞说的"昔人于《宋史》已病其芜杂，而吾所述将倍焉"这句话是接上面一段"论世知人"言论之后，可知是对列传写法而说的。为什么他要一反前人对《宋史》芜杂的批评，甚至说要比《宋史》更繁芜一倍呢？他解释说："吾恐后之人务博而不知所裁，故先为之极，使知吾所取者有可损，而所不取者，必非其事与言之真而不可益也。"他怕后人只知摭拾史料，而不知这些史料的真伪而予以识别，所以先搜集大量经过他鉴定的真实史料，使后人知道这些史料只可以简约而不能再增加，因为他所不取的史料，"必非事与言之真"，即不是真实的史料。由此可知，他之所以宁繁而勿简，正是为了防止繁而失真，所以我们不能把他对方苞说的这段话理解为修史要"芜杂"，这仅是他修明史的特殊方法，其目的是使后人在简化他的史书后得以成为信史，他的"芜杂"是在"事信"这一原则指导下的，与《宋史》芜杂失真完全不同。

是什么情况使万斯同虽然知道"简之为贵"而还要使之"芜杂"而防止史实失真呢？主要有两点原因：

---

① 刘承幹：《明史例案》卷二《修史条议》。

一、明朝野史流行。全祖望曾说："明野史凡千余家，其间文字多芜秽不足录。"[①] 前面，已引用王世贞、钱谦益关于野史失实的言论，明史馆修史时，这一问题也自然成为人们注意所在。万斯同既认为野史有"诬且滥"的成分，但在史馆他无暇把这些野史一一鉴别，他只能在修史过程中对有关的野史去伪存真，把所有真实史料融化进去，而野史中这些珍贵的信史是极其丰富的。

此外还有一种无法裁别的情况，明末党争激烈，公说公有理，婆说婆有理，一时不易搞清楚。万斯同北上修史时，黄宗羲曾告诫他："是非难下神宗后。"[②] 碰到这类问题，也只好信以传信，疑以传疑了。当时顾炎武就主张："两造异同之论，一切存之，无轻删抹，而微其论断之辞，以待后人之自定。"[③]"惟是奏章是非同异之论，两造并存，而自外所闻，别用传疑之例，庶乎得之。"[④]

这样，万斯同所修明史，自然十分"芜杂"了。

二、外来对修史的干涉。上面一点，讲的是史料问题，而修史时又要碰到各种外来的干涉，从而影响"事信"。一种是纂修官的受人请托，钱名世就是一例；一种是上级的压力，比如明珠对《崇祯长编》的干预。为了防止因这类情况造成史实失真，万斯同就采用"先为之极"的办法，预先把真实的历史全部写入，以便后人知道此外的事迹决不是真实的。

---

① 全祖望：《鲒埼亭集外编》卷四四《与户玉溪请借钞表忠记书》。

② 黄宗羲：《南雷诗历》卷二《送万季野贞一北上》。

③ 顾炎武：《亭林文集》卷四《与次耕书》。

④ 顾炎武：《亭林文集》卷三《与公肃甥书》。

万斯同“先为之极”，还有一个埋藏于他内心的原因，即保存胜国的真实历史。鉴于庄廷鑨案中民间所藏大批有明一代史料的被毁，他希望通过这一办法，用合法手段来保存前明史实，这就是他“藉手以报先朝”的苦衷。

但他所说的“俗之偷”是无法防止的，他只知道万言因此而得祸，而不知道这种事竟发生在他眼皮底下。据阮葵生《茶余客话》中说，万斯同在其晚期，年老目昏，总裁王鸿绪请钱名世做他的助手，然而，“钱昼则征逐朋友，夕则晋接津要”，夜半始到万斯同房间，万斯同口授，钱据笔疾书，而“其间受请托，移衮钺，乘机损益点窜”，万斯同并不知道。又据姚范《援鹑堂笔记》，钱名世写好后，王鸿绪“持稿藏去，不留底本也”①。这样，由万稿变为王稿后，其间关键处的篡改，万斯同更想不到了。

王鸿绪后来的确删削万稿的“芜杂”而成他的《明史稿》。对万斯同原稿予以删削简化，这是应该的。因为万斯同之所以“先为之极”，原是为了“恐后之人务博而不知所裁”，从而“使知吾所取者有可损”，他的手定稿是供后人用以裁损的底本。问题是，自昭梿和魏源相继提出王鸿绪“增窜”万稿后，梁启超又扩而成为“攘窃”说，一度成为定论。近年来有些学者不同意这一说法，为王鸿绪翻案，否定王氏篡窃行为，并认为经王氏删改后，王稿比万稿为优。这两种对立的意见各有片面性，梁启超说：“《明史》长处，季野实尸其

---

① 姚范：《援鹑堂笔记》卷四三。

功，《明史》短处，季野不任其咎。”[①] 这一说法近于溢美。梁启超又说，以《横云山人集》为名的《明史稿》，是王鸿绪叫人刊印的，因而成为“偷书”者。其实，以板心雕《横云山人集》是王鸿绪卒后其子王国炜主持的事，所以“攘窃”说难以成立。然而，如果认为王鸿绪没有故意贬低万稿抬高自己的私心，那也不近事实。王鸿绪在《史例议》中说：

> 然则今之为史者，远乏前贤之著述，近无耆旧之可证，加以才学浅陋，论断寡识，欲比拟古人，万万不能。兹芟其繁芜，粗具梗概，共列传若干卷。[②]

“今之为史者”，主要指万斯同，因为万斯同是史稿的主编，他竟指摘万氏“才学浅陋，论断寡识”，似乎人家不知道自康熙三十三年至康熙四十一年他延请万斯同于家，委以列传的撰著和审定达八年之久的事实。他并以此为理由，来芟万稿的“繁芜”，这是万斯同始所未料的。

王鸿绪又说：

> 史馆原稿，立传过多，今删其十之四，然犹未免于瓜分豆剖也。传多则事必重见，重见则文不警策，而观者自倦矣。今若合《纪》、《志》参订，将

① 梁启超：《中国近三百年学术史》十五《清代学者整理旧学之总成绩(三)》六《史学》，第273页。

② 刘承幹：《明史例案》卷二《王横云史例议上》。

《列传》可削者削之，可并者并之，庶不致若《宋史》之烦而难阅，复益之以《明史》也。①

不至因《宋史》之繁而难阅复益之以《明史》，因而予以削并，这并不违背万斯同的原意。削并之后使文句警策，自然也是好事，万斯同也是主张“言文”的。问题是，应分析王鸿绪的削并是否正确，对文句是否起警策作用。

王鸿绪的修改，确有使文章更为精炼之处，但也有不该削而削的。如天一阁藏万斯同《明史稿》有《陈嘉猷》传，王鸿绪《明史稿》却无，为什么王稿不予立传？三十年代柳诒徵先生曾指出，这是因为《传》中“载天顺三年朝鲜国王李瑈与建州董山媾，私授以官，将为边患，嘉猷往责之”② 一事。原来董山是清太祖努尔哈赤的五世祖，王鸿绪因忌讳撤了万稿此传，他仅在《朝鲜》传中提到“建州三卫都督”与朝鲜勾结，寥寥二十余字，把董山的名字也删了。柳诒徵说：“赖此稿（万稿）存在，始可知其因系董山而讳之也。”③ 这是王鸿绪因忌讳删了不该删的地方，从而模糊了历史事实。又如万稿《王永光》传中很多重要内容也被他删了，如万稿关于王永光在泰昌和天启初年请停内府诸工和不同意客氏出府费用四千金二事，王稿全删，改为“颇有所执奏”④ 五字。王永光执奏的这两件事，特别后者，实关重要，因为由此可见王永光原非阉党人物，且可见其为政态度。王稿还把万稿在朝天

① 刘承幹：《明史例案》卷二《王横云史例议上》。

②③ 柳诒徵：《明史稿校录》，《江苏省立国学图书馆》第四年刊。

④ 王鸿绪：《明史稿》卷一三五《王永光》。

宫灾后，王永光所上的长疏，仅以“停刑、罢税”[①] 四字概括之。然王永光此疏，讲到如不停刑、罢税，则“人情之汹惧益甚，患生叵测”，“臣等既欲耕食凿饮，以农夫没世，亦不可得”[②]。说明王永光已预见明末之乱了，足见他是一位有远见的大臣。王永光这一疏很少见，万稿保留此疏，很有价值。此外，王永光上疏的目的，万稿也说得很清楚，是因周顺昌等系诏狱未死，“觊其生，故呼号益急”[③]。由此可见王永光虽“雅不喜东林”，但无门户偏见，欲营救东林人士，足见在当时也是一位识大体的大臣。王稿虽也讲到周顺昌等系狱未死，但仅说“永光疏上，忠贤辈愈怒”，对王永光上疏的目的，则含糊其辞。所以王稿的删削，难以“论世知人”，是不该删削的删削。

总之，万斯同“先为之极”，待后人删削而使之“简”，这是符合万氏原意的，也是应该的。梁启超将万稿说得完美无缺，固然不对，但如果因而褒王稿而贬万稿，那也不客观。王鸿绪于康熙四十八年致仕回乡，在家修史，自称：“因重理旧编，搜残外阙，荟萃其旧，复经五载，始得告竣。”[④] 康熙五十八年完稿，由其子进呈，他只不过在万稿基础上，花了五年功夫进行删润而已，可是万斯同自康熙十八年到四十一年，足足花了二十三年之久，可以说为修史鞠躬尽瘁，死而后已。王鸿绪在修明史中的作用，无论如何是不能与万斯同相提并论的。

---

① 王鸿绪：《明史稿》卷一三五《王永光》。

②③ 天一阁藏万斯同：《明史稿·王永光》。

④ 刘承幹：《明史例案》卷九《王横云进呈明史列传稿疏》。

六、反对官局修史

万斯同在与方苞长谈中，指出官局修史，“仓卒而成于众人”，无法选择其人有否才、学、识三长；而且各人分纂，容易“分割操裂”，由于好恶因人而异，致使有明一代治乱原因和人物的贤奸混淆不清，他对此表示强烈不满。万斯同反对官局修史，远受刘知几《史通》的影响，近据《宋史》、《元史》纂修的教训，并针对当时明史纂修中存在问题而提出的。

刘知几在《史通》卷一〇《辨职》和卷二〇《忤时》中提出反对官局修史的主张，唐时官局修史的情况与清初明史馆修史情况并不相同。如唐时由史官自采史籍，监修者又不予分工，修史者往往尸位素餐，史馆成了偷闲者的奥窟。这些缺点和流弊，清初并不存在，明史馆购求遗书，开馆不久即发凡起例，各纂修官也大抵勤奋负责。但是刘知几提出的官局修史“不可有五”[①] 中存在的有些问题，在清初也以不同情况表现出来。例如监修问题，刘知几说：“顷史官注记，多取禀监修，杨令公则云‘必须直词’，宗尚书则云‘宜多隐恶’。十羊九牧，其令难行；一国三公，适从何在？其不可四也。”关于这一段的大意，清浦起龙解释说：“谓古人作史，是非进退得自主张，近则例设监修，禀承牵制，无从下笔。”[②] 如前所述，万斯同在史馆虽然“不居纂修之名，隐操总裁之柄”，但他的权柄是受监修和总裁牵制的，在是非进退的关键问题上不得自作主张。万斯同所说“招市人而谋室中之事”，

①② 浦起龙：《史通通释》卷一一《忤时》。

“吾恐众人分割操裂”的情况，其中也指监修和总裁们。

自康熙十八年到四十一年万斯同逝世前，任监修和总裁的有徐元文、叶方蔼、张玉书、李霨、汤斌、徐乾学、王鸿绪、王熙、陈廷敬、张英、熊赐履十一人，他们都官至尚书、大学士，并非专领史事，其中有些人任期不长，对史事不大过问。虽然如此，他们往往发表自己的意见，于是人言言殊，一国三公，使这位无总裁之名而行主编之实的万斯同受到极大牵制。他们的意见，单从史实的体例看，就有明太祖与韩林儿的关系、明太祖多次杀戮功臣的大狱、建文逊国、大礼仪、明末三案、儒林与道学、对王学的评价、明末忠义、南明福、唐、鲁、桂诸王书法、宦官专权等等，他们的这些意见与万斯同并不一致。如关于道学与儒林的分传、否定建文出亡、南明诸王的书法，徐乾学、徐元文兄弟的主张与万斯同就不同。

至于与王鸿绪的分歧，那就更多了。如韩林儿与明太祖的关系问题，王鸿绪认为，若因明太祖曾奉韩林儿名号，“便当奉林儿为君，明太祖为臣，则九江王之杀义帝、德庆侯（廖永忠）之沈林儿，千古有同罪矣，明太祖其心服乎？”① 他还直斥韩林儿“潜号，扰乱中原”，“蹂躏南北”②。而万斯同与之相反，他斥责的是廖永忠之“逆”，肯定韩林儿下中原、坠上都推翻元朝的首发难之功。钱谦益在《太祖实录辨证》中对刘基撤韩林儿御座不拜说表示怀疑，说：“是时上方奉龙凤正朔，承制行事，文成（刘基）不应孟浪若此。”③ 王鸿绪对

①② 刘承幹：《明史例案》卷二《王横云史例议上》。

③ 钱谦益：《牧斋初学集》卷一二〇。

钱氏的说法大不以为然，反驳说，明太祖那时“已帝制自为”，“文成不奉牧竖之谈，正是默契太祖。”① 然而万斯同却认为在刘基撤座之前，明太祖亲奉龙凤年号，“太祖身未讳，而史官无识，致没其意，甚可恨也。”② 王鸿绪关于韩林儿问题的意见，处处与万斯同相反。王氏思想深处，不仅站在封建地主阶级立场，对农民起义领袖予以鄙视和诬蔑，而且是为了取媚于满清贵族，因为清廷是在镇压李自成、张献忠部后在全国建立统治的。钱谦益在《太祖实录辨证》中有“龙凤戊戌克婺”③ 的写法。王鸿绪指责说：“是直欲吴元年以前书龙凤矣。”④ 他认为：“若林儿本非宗室之裔，而太祖亦非真伪宋之臣，其时顺帝在上，国步未移，而林儿先亡。”⑤ 因而力主在吴元年前书元的纪年。姑无论王鸿绪的说法正确与否，当时尊元即尊清是一目了然的，这种思想自然与万斯同水火不相融。

王鸿绪还长篇大论驳斥建文逊国说，这一观点也是与万斯同相牴牾的。他处处为明成祖辩护，当时就有人不理解，问他：“然得无偏袒成祖乎？”王鸿绪为什么如此热衷于建文自焚说？后来礼亲王昭梿揭发他：“于永乐篡逆及姚广孝、茹常诸传，每多恕辞，而于惠帝则指摘无完肤，盖其心有所阴蓄，不觉流露于书。”⑥ 所谓“心有所阴蓄”，指的是他党于八王子胤禩而力陷太子胤礽，所以袒王子朱棣而贬太孙建文帝朱允

①④⑤　刘承幹：《明史例案》卷二《王横云史例议上》。

②　万斯同：《石园文集》卷八《追记先世所藏令旨事》。

③　钱谦益：《牧斋初学集》卷一二〇《太祖实录辨证一》。

⑥　昭梿：《啸亭杂录》卷二《王鸿绪》。

炆。此外，他不但主张福、唐、鲁、桂南明诸王附于崇祯《本纪》之后，而且明确宣称，甲申以后“以大清顺治纪年，明季诸王年号止一见于《传》中而不以纪年”①。这与万斯同的主张更大相径庭。王鸿绪的《史例议》虽发表于万斯同卒后，但可以推想，在万斯同生前，这位总裁与其所聘主编之间的见解就大有分歧了。但在万斯同生前，他没有把这一矛盾公开化，这是因为万斯同是一位布衣，来去自由，且他的威望名重一时，王鸿绪也不大敢得罪他。但万斯同一死，他就不留情面了，竟然不点名地批评万斯同“才学浅陋，论断寡识”。其实，在龙凤年号、建文逊国、南明书法牵涉到对兴朝态度这三大问题上，万斯同的才、学、识远在王鸿绪之上。清廷修明史，其目的是为了拉拢汉知识分子，缓和民族矛盾，然其首要原则是必须有利于满洲贵族的统治，康熙帝七次过问明史修纂情况，而且“详阅”② 所呈史稿。庄廷鑨案为时不远，种种忌讳万斯同岂不知道。因此他同方苞说的“使一代治乱贤奸之迹暗昧而不明”的更重要原因不在于分修诸人，因为他们虽也有割裂的可能性，但最后还须经过万斯同寓目，可以防止。但总裁、监修乃至君主“分割操裂”，他就无能为力了。不过他反对官局修史的这一原因，是不便对方苞说的。

当然，招市人而谋室中之事的，也指分纂明史的这些编修和检讨们。刘知几曾指出由于监修的平庸，引进了平庸的史官，监修们“必恩幸贵臣，凡庸贱品”，所以“故凡所引进，皆非其才”。浦起龙解释说：“言惟领局寡识，遂致所引非

① 刘承幹：《明史例案》卷二《王横云史例议上》。
② 刘承幹：《明史例案》卷一《圣祖仁皇帝谕》。

人。”[①] 清史馆监修，虽也属“恩幸贵臣”，但非庸品，不过纂修宫中，确有庸才。康熙十八年三月，诏试博学鸿儒，中式一等有彭孙遹等二十人，二等有李来泰等三十人，分别授编修、检讨等官，同修明史。这五十人中颇多饱学之士，也有不少才华横溢的才子。但才子未见得有史才，如陈维崧，史称其诗“雄丽沉郁”[②]，自唐开元、天宝后，无人能与之抗衡，但修史则不行。其中有些人既无文才，又无史识，在修史中默默无闻者颇多。万斯同好友郑梁对康熙十八年诏试博学鸿儒事颇有所揭发说：“博学鸿儒本是名，寄声词客莫营营。比周休得尤台省，门第还须怨父兄内多势要子弟。补牍因何也动心，纷纷求荐竟如林。总然博学虚名色，袖里应持廿四金闻鸿博一名，价值廿四两。”[③] 所以鸿博中也有不少虚有其名的。万斯同至京修史时，也发现了其中有些人是庸才。他在《悼董在中》诗中说：“樗栎多为庙廊用，梗南岂意反见摧。”[④] 把史馆中的这些史官，比喻为犹如樗栎那样的无用之才。

明史馆樗栎与梗南并用，而对梗南，又不用其所长。纂修官撰写的分工，用“阄派”选题的办法。尤侗说，这五十位纂修官，“分为五班，自洪武至正德编次亦如之。……凡《本纪》、《列传》，总裁与诸君子酌定阄派，虽有名卿钜儒，心所慕好者，不敢越俎而问焉，故所传者寥寥数人而已。将卒业，又分嘉、隆、万为一编，泰、启、祯为一编，则错综其

① 浦起龙：《史通通释》卷一〇《辨职》。
② 《清史稿》卷四八四《文苑一・陈维崧》。
③ 郑梁：《寒村诗文选・寒村五丁诗稿》卷一《告求举博学鸿儒者》。
④ 柴永棋：《四明儒林董氏宗谱》卷一四。

姓氏，而阄派亦如前。”①

这种阄派方法，正如万斯同所批评的，不是按各人“材之宜与事之习”予以分工，有些纂修官当然很不满意，他们就私下撰著，过了一段时间，也可能上呈监修，以作参考，于是发生了“杂乱”现象。如《文皇本纪》为朱彝尊拈得，《艺文志》为尤侗拈得，可是陆棻又撰《文皇本纪》及《艺文志》，黄虞稷也撰《艺文志》，此外，尤侗、张烈、毛奇龄都撰有《王守仁》传；乔莱、倪灿既撰《崇祯长编》，而万言又独力别成一编。

分工既不按所长，成文又十分仓卒，据李晋华考证，自康熙十九年正月到二十年六月，自洪武至正德各朝列传已完稿呈上；自二十年六月至二十一年四月，不及一年，泰、启、祯三朝史又完成；自二十一年四月到二十二年春，嘉、隆、万三朝史稿，也次第呈上。为时仅三年，明史初稿已基本完成，这自然十分草率，错误不少。这种情况纂修官自已也承认如方象瑛说：“启、祯以后，书传无征，间有纪载，未可遽信，虽缀成篇，尚多舛漏。”② 朱彝尊则建议不要匆促呈稿，“不然朝呈一稿焉，夕当更，此呈一稿焉，彼或异，若筑室于道，聚讼于庭，糠莊杂揉，嵌罅分裂，记述失序，编次不伦。”③

康熙二十二年以后，总裁就要对各纂修官所呈大量初稿予以修改，“其纂修草稿已完者，呈分任专阅，后再互加校

① 刘承幹：《明史例案》卷八《尤西堂明史拟稿叙》。

② 引自李晋华：《明史纂修考》第 67 页。

③ 刘承幹：《明史例案》卷五《朱竹垞史馆上总裁第三书》。

订”[1]。这一任务，自然主要落在“不是总裁的总裁”的万斯同身上，所以万斯同对“仓卒而成于众人”因而“糠麸杂揉”的这些初稿，自然感到十分头痛，不得不感到官局修史问题百出了。

万斯同在与方苞谈话中提出的“事信而言文”、“论世知人”、“平心”、以《实录》为指归而参伍以野史、宁繁勿简、反对官局修史这六点，主要是他编纂明史的经验总结，基本上属于历史编纂学的方法论问题。

七、关于史表

除了与方苞所谈的六点外，万斯同的历史编纂学尚有几点值得注意。首先是关于史表的问题。

史应否有表，历来有所争论，司马迁《史记》首作十《表》，班固《汉书》继之，而范晔《后汉书》重在《列传》，废《表》不作，以后三国、南北朝诸史书都无《表》。唐刘知几提出废表的理由，他认为史书应“文尚简要，语恶繁芜”，而《史记》既有《本纪》、《世家》、《列传》，其中有关“祖孙昭穆，年月职官，各在其篇，具有其说，用因考核，居然可知，而重列之以《表》，成其烦费，岂非谬乎”？他轻视《表》的作用，“得之不为益，失之不为损”[2]，列于史书，重沓累赘。不过，刘知几并不全都否定表的作用，认为在分裂年代，如春秋、战国、十六国时期，作《表》可以使“诸国

① 汤斌：《汤子遗书·题明史事疏》。

② 浦起龙：《史通通释》卷三《表历》。

分年，一时尽见”，起“甄明”的作用。[①] 刘知几此说一出，以后除《新唐书》外，诸史都无《表》，而《新唐书》的《表》也极其简单。

然而刘知几也有自相牴牾之处，他在前面既说司马迁作《表》太烦费，“语其无用，可胜道哉！”[②]可是在后面又说：“观太史公之创《表》也，于帝王则叙其子孙，于公侯则纪其年月，列行萦纡以相属，编字戢孴而相排，虽燕、越万里，而于经寸之内犬牙可接；虽昭穆九代，而言尺之中雁行有叙，使读者阅文便睹，举目可详，此其所以为快也。”[③]他两歧其说，致为后人所驳，朱彝尊就引用刘知几的矛，以攻他的盾，认为刘氏废《表》，“岂笃论乎？”[④]

万斯同不同意刘知几轻视史表的观点，他作了好些史表，有《补历代史表》、《明史表》、《历代宰辅汇考》、《儒林宗派》等六种，其中有几种已佚。《列代纪元汇考》，即现代《中国历史纪年表》之类的书，他的纪元从唐尧元载甲辰开始，到明崇祯甲申国亡止，自注：“共四千零一年。”[⑤] 为什么尧元年在甲辰？万斯同在后面注释：“按帝尧元载，《竹书纪年》在丙子，罗泌《路史》在戊寅，章俊卿《山堂考索》在癸未，今据皇甫谧、邵康节、金仁山之说，定为甲辰。”[⑥]至于周的诸侯纪年，他据《史记》，说：“按《史记·十二诸侯年表》，始于共和元年庚申，其前不可考，今因之。”[⑦]

---

①② 浦起龙：《史通通释》卷三《表历》。

③ 浦起龙：《史通通释》卷一六《杂说上》。

④ 万斯同：《补历代史表》卷首《朱彝尊序》。

⑤⑥ 万斯同：《历代纪元汇考》卷一《夏》。

⑦ 万斯同：《历代纪元汇考》卷四《周下》。

但此书比现代的历史纪年表稍详，比《大事年表》之类又略。首先，在每一朝代后都注明共历几个皇帝及其享年数，如："右宋十八帝三百二十年。"① 比较复杂的，则附注，如在前汉，他注："右汉十三帝二百一十年，附伪新十五年，更始一年，共二百二十六年。"② 其次，每一朝代开国几年中的割据情况及统一大事都予以注明，如"唐戊寅高祖武德元年"条，表中注明："魏李密水平二年八月降唐。永乐郭子和丑平二年六月降唐，西秦薛举秦兴三年十一月亡。……子仁杲立，梁萧铣鸣凤二年四月称帝，许宇文化及天寿元年，楚朱粲昌达元年，凉李轨安乐元年，燕高开道始兴元年。"③ 武德二年则注："隋皇泰二年四月亡。许天寿二年二月亡，楚昌达二年二月亡，秦王世充开明元年，梁沈法兴延康元年，吴李子通明政元年。"④ 再次，每一朝代灭亡原因也予说明，如秦："乙未，子婴元年，十月沛公入关，出降，秦亡。"⑤ 再如，晋恭帝"庚申，二年，六月刘裕篡位"⑥。最后，每一朝代中帝位的变化也注明，如"庚子，三年，正月帝崩子彻立。""辛丑，武帝建元元年。历代年号始此。"⑦ 又如，唐"甲申，中宗嗣圣元年，二月帝被废，旦立，睿宗文明元年，九月改，光宅元年，武后称制"。然后为"武后垂拱元年"，直至周"乙巳，神龙元年，正月，中宗复辟，不改元，武后死"⑧。万斯同的好

---

① 万斯同：《历代纪元汇考》卷七《宋》。

② 万斯同：《历代纪元汇考》卷五《汉》。

③④⑧ 万斯同：《历代纪元汇考》卷六《唐》。

⑤ 万斯同：《历代纪元汇考》卷四《秦》。

⑥ 万斯同：《历代纪元汇考》卷五《晋》。

⑦ 万斯同：《历代纪元汇考》卷四《汉》。

友温睿临称赞此书："起唐帝尧元载甲辰，讫明崇祯十七年甲申，四千年之间，以年为经，以历朝纪元为纬，令人一展卷而历数长短，年代久远，一统分割，禅继正伪，了如指掌。"①

万斯同此书取材广博，温睿临把此书与其他有关同类书籍作比较说："昔之萃聚列代者有《世纪通历》、《通要》、《通谱》、《通载》、《帝统举要》、《历稽古录》、《年代录》、《疑年录》、《甲子编年》、《纪年》、《世运录》，总皆纪年之书，而浩衍繁多，阅者不能举其数，行笈不能载其书，其简而该者，无如此编。"②说明此书有"简"和"该"的特点，是比他书更为方便的工具书。

值得注意的是，此书把明亡断限放在崇祯甲申十七年，注明，"右明十六帝二百七十七年"③，为什么不把南明列入明纪年呢！岂非与他向刘坊说的明享国"二百九十三年"自相矛盾？这是因为此书为万斯同嘱温睿临与陈正心刊刻，准备公开印刷的，自然不能与清廷以甲申为清顺治元年相对抗。康熙就曾下谕史馆，明白指出："有明受历二百七十余年。"④而万斯同与刘坊所说"二百九十三年"，这是两人的私房话。不过，万斯同在这本书的卷七《宋》关于南宋灭亡的纪年中这样写道："乙亥，恭帝德祐元年。"注："三月蒙尘，弟昰立，端宗景炎元年。"然后在"戊寅三年"条注："五月崩，弟昺立，末帝祥兴元年。"在"己卯，末帝祥兴二年"条注："二

①② 万斯同：《历代纪元汇考》卷首《温睿临序》。

③ 万斯同：《历代纪元汇考》卷八《明》。

④ 刘承幹：《明史例案》卷一《圣祖仁皇帝敕谕》。

月，国亡。”[①]下面则为元纪年，“庚辰，世祖至元十七年”[②]。他这一书法，与徐乾学《修史条议》第三十七条“庄烈愍皇帝《纪》后，宜照《宋史·瀛国公纪》后二王附见之例，以福、唐、鲁、桂四王附入”[③]的主张不同，也与后来王鸿绪《史例议》力主甲申后应按《宋史》例，“而以瀛国公标题，革宋之帝号，从元之公爵，而仍附于《本纪》之末”的意见相左。由于宋末二王与明末四王相似，所以这一书法的不同反映了对清廷态度的各别，也清楚地说明了万斯同晚年仍保持着强烈的民族意识。

万斯同所作史表中影响最大的为《补历代史表》。在该书写作过程中，其初稿已在甬上证人书院的师生中流传，除黄宗羲外，李文胤、万言都为它作序。而且此书在万斯同生前已刻于昆山徐氏传是楼，早为他人所传阅，朱彝尊也有序。关于这本书的内容，《四库全书总目提要》曾作如下介绍：

> 是编以十七史自《后汉书》以下，惟《新唐书》有表，余皆阙如，故各为补撰，宗《史记》、《前汉书》之例，作《诸王世表》、《外戚侯表》、《外戚诸王世表》、《异姓诸王世表》、《将相大臣》及《九卿年表》。宗《新唐书》之例，作《方镇年表》、《诸镇年表》，其《宦者侯表》、《大事年表》则斯同

① 万斯同：《历代纪元汇考》卷七《宋》。
② 万斯同：《历代纪元汇考》卷七《元》。
③ 刘承幹：《明史例案》卷二《徐健庵修史条议》。

自创之例也。[1]

《四库全书总目提要》认为："十六国如成、赵、燕、秦，既有《将相大臣年表》，则十国如南唐、南汉、北汉、闽、蜀不当独阙。"[2]这一看法错了。因为四库馆所收的为黄登贤家藏本，此本并非完书。民国期间，张寿镛在宁波冯贞群伏跗室藏书楼中发现此书的另一部分遗稿与广雅书局刻本互相补充，则十国《将相大臣年表》除闽以外并未阙。

梁启超在《中国近三百年学术史》中说："此书从汉起至五代止，独无西汉及唐，以《汉书》、《新唐书》原有表也。"[3]梁启超这一说法也有误，《补历代史表》的四明丛书本有《汉将相大臣年表》，所说的"汉"即西汉。又有《唐功臣世表》、《唐将相大臣年表》、《唐边镇年表》、《唐边境十道节度使年表》、《唐诸蕃君长世表》、《唐宦官封爵表附武氏诸表》等，十分详尽。此本于五代后有《宋大臣年表》、《辽诸帝统系表》、《辽大臣年表》、《金诸帝统系图》、《金将相大臣年表》及《金衍庆宫功臣》等表，则止于宋、辽、金，而非止于五代。

然而万斯同所作史表，尚不止于此，据李文胤说："又尝作开国以后至监国、行朝功臣将相内外诸大臣年表。"[4]万言也说他的史表，"尤详于明，自内阁九卿以至卿贰督抚。并留都亦备列焉。"[5]"开国以后"，当指《明史表》和《明历朝

---

①② 《四库全书总目提要》一一《史部》六《别史类》。

③ 梁启超：《中国近三百年学术史》，第284页。

④ 李文胤：《杲堂文钞》卷一《补历代史表序》。

⑤ 万言：《管村文钞》卷一《历代史表序》。

宰辅汇考》，已收于张廷玉《明史》内，而《监国》、《行朝》自然是指福、唐、鲁、桂四王，但这部分年表已佚。

《四库全书总目提要》指出《宦者侯表》和《大事年表》为万斯同所独创。但他创新不仅于此，四明丛书本中尚有《唐宦官封爵表》，其中附《武氏诸王表》。唐初武氏诸王，因武后擅权及其创立周朝而飞黄腾达，具有极大的政治影响，这种情况为历代所无。万斯同按照各朝具体情况不同而创立新的年表体裁，具有相当的史识。又如《新唐书》的《方镇表》，只列管辖地区而未列人名，而《补历代史表》的《唐边镇年表》，则以人为主而地区为次，使节度使的去就一目了然。历史是人创造的，万斯同这一革新，其史识确实卓越。还应指出，司马迁因为秦楚之际的五年内，“号令三嬗”[1]（指陈胜、项羽、刘邦），事变频繁，仅年表不足以尽历史大事，于是创立《秦楚之际月表》，但司马迁这一创举，为后人所忽略，仅南宋谢翱采“独行”作《秦汉之际月表》，然已佚。万斯同继承了司马迁这一史法，不仅在鼎革之际，而且在每一朝代内发生的大事，也注以月份。如《唐将相大臣年表》的武德九年条，第一格：“九年丙戌、六月，太子建成、齐王元吉与秦王世民战败被杀，八月，帝禅位于秦王”；第二格：“世民，六月立为皇太子，八月即帝位。元吉，二月迁司徒，六月被杀”[2]。他甚至注出大臣的迁除月份，如《宋大臣年表——北宋》的“同中书门下平章事”一职，在宋神宗熙宁条：“三年庚戌，公亮（曾公亮）九月罢为集禧观使。升之（陈升之），

---

① 司马迁：《史记》卷一六《年表第四·秦楚之际月表》。

② 万斯同：《补历代史表》卷三《唐将相大臣年表上》。

十月丁母忧。韩绛，十二月吏部尚书命。王安石，十二月礼部侍郎命”，“四年辛亥，绛，三月出知邓州”。“七年甲寅，安石，四月出知江宁府。韩绛，四月吏部侍郎命”；“八年乙卯，绛，八月出知许州。王安石，二月吏部尚书命”；“九年丙辰，安石，十月出判江宁府”[①]。这样，把王安石的执政和外放岁月，都交待得很清楚。

万斯同作此表，如此详尽，说明他取材亦极其广博，正如《四库全书总目提要》说的：“其书自正史《本纪》、《志》、《传》以外，参考《唐六典》、《通典》、《通志》、《通鉴》、《册府元龟》诸书及各家杂史，次第汇成。”[②] 由于此书上述特点和博搜诸史，所以在万斯同生前，就受到不少人的称赞。黄宗羲赞为“不朽之盛事，大有功于后学”[③]。李文胤指出万斯同编辑此书的不易，他说：

> 夫兰台生于东汉，去西京不远，本朝文献方策未亡，然其《王子侯表》，尚有失书侯所食邑名者，某人嗣不具年月者；《百官表》有姓名不具者，失载迁免者，俱为史之阙文。今季野生千载而后，惟从史传鉴本中精览详稽，心通本末，定其世次岁月，以补前人所未有，其事益难。[④]

① 万斯同：《补历代史表》卷九。

② 《四库全书总目提要》——《史部》六《别史类》。

③ 黄宗羲：《南雷文定四集》卷一《补历代史表序》。

④ 李文胤：《杲堂文钞》卷一《补历代史表序》。

朱彝尊则以“揽万里于尺寸之内，罗百世于方册之间”① 十六字概括之。这一概括，扼要而又生动地指出了此书的特点。他又指出：“俾览者有快于心，庶几成学之助，而无烦费无用之失者。”②他是针对刘知几在《史通》的《表历》里指责设表“烦费”、“无用”而说的。

钱大昕在其所作《万先生斯同传》里，提到万斯同曾论史表说：“史之有《表》，所以通《纪》、《传》之穷。有其人已入《纪》、《传》而表之者，有未入《纪》、《传》而牵连以表之者，《表》立而《纪》、《传》之文可省，故《表》不可废。读史而不读《表》，非深于史者也。”③ 钱大昕这段话，在万斯同所有著作中都找不到，却发现在王鸿绪的《史例议》中。王鸿绪先引用刘知几的“烦费”说以及“得之不为益，失之不为损”句后说：

> 然有其人入《纪》、入《传》而表之者，有未入《纪》、未入《传》牵连以表之者，是《表》所以通《纪》、《传》之穷也，庸可废乎?④

钱大昕只不过把王鸿绪这段话的次序颠倒了一下，再加上“《表》立而《纪》、《传》之文可省”及“读史而不读《表》，非深于史者也”两句话而已。王鸿绪这段话与万斯同提倡史表并没有矛盾，但是把这段话引入万斯同传而移花接

①② 万斯同：《补历代史表》卷首《朱彝尊序》。
③ 钱大昕：《潜研堂文集》卷三八。
④ 刘承幹：《明史例案》卷二《王横云史例议上》。

木，变成了万斯同的话，那就有失实事求是的精神了。

八、提倡会通

万斯同治史，出于经世的目的，对古今经国的重大方针政策和措施，力求做到"详究其始末"，这就决定了他历史编纂学的一项重要内容和研究历史的一条重要方法——会通。

关于会通，章学诚曾作了解释，他说："《说文》训通为达，自此之彼之谓也。通者，所以通天下之不通也。"① 那末，如何变不通为通，自此而彼呢？这就需要"会"，即会合不同对象（异、不通）予以比较，区别其异同，于异中求同，"以类相从，而义非专一"②，取其所同，才能自此之彼，予以贯通。《易·系辞上》所谓："圣人有以见天下之动而观其会通。"③ 孔颖达解释"会通"为"会合变通"④。会通可说有两种，一种是会合不同对象而折衷，求其所同，姑名之为"贯通"；一种是会合某一对象的历史变动，考察其始末而发现其规律，或总结其经验教训，即"变通"。

万斯同没有对会通作理论上的解释，但他一生著作，除《明史稿》外，多属会通性质，如《读礼通考》、《儒林宗派》、《庙制图考》、《讲经口授》以及《群书疑辨》中的有关礼学的文章。《读礼通考》已掺入他人的观点，无法证引，《儒林宗派》为学术通史之作，在第四章已分析，这里不赘。今举其他几种予以说明。

---

①② 章学诚：《文史通义》卷四《释通》。

③④ 《周易正义》卷七，《十三经注疏》1987 年版。

万斯同在《庙制图考》中，汇集了自夏、商、周三代一直至明的宗庙制度变迁的历史，胪列韦玄成、刘歆、郑玄、王肃、孙毓、贾公彦等人对周代庙制的不同理解，然后予以折衷，提出自己的观点，他说：

> 宗庙之制，众说纷然，帝王制礼，亦因之有异。自非折衷群言，曷由归于一是！综其大概，得数端：太庙居北，昭穆分列，以次而南者，孙毓之说也；太庙居中，群庙并列，无分上下者，贾公彦之说也；周制七庙，并数文武世室者，韦元成、郑康成之说也；周制七庙，不数文武世室者，刘歆、王肃之说也。彼皆引《经》证传，各有依据，而王、郑两家尤为众说之鹄。自同堂异室之制兴，近亲四庙之典定，先王遗意殆无复存。欲昭盛代之规模，必复元（玄字之讳）公之制作。采《王制》七庙之文，参刘氏三宗之说，会而通之，典礼斯在。①

万斯同对上述各家对周庙制的不同说法，会而通之。《礼记·王制》记有天子七庙，郑玄（康成）解释为：始祖后稷庙，文王、武王庙，这三者是不祧之祖，加上高祖、曾祖、祖、父四庙，共七庙。刘歆、王肃则认为，天子七庙是正法，但其他天子如有大功德，虽不称祖，亦可称宗，如商有三宗，即太宗太甲、中宗太戊、高宗武丁，其庙也不可毁。万斯同折衷郑玄三祖七庙说和刘歆、王肃的三宗说，主张天子七庙，其

---

① 万斯同：《庙制图考·庙制图考题词》。

他有大功德的帝王也可立庙，这是会通中的“贯通”。

但是先王庙制，在汉以后，时移世迁，情况发生变化，万斯同历考自秦汉至明历代帝王庙制的变迁，最后作如下总结：

> 按后代之礼制，悉取法于周，不知周之祖宗，实与后代异。如周以后稷为始祖，则推之配天，宜也，后代之始祖，有若有稷者乎？周以帝喾为自出之帝，则推之享禘，宜也，后代自出之帝，有若帝喾者乎？周以文王为始受命之君，则推之配上帝，宜也，后代开创之君，其祖考有若文王者乎？数者无一焉，而事事欲取则之，多见其无识也。盖周非特世为诸侯，抑且代有圣哲，故禘、郊祖宗诸大典行之而悉宜。自封建之法废，天下无有国之君，其初登大宝者非权臣篡位，则布衣崛起，当其微时，原不知有始祖，故一旦在位，故尊崇之而不可得，不得已而立四亲庙，祀其高、曾、祖、考，而特虚始祖位，待数传后四祖尽祧，以开创者为始祖……而其前数世庙中实无始祖，始祖且无，安得有自出之帝？一切禘郊诸礼，不行则缺典，行之则无其人。其时之儒者犹执古义……多援前世姓同而贵显者以为即其远祖。……呜呼！宗庙之内且不知世祖为何人，而欲肇举大典以合周制，不亦愚哉！①

万斯同一口气畅述自封建之制变为郡县之制后，帝王情

① 万斯同：《庙制图考》第95—96页。

况发生变化，宗庙之制决不能泥古了，于是他说：

> 然则当何如？曰："创业之君，其实必有常祀之祖，即推其最尊者以为始祖，其下祖考各立庙祀之，而复古七庙制。他日创业者升祔，尊居一庙，与始祖之庙俱百世不迁，其他以次递迁，一如周制，郊天则创业者配，大祫则始祖居东，而禘即奉始祖之父，庶乎其可也。"①

这是万斯同从历代帝王庙制的变化中得出的变通办法，属会通中的"变通"。

《四库全书总目提要》指出《庙制图考》"统会经史，折衷庙制"②，称赞万斯同"通贯古今，有条有理，不可谓非通经之学也"③。作者看出了万氏经史之学的会通特征。

万斯同的《讲经口授》完全是"见天下之动而观其会通"的变通之作，讲的主要是历代田赋和兵制的变迁，本书前面已谈及，这里再举两例来说明：

一、关于苏松田赋之重的原因。

他说：

> 苏松田赋之重，由于官田，官田之所以多者，其一，由宋贾似道因国用不足，制为关子，仿交子、会子之制，以鬻民田，其时两浙、江西皆行，而平江

① 万斯同：《庙制图考》第96页。

②③ 《四库全书总目提要》一六《史部·政书类二·庙制图考一卷》。

即苏州独多，时包恢知平江府，最酷，制炮烙之刑，勒民鬻田，故其田入官者独多，此官田之一也；其二，兀时封大功臣十人，谓之十投下。元世祖既定天下，以江南田赐大功臣，故苏松之田皆属十投下。十投下各令其家臣收租，又多买民田为己田，亦名曰“达鲁花赤”，此官田之二也；其三，张士诚割据扬州、苏、松、杭、嘉、湖、绍等处，其宗族亲戚尽买苏松之田。及明太祖灭士诚后，其田尽入于官，此百田之三也；其四，明太祖初年，以此田赐功臣为庄田，及功臣诛戮后，并其自置田尽入于官，此官田之四也；其五，苏、松豪强兼并之患最多，明太祖起家寒微，深恨豪强之家，即位后，籍没沈万三、倪云林等田，尽入于官，此官田之五也。有此五者，苏、松强半皆官田矣。又加以太祖恶吴民为张氏坚守，故其田赋敛仍张苛政之旧，不与减租。[1]

这段话可以称为“宋元明苏松田赋通史提要”。他分析苏松田赋沉重的多种历史原因后，自然得出减赋迫切性的结论。所以他接着就历述建文帝欲减租而不克行，明成祖取消建文帝的变法措施，洪熙（明仁宗）也有轻赋之意而未果。到了明宣宗时，任用周忱、况钟，减轻苏州粮额。周忱之后，邹来学、李秉、崔恭等，“渐均官田之最重者，加于民田之最轻者。至嘉靖年间，巡抚欧阳铎、知府王仪尽均官民田之粮。”[2]

① 万斯同：《讲经口授》第18—19页。

② 万斯同：《讲经口授》第19页。

这又是苏、松田赋减轻的通史提要。

二、关于自周至唐“天子无养兵之费”问题。

万斯同指出，周时百姓出军之制，即司马法的四井为邑，四邑为邱，四邱为甸，一甸出甲士三人，步卒七十二人，相当于七家出一人。至春秋时，鲁成公作邱甲，增百姓出军之数。然后，他讲述汉时的“过更”之制，指出：“一人长年戍边，计得钱三万六千，假如一邑有十万丁，每年得过更钱三千万，计可养兵八百三十三人。汉平帝元始年间，天下口五千九百六十万，计养兵五十万。总之，养兵之费即出于过更之赋，天子不必自为养兵也。”① 最后，他讲到唐的府兵制：“计六家出一兵，即周寓兵于农之意。……至于天子无养兵之费，总与前代无殊。”②

他通过“以类相从”，历述自周至唐寓兵于农而天子无养兵之费的兵制，是为了比较宋朝的召募兵制。他说：“宋时天下之兵，皆出于召募，而聚于京师，故尽天下之财力以养兵，其费独重。”③ 他总结的教训是：“自汉至隋唐，天子俱无养兵之费，养兵自宋始，故国贫而民赋重。”④

上述两个例子，说明万斯同从历史的变化中取其不变（自宋至明，苏、松田赋之重；自周至唐，天子无养兵之费），再从不变中取其变（苏、松田赋在明宣宗后逐渐减轻；宋开始全用召募兵制，天子养兵之费从无到有），然后会而通之，

---

① 万斯同：《讲经口授》第 23—24 页。

② 万斯同：《讲经口授》第 28 页。

③ 万斯同：《讲经口授》第 33 页。

④ 万斯同：《讲经口授》第 24 页。

得出苏、松田赋减轻的利民和天子养兵费之多造成国贫民困的历史教训，这属于变通。

从上可知，会通是万斯同史学的一大特色。

九、方志编纂法

万斯同把方志视作史学的一种，因此，方志编纂法是他历史编纂法的一部分。他在这方面的见解，主要反映在《与李杲堂先生书》中，其论点摘要如下：

> 吾郡人才，至宋而盛，至明而大盛。近者鼎革之际，更有他邦所不及者，是不可无以传之。愚尝有其志焉，而苦力不能为也。……前朝人物，其显著者既已备列于国史，其侧陋者，亦已采辑于郡乘，此书似可无作。顾国史但纪政绩，而不及家乡之行，其书既略而不详；郡乘多徇请托，而不免贤否之淆，其书又杂而无别。欲免二者之弊？其惟《浦江人物》、《吴郡先贤》之例乎？望先生仿二家之法，著为一书，采《实录》之明文，搜私家之故牍，旁及于诸公之文集，核其实而辨其讹，考其详而削其滥，使善无微而不显，人无隐而不章，此实不朽之盛事，而亦先贤之有待于后人者也。……愚尝读李堇山《四明文献志》矣，卷帙不多，搜罗未广，未足以尽吾郡人才也。至若张司马之郡志，苟且成书，疵谬显著，每一披阅，气辄填膺，不知当时尽有读书者，何若是其牴牾也。郡志终于嘉靖，正宜续修，补其

后之缺，而正其前之讹，亦吾党今日之事。此书若成，即可备修志之用，是又一举而两得矣。……不及今急为采葺，使先贤之行事愈久愈湮，当亦君子之所痛心也。[①]

万斯同这封信，说明了如下几个问题：

一、他编纂地方志，是在民族思想指导下的。所谓“鼎革之际，更有他邦所不及者”，指的是清初甬上南明的抗清志士。由于以宁波为中心的浙东地区抗清斗争长达二十年左右，出现了不少可歌可泣的事迹，有壮烈牺牲的志士，也有穷饿以死拒不仕清的遗民，这些都是“他邦所不及”的。但由于时间的推移，这些事迹和人物，将“愈久愈湮”，所以他要“急为采葺”，写入方志之中，使“善无微而不显，人无隐而不章”。

二、对以往宁波地方志的评价。认为李堇山《四明文献志》太简略，张时徹（张司马）嘉靖《宁波府志》错误很多。据蒋学镛说：“惟张司马《嘉靖志》后，则虽九品下中之人物，亦概立佳传。”[②] 批评此书的“曲讳”笔法。所以万斯同对此书“每一披阅，气辄填膺”，极不满意，主张新修方志，以补缺正伪。

三、对国史与方志的评价。他指出国史只记载政绩，但不载其在家乡的行事，略而不详；方志往往受人请托，致使贤否混淆，杂乱无别。他认为据《浦江人物》和《吴郡先

---

① 万斯同：《石园文集》卷七。
② 蒋学镛：《鄞志稿》卷一《列传第一》。

贤》两书体例来写比较好。《浦江人物志》为明宋濂所著，分上下两卷，上卷为忠义、孝义、政事；下卷为文学、贞节。各目下有序言，传后有论赞。其书取材于史传、郡志、县经、家谱、墓碑等。《吴郡先贤》即明张杲所著《吴中人物志》，辑有自西周到明的苏州人物，分孝友、忠义、吏治、荐举、儒林、文苑、闺秀、逸民、流寓、列仙、方外十二目，各传也有论赞。上述两书是当时地方志中较完备得体的著作。

四、编纂方志的方法。即“采《实录》之明文，搜私家之故牍，旁及于诸公之文集，核其实而辨其讹，考其详而削其滥”。康熙八年（1669），万斯同到绍兴，馆于刘宗周弟子、黄宗羲同学姜希辙家。姜家藏有明列朝《实录》，他默识暗诵，极其重视《实录》的价值。故在第二年有《寄范笔山书》，主张以《实录》为主，辅以诸家之书来撰写通鉴体的明史。《与李杲堂先生书》也写于同一年，提出了以《实录》为主撰写方志人物传的方法，“核其实而辨其讹，考其详而削其滥”，这是对方志扬善隐恶的曲讳传统笔法的改革。

万斯同《与李杲堂先生书》是一篇论述方志编纂学的文章，他认为编纂方志的作用在于区别贤否，以达到惩恶劝善的经世作用和保存历史文献的作用。其内容则着重于“近者”，即近代的历史；撰写方法则是以《实录》为主，辅以私人的书信文集以及核实辨讹、考详削滥。他这种观点和方法，其实已把方志的性质视作历史一类，用编写史书的方法来撰纂方志的人物传记。

万斯同在有他参加纂修，由宁波府知府邱业出面所写的康熙《宁波府志》的《序》中指出“志为史中之一体，而不足以尽史之法。……有征信无传疑，则志即为史；有扬善无弗恶，则志自志。文取其简而尽，义取其核而显"[①] 的修志思想和方法。所谓"有扬善无弗恶"，并不是说方志中人物无所褒贬，而是说褒则立于传，贬则削其传，才能使"善无微而不显"，并避免"贤否之淆"，这是方志书法与史书书法的不同，至于史料要真实（征信），这是两者一致的地方。《序》中的这段话，体现了万斯同的思想。

方志在早期原属地理性质的书，它是由《地志》、《舆地》、《图经》之类的书籍发展而来的，偶而扩及于人物。在方志发展过程中，人物传的比重愈来愈增加。北宋《太平寰宇记》首开方志必列人物的体例，乃至"元明以后，体例相沿，列传侔乎家牒，艺文溢于总集，末大于本，而舆图反若附录"[②]。于是把方志列入史类的主张也多起来了。明龚用卿说："志，纪也，纪其事以为鉴，史之流也。天下之有志，犹国之有史。国有史而褒贬劝惩之法明，天下有志而得失鉴戒之义彰。……虽谓志为史，可矣。"[③] 李东阳也说："昔人谓作史必具三长，志，史类也，亦不可缺一。"[④] 他们把志的性质作用和作志的方法，完全与史等同起来。到了清初，遂发展为浙东学派关于方志学的史学派理论，而与乾嘉考据学派关于方志学的地理派理论相对立。黄宗羲在《再辞张郡侯修志书》中，讲到修方志也有"鼎革之际每多忌讳"的问题。又

① 张铣、周道遵等纂修：《咸丰丙辰鄞县志》卷七五《旧志源流》。

② 《四库全书总目提要》卷六八《史部二十四·地理类一·序》。

③ 龚用卿：《重刊辽东志书序》。《历代名人论方志》辽宁大学出版社 1986 年版，第 57 页。

④ 李东阳：《嘉靖许州志序》。《历代名人论方志》辽宁大学出版社 1986 年版，第 74 页。

说："史则美恶俱载，以示褒贬，志则存美而去恶，有褒而无贬，然其所去，是亦贬之之例也。"① 他还讲到修志中人物传之难等等。他这篇文章的精神，全把方志视作史书。万斯同关于方志学的观点，远接宋明以来方志史学化的精神，近受黄宗羲的影响。后来蒋学镛也主张，"地志之有传，与国史相表里，书法止应据实。"乡邦人物中，"凡败行显著者，俱削而不录，其余自钜人长德外，虽一节之长，姑令附书，而终不致曲讳其失。"② 黄宗羲、万斯同、蒋学镛关于方志史学派的观点，在章学诚手里终于发展成一套完整的理论。

① 黄宗羲：《南雷文案》卷三。
② 蒋学镛：《鄞志稿》卷一《列传第一》。

第八章　万斯同的考证学

一、经学的考证——《古文尚书》考

今古文《尚书》的真伪问题，自古以来聚讼纷纷。自唐以来流行的《古文尚书》，为东晋梅赜所献的伪孔安国《古文尚书》。这部伪《古文尚书》中的三十三篇是经文中原有的，有二十五篇全属伪造。然这部伪书唐时由朝廷定为《五经正义》的一部后，以前的今古文《尚书》版本全都失传。不过在唐时也有人表示怀疑，宋吴棫、朱熹，元吴澄继之，明梅鷟有《尚书考异》一书，从七个方面辨此书之伪，至清初阎若璩《尚书古文疏证》出，梅赜本之伪才最后定案。

万斯同的《古文尚书辨》是辨《古文尚书》之真，主要是针对梅鷟的观点而发的，其考证如下：

一、从文体上考证。吴棫早在《书裨传》中指出混于伪

《古文尚书》中今文与古文的差别，前者古奥，后者平易，从而对“古文”表示怀疑。朱熹赞同吴棫的观点而予以进一步论述，认为孔壁所出的《书》都平易易晓，而伏生传下来的《书》多艰涩难晓。他所说的孔壁书是指唐孔颖达《尚书正义》中把梅赜所献伪书视作孔安国壁中书而说的，即梅书中的伪古文篇。梅鷟受朱熹的启发说：“而安国所增多之书，今篇目俱在，皆文从字顺，非若伏生之书，诘屈聱牙至有不可读者。……朱子曰，书凡易读皆古文，岂有数百年壁藏之书不能损一字哉？又曰，伏生所传皆难读，如何伏生偏记其所难，而易者全不能记也。”①

可是万斯同对梅鷟所说颇不以为然，他从三个方面进行辩驳。

1. 关于今文艰涩的原因。他说：“伏生今文所以诘屈聱牙至不可句读者，实由伏生年老，语不可晓，其女传言授错（指晁错），而齐人语与颖川殊，错所不知者十之二三，略以其意属读，故到艰涩如此，非《尚书》原本固然也。”②

这是以伏生年老语言不清以及方言区别来说明今文艰涩的原因。

2. 古文典雅，汉儒不伪造，今文亦有平易的篇文，两者都不能疑其伪。他说，《古文尚书》：“其文章典雅，文理深醇，无论赜不能撰，即两汉诸名儒岂能仿佛其一句？如此而犹疑其伪，必如三《盘》、八《诰》之艰涩晦滞令人不可解释者，

① 梅鷟：《尚书考异一》。

② 万斯同：《群书疑辨》卷一《古文尚书辨二》。

乃为之真耶?”① 他又说，何况今文的“二《典》、《皋谟》、《洪范》、《无逸》，其文亦显易，与古文无甚殊，亦可疑为伪撰而概斥之哉”②!

3. 如谓古文藏于孔壁因一字无误易读而疑其伪，则孔壁中其他藏书如《孝经》、《论语》、《礼记》，“亦无所舛谬，岂尽伪书乎?”③

万斯同经过上述三方面反驳后，竟得出如下结论：

> 先儒之议《古文》者，谓较之《今文》若出二手，此说诚然。愚谓《古文》无疵可议，所可议者，《今文》也。《今文》亦有平易者，皆无可议，所可议者，诘曲难晓之文也。④

万斯同考证的失误，首先在于他忽略了语言和词汇的演变是由难到易、由深而浅的。《尚书》所记是二三千年以前商周的语言和词汇，与秦汉以后所用的有很大的差距，有些词在秦汉时已不再应用，或词义已经变化，所以使后人感到古奥难懂；其次，《尚书》极少用“哉”、“也”、“乎”之类的文言虚词，表明商周时代汉语语句音词短促，形成文字断句就很困难；再次，语法结构、词序安排也与秦汉时期不同。这些都使《今文尚书》读起来“诘屈聱牙”，看起来“艰涩难晓”了。《古文尚书》因为是两晋时期人伪造的，其词义、语

① 万斯同:《群书疑辨》卷一《古文尚书辨一》。

② 万斯同:《群书疑辨》卷一《古文尚书辨二》。

③④ 万斯同《群书疑辨》卷一《古文尚书辨三》。

法乃至文风不可避免地留有时代痕迹，读起来就文从字顺，很易了解了。所以《今文》之难读，决不是万斯同所说的因伏生年老，或齐与颍川方言不同所致。万斯同第三点驳论有一定道理，不能说孔壁中仅《尚书》为伪，其他《论语》之类为真。但是，梅赜所献的《孔传古文尚书》并非真的是孔安国得自孔壁的本子，他贴上“孔壁”的商标是冒牌的，所以也不存在孔壁中其他书的真伪问题了。

二、从版本源流上考证。这原是鉴别梅赜伪书的重要方法。因为自西汉孔安国献孔壁书即真的《古文尚书》后，《古文》在两汉的传授都有可靠的记载，《后汉书·儒林传》有明确的说明。大学者马融、郑玄、王肃都有传注，怎么会在东晋时忽然冒出另外一种自称真本的孔壁《古文》呢？这岂非伪造？可是唐人孔颖达在其《尚书正义》的《尧典·虞书》的疏中又提出了梅赜所献的伪孔壁《古文》的传授系统，说在《晋书》曾有记载。可是现存《晋书》根本没有《尚书正义》引用的这一传授系统，可知这一传授系统在唐以前是没有的。且这一传授系统与前后《汉书》所载的《古文尚书》传授系统联系不起来，而传授人物在史传中都无传授或献书事，说明这一传授系统是孔颖达虚构的。

梅鷟正是把孔颖达的传授系统与前后《汉书》所载传授系统相比较而后指出：“今按范蔚宗历述伏生今文《书》及安国古文《书》传授颠末，皎然可寻，遂尽除出诞妄不经之说，使人得有所考，有以知晋人古文二十五篇，决非安国所传之本。”① 可是万斯同又不同意梅氏的观点。他先叙述两汉时期

① 梅鷟：《尚书考异一》。

《古文》的传授系统，说："此其授受源流，历历可据，孰敢疑其伪！"[①] 接着说："即至魏晋之时，郑冲传苏愉，愉传梁柳，柳外弟皇甫谧得之，以传臧曹，曹传梅赜，此见于史传彰明较著者，安得谓梅赜始传？倘《古文》出于赜，则两汉所传者何书耶？郑冲以下相传者何书耶？"[②]

万斯同此说错误的前提是他相信了伪孔壁《尚书》确来自西汉的真孔壁《尚书》，而不知后者早已失传，这样一来，真的传授系统与伪传授系统就联系在一起了。万斯同所说的另一个错误是孔颖达虚构的传授系统的人物，并不是他所说的在史传中"彰明较著"，如史传中并无臧曹其人，连重要人物梅赜也无传，至于其他人物虽有传，除郑冲有点关联外，其他人物与《古文尚书》毫不相涉。所以万斯同这一失误，在于他的轻信和失考。

三、从篇数篇名考证。据《汉书・艺文志》，孔安国所得孔壁《古文尚书》，其中二十九篇与伏生所传今文一致，有十六篇是今文没有的，加上《书序》一篇，共四十六篇，这是篇目，内有几篇篇目又可分为数篇，加起来共五十八篇。

伪孔传《古文尚书》的作者为了凑合这五十八篇篇数，结果破绽百出。就篇目说，有孔壁有而伪《书》无的，有孔壁无而伪《书》有的，有伪《书》与孔壁相同而内容相异的，或内容缺下半篇的。就篇数说，伪《书》五十八篇，其中三十三篇与孔壁今文相同，但孔壁《古文》篇目十六，篇数二十四，伪《书》编目十九，篇数二十五，显然两者篇数也不一致。梅鷟正是从篇目篇数考证梅赜本《古文尚书》之伪，说：

---

①② 万斯同：《群书疑辨》卷一《古文尚书辨一》。

“可见晋人皆妄说也。”①

万斯同也不同意梅鷟这一观点，他说之所以有这样的差异，是因为：

> 《史记》言秦焚书，伏生壁藏之，其后兵灾起，流亡。汉定，伏生求其书，亡数十篇，独得二十九篇，即以教于齐鲁之间，是则伏生所藏，固不止二十九篇，孔氏之《古文》必尽在其内，特以兵乱失之，而后人不获见耳。学者因其书无《大禹谟》等二十余篇，遂疑出孔壁者为伪，岂通论哉！②

他在这里又把孔安国所献的真孔壁《古文》与梅赜的伪孔壁《古文》混淆在一起了。

万斯同对《古文尚书》的考证全错了，这是不应有的。因为他的老师黄宗羲在为阎若璩《尚书古文疏证》作序中称赞梅鷟能证此书作者的“剽窃”，推崇阎若璩此书可以解“史传连环之结”，并指出：“梅赜作伪《书》，冒以安国之名，则是梅赜始伪，顾后人并以疑汉之安国，其可乎？”③ 他把伪孔壁与真孔壁区别得很清楚。而且当时阎若璩也在北京，并与万斯同同住于徐乾学的碧山堂宾馆，两人讨论过《古文尚书》真伪问题。万斯同说：“近时有为《尚书疏证》者，痛诋《古文》之伪，谓即出于梅赜之手。一日问余曰：‘子意若何？’余

① 梅鷟：《尚书考异一》。
② 万斯同：《群书疑辨》卷一《古文尚书辨三》。
③ 黄宗羲：《南雷文定三集》卷一《尚书古文疏证序》。

对曰：'自唐宋迄元明，诋《古文》者数十家矣，安得颁之学宫，与《易》、《诗》、《春秋》并重哉！'其人亦不以为忤。"[1]"其人"显然是阎若璩。拒绝师友的意见，说明他的主观成见太深了。对《古文尚书》的考证，是他最大的失误。

二、历史文献的考证

史考，是史法的一种。前面所说以《实录》为指归，参伍以野史，既是编纂史书的方法，也是考证史料，正误辨伪的方法，这在本书第七章已有叙述，这里不赘。本章重点分析他对宋、元、明史料的考证，并及地理和考古学。

（一）对宋史的考证

万斯同对宋遗民的考证，前面已述，本节分析他对《宋史·张珏传》和《二王本末》一书的考证。

1. 对张珏事迹的考证。

《宋史》卷四五一《忠义六·张珏》其文如下：

> 二月，大兵破绍庆府……珏率兵出薰风门，与大将也速解儿战，扶桑坝诸将从其后合击之，珏兵大溃，城中粮尽，赵安以书说珏降，不听，安乃与帐下韩忠显夜开镇西门降。珏率兵巷战，不支，归索鸩饮，左右匿鸩，乃以小舟载妻子东走涪，中道大憾，斧其舟欲自尽，舟人夺斧掷江中，珏踊跃欲

---

[1] 万斯同：《群书疑辨》卷一《古文尚书辨二》。

赴水，家中挽持不得死。明日万户铁木儿追及于涪，执之，送京师。……珏至安西，赵老庵其友谓之曰："公尽忠一世以报所事，今至此，纵不得死，亦何以哉！"珏乃解弓弦自经厕中。

《宋史》记载如属实，把他与张世杰、陆秀夫并列于"忠义"，合于一卷，自然不成问题。可是万斯同把《宋史》此传与《元史》卷一一《本纪十一·世祖八》对勘，发现了问题，元世祖至元十七年有这样的记载：

己丑，命梅国宾袭其父应春泸州安抚使职。泸州尝叛，应春为前重庆置制使张珏所杀，国宾诣阙诉冤，诏以珏畀国宾，使复其父仇，珏时在京兆，闻之自经死。

据《元史》，则张珏为降帅。万斯同说，如据《宋史》，"若是乎珏真死义矣！"如据《元史》，"是珏实非死义也。"①两书为何如此矛盾，究竟孰是孰非？万斯同认为《元史》记载属实，其理由是：

1."明人之修《元史》，去元人之修《宋史》相去不久，明人所见之书，元人亦应见之，一何舛谬之甚也。岂非修《宋史》者，曲徇私意而然耶！"②

2."若珏果忠于宋，国宾是不敢复仇，国宾之诣阙诉冤，

①② 万斯同：《群书疑辨》卷一一《书宋史张珏传后》。

正以珏之降与其父同，而世祖亦轻其不忠也。”① 其实，如果张珏真的不降自缢死，梅国宾也无从诉冤，元世祖也不会以张珏畀他，令其复仇了，因为已无仇可复。

3.“明之史臣，必以《宋史》所书为失实，故详书之于《元史》，不然，此琐事也，何必载之《本纪》哉!”②

《元史》作于《宋史》后，发现前史失实，故予以纠正，这是作史者的责任。张珏降与不降，事关重大，梅国宾诉冤与否属小事。《本纪》为全书纲领，写于《本纪》，说明《元史》作者把张珏误入《宋史·忠义传》看作大事，于是在《元史》的《本纪》中予以纠正。

万斯同上述三点推论有根据，特别是后二点，理由很充足。

2. 对《二王本末》一书的考证。

《二王本末》一书，据说是宋末吏部尚书陈仲微所著。他在崖山之役失败后，逃往越南，并在越南写这本书。此书流传至国内，人人争阅。万斯同对这事表示怀疑，在《书宋史陈仲微传后》一文中，考证此书为托名陈仲微所著的伪书。他提出三点理由：

辨伪一：

> 夫宋室之亡，在元世祖至元十六年，《传》明言崖山师败，“越四年，仲微卒”，则卒于二十年矣。乃篇历叙宋末忠臣，终于谢叠山，夫叠山之尽节在二十五年，兹何以预志之，则此书伪撰之征也。

①② 万斯同：《群书疑辨》卷一一《书宋史张珏传后》。

梁启超曾提出鉴别伪书的几条公例，其中第六条说："其书题某人撰，而书中所载事迹在本人后者，则其书或全伪，或一部分伪。"① 万斯同辨此书的伪的第一点，即用这一方法。

辨伪二：

> 且其《小叙》，谓壬午岁安南国使入觐，得其书。考壬午乃至元十九年，其作此篇，必更在其前，而元之杀文丞相在是年之十二月，仲微安能深知而详载之？②

元世祖至元十九年底杀文天祥，《二王本末》应作于这一年前，然而却记载了这件事，可知此书为伪。如果说第一条是以作者的卒年辨书之伪，则这一条是以书的写作年代辨其书之伪。

辨伪三：

> 其题《二王本末》亦非也。此书若出元人手，则有所忌而称二王，犹可也。仲微越在外国，何妨大书二帝，而乃称二王。况篇中又不称王，而直称其讳，此岂人臣之义？仲微经事二帝，身为大臣，必不如是，益知此书之伪矣。③

---

① 梁启超：《中国历史研究法》上海古籍出版社 1987 年版，第 92 页。

②③ 万斯同：《群书疑辨》卷一一《书宋史陈仲微传后》。

二王指益王赵昰和卫王赵昺。元军入杭州，南宋末帝恭帝降，文天祥、张世杰等拥立赵昰，第二年病卒，号端宗。陆、张又拥立赵昺，崖山之战，陆秀夫负赵昺投水死。陈仲微经历益、卫二王，按封建社会的法制和政治规则，陈仲微在书中应称他们为帝，不能称王，更不能直呼其名了。何况他身在国外，不必避元人的忌讳，按此推论，此书显然不是陈仲微所作。

万斯同通过上述三点的鉴别后，得出如下结论："此必宋之遗臣，目睹海上之事，欲笔之书，而虑其贾祸，故托之仲微。"① 这一结论是令人信服的。

（二）对南宋六陵遗事的考证

南宋高宗、孝宗、光宗、宁宗、理宗、度宗六陵，建于浙江绍兴攒宫山。元世祖时，江南总督杨琏真珈与丞相桑哥勾结，大肆发掘，盗其金宝，尸骨遍地。南宋遗民潜往私收遗骨，一陵一石匣，葬于绍兴南兰亭山天章寺前，每陵一穴，上种冬青树以为标识。但是收骨者为谁？当初无人知晓。明季本既说为唐珏，又说为林德旸与郑璞，自相矛盾。由于林德旸有《霁山文集》，内有他与唐珏（玉霁）的唱和诗，隐提收骨事，因此，开始一致认为林、唐两人。后来明张孟兼认为应增王英孙。黄宗羲在《冬青树引注》中更增加郑朴翁、谢翱。万斯同在上述考证基础上进一步发挥，并认为应增加前南宋守陵使罗铣。

万斯同针对季本的论点，从三方面考证收骨改葬决非一

① 万斯同：《群书疑辨》卷一一《书宋史陈仲微传后》。

二人。他先从《霁山文集》着手，说：

余考《霁山文集》，言馆会稽王修行（即王英孙）家二十载，其与玉潜酬答诗甚多，而玉潜亦修行之客，则必诸人协谋为之，非一人也。①

指出林德旸、唐珏、王英孙三人都参与其事。

其次，从六陵散布的地形考证，他据《绍兴府志》，指出孝宗与高宗两陵相近，光宗陵稍远，宁宗陵更远，而理宗、度宗陵最远。此外更有从北方迁来的徽宗陵等。万斯同指出：

其地之寥廓，宁若卿大夫之冢墓可以寻丈计哉！当诸陵之遍发也，欲尽收其遗骸瘗之，岂一人之力所能及，此二人必分道任之，故霁山但拾高、孝二陵，而玉潜则尽拾诸陵，不然，诸帝皆吾君也，霁山何不忍于高、孝，而忍于诸帝乎？②

最后，从林、唐两人有关唱和诗来考证，他说：

今观玉潜诗有“逍遥翠盖万年枝，上有凤巢下龙穴”句，霁山诗有“移来此种非人间，曾识万年觞底月”句，皆咏冬青，而霁山之冬青，正次王潜之韵，则两人协谋，益无可疑。③

---

①②③ 万斯同：《群书疑辨》卷一一《书林唐二义士传后》。

经他考证，林、唐两人协谋共举就十分清楚了。

周公瑾著《癸辛杂志》，第一次提到收骨者尚有罗铣，但未作说明，有人不相信。万斯同从说明《癸辛杂志》的可信性入手，来证明罗铣参予收骨的可信性。他从下列四个方面进行考证：

一、《唐珏传》最早作者为罗灵卿（云溪），《林德旸传》最早作者为郑元祐（明德），但是《唐珏传》里不提林德旸一句，在《林德旸传》里不提唐珏一句，如果偏信其一，则林唐二人就不能并认为收骨者了。“今罗、郑二人所志，人莫不信之，公瑾所志，何独不可信乎？”[①] 这属反证法。

二、罗灵卿为江右人，郑元祐为严陵人，他们离绍兴都很远，而周公瑾为钱唐（今杭州）人，离绍兴仅百里，他的所见所闻自然比罗、郑更可靠。

三、《癸辛杂志》所载事实十分详尽而又符合实际，“其述发陵之先后，圹中宝器，村民拾遗之祸福，一一如见，岂尽不可信，而竟无一人称道之。《温州志·霁山传》言理宗颅骨，为北兵投湖中，以钱购渔者，幸一网而获，诸家多从之。独公谨谓倒悬尸之日，竟失其首，或言回回俗，以帝王髑髅可以厌胜致富，故盗去。观后明太祖返理宗颅骨事，则公瑾《志》为实，而《霁山传》不实矣。”[②] 关于明太祖返理宗颅骨事，全祖望在《答史雪汀问六陵遗事书》中指出在洪武二年。[③] 万斯同举《癸辛杂志》所说这事的真实性来说明《癸辛杂志》的可信性。

---

①② 万斯同：《群书疑辨》卷一一《书癸辛杂志后》。

③ 全祖望：《鲒埼亭集外编》卷四五。

四、既然六陵遗骨都为林、唐二人所收，那末罗铣所收的是什么？万斯同认为当时收六陵遗骨是非法的，林、唐二人怕被发觉，在六陵附近偷偷地换上其他野骨，罗铣不知，误以为六陵遗骸。《癸辛杂志》说罗铣收骨时，高宗骨尽化，孝宗骨只剩下顶骨小片，万斯同说："据此，是雾山既埋之后，陵使始为敛，盖无可疑矣，不然，岂有骨发化尽之理。"①

黄宗羲的《冬青树引注》只字不提罗铣，经过万斯同考证后，周公瑾的说法才为人所接受，罗铣为收骨者之一才确定下来。

上述是对六陵收骨人数的考证。万斯同进一步考证了杨琏真伽的发陵时间，因为对这一问题，也众说纷纭。万斯同提到下列四种：

一、林德旸的诗中有"犬之年，羊之月"句，那末应在元世祖甲戌十一年（1274）六月。

二、唐珏诗有"羊之年，马之月"句，则应在元世祖癸未二十年（1283）五月。

三、孔希普则说在"丙之年，子之月"，应在元世祖丙子十三年（1276）十一月。

四、罗云溪（灵卿）说在元世祖戊寅十五年（1278）十二月。

万斯同认为前三说都错误，他说：

> 夫元人之入临安，在德祐二年丙子正月，若甲戌，乃度宗咸淳十九年，元军犹未渡江也，玉潜之

---

① 万斯同：《群书疑辨》卷一一《书癸辛杂志后》。

> 诗为失实。癸未乃元世祖至元二十年，距崖山之覆，又阅五年，与元溪所载不合，雾山之诗亦失实。丙子正月，元人入临安之岁，为至元十三年，二月始遣杨髡（即杨琏真伽）为总统，安得丙子有发陵之事，则孔氏之言亦失实。①

万斯同据谢翱《冬青树引》中的“知君种年星在尾句”，“考之其为戊寅无疑”②。黄宗羲对这一句注：“‘尾’在析木之次，谓葬年是戊寅也。”③ 我国古代计算日月星运行位置黄道十二部分称“十二次”，其最后一部分称“析木”，与二十八宿相配在尾，箕两宿，与十二辰相配为寅，故黄、万两人都同意罗灵卿的元世祖至元戊寅十五年的说法。然而，林、唐两人亲自参加收骨。为何两人说法也不同而且错误，万斯同的解释是；“或时有所忌，故紊其词，使人疑其伪尔。”④

（三）对庚申君遗事的考证

庚申君，又称庚申帝，即元朝亡国之君元顺帝，其谥号未定前，称庚申君（生于庚申年）。最早述其事的为元末明初人权衡的《庚申君外史》（一名《庚申帝大事记》）。该书中有一条说庚申君为南宋末帝宋恭帝（降元后封瀛国公）之子。此后，明余应也有诗记这件事，何乔新还注余应的诗，袁忠徹的《符台外集》、程敏政的《宋遗民录》也有所记载，因此成

①②④　万斯同：《群书疑辨》卷一一《书林唐二义士诗后》。

③　黄宗羲：《冬青树引注》，《黄宗羲全集》（第二册），第 252 页。

为元史中一大之谜。

万斯同在《书庚申君遗事后》一文予以考证，肯定庚申君为恭帝子。他的论点共有如下几个方面：

一、从年龄推算瀛国公有生育的可能。“恭帝以元世祖至元十三年丙子亡国，时方六岁，至仁宗延祐七年庚申四月生顺帝，年已五十，其时固相接也。”①

二、否定周王（后为元明帝）纳罕禄鲁氏后而生庚申君之说。袁忠徹《符台外集》说瀛国公往吐蕃学佛法，过朔北谒周王，周王见其后罕禄鲁氏，爱而纳之，遂生妥懽帖睦尔（即庚申君）。万斯同认为袁忠徹这一说法不正确。因为瀛国公亡国后至大都，元世祖以公主下降与他，何来罕禄鲁氏？娶罕禄鲁氏“必在公主既亡之后”②。他据权衡《庚申君大事记》关于瀛国公奉诏居甘州山寺，赵王见他老而孤独，赠以一回回女子，延祐七年夜生一子，后来周王乞养并纳其母，所以“非先纳其母而后生子也”③。

三、以《元史·顺帝本纪》为证。《顺帝本纪》说：“顺帝名妥懽帖睦尔，明宗之长子，母罕禄鲁氏，名迈来迪，郡王阿尔厮兰之裔孙也。”④ 这与袁忠徹《符台外集》所说的名字一致，所以万斯同说：“此正瀛国之妻，与诸家所载悉符，则顺帝之为恭帝子可无疑矣。”⑤

四、元明宗后被其弟文宗所杀。文宗卒前，悔杀其兄，遗命传位于明宗之子。明宗有二子，长即妥懽帖睦尔，次即后来的元宁宗。万斯同推论说：“方文宗追悔弑兄而欲传其子也，

---

①②③⑤ 万斯同：《群书疑辨》卷一一《书庚申君遗事后》。

④ 《元史·顺帝本纪》。

胡不竟立顺帝，而乃立其弟宁宗？夫固知顺帝非蒙古种也。乃宁宗甫立而即殇也，燕贴木耳胡不肯迎立顺帝，而必欲立燕贴古思？夫亦谓顺帝非蒙古种也。况明帝存日，自言妥懽非我子，文宗业已昭告哉！"①

据以上四点考证，万斯同肯定："然则顺帝之为恭帝子，而赵氏之复有天下也，章章明矣，又何疑。"②

对庚申君为瀛国公子的考证，始于钱谦益，他在明末汇集权衡、程敏政、余应、袁忠徹、何乔新众说，并证以《元史》。他的结论是：

> 权衡，字以制，隐居太行黄华山二十八年。中书省遣官访庚申帝三十六年史事，得此书（指《庚申帝大事记》），上之于朝。所记载可信不诬。袁忠徹得之传闻，谓明帝见罕鲁禄氏，爱而纳之，未几生妥懽帖睦尔，而不知其抱养之详。余得《庚申大事记》以余应之诗疏通证明，然后知信以传信，可备著国史，不当以稗官琐录例之也。③

万斯同在钱谦益考证基础上而更有所发展。在万斯同之后，全祖望在《答史雪汀问宋瀛国公遗事贴子》中，说钱谦益"荟萃诸书，考其颠末，已无渗漏"④。并增加瞿宗吉《诗话》、《水东日记》、《通鉴纲目》及明宁王《博论》等书有关

①② 万斯同：《群书疑辨》卷一一《书庚申君遗事后》。
③ 钱谦益：《牧斋初学集》卷二五《书瀛国公事实》。
④ 全祖望：《鲒埼亭集外编》卷四二。

资料来证明庚申君为瀛国公子，认为这件疑案《元史·顺帝本纪》及《元史·虞集传》已启其端。他在最后说：

> 庚申君以洪武元年北遁，而其次年，即得太行隐士权衡所著《外史》，是其事在元人皆知之，而明宁王奉太祖诏纂序《博论》，直云："瀛国外妇之子，绵延宋末六更之谶。"正与国史所书相为证助……然则庚申事，直《元史》一定案，不得以吕嬴、牛马之疑等诸暧昧也。①

在全祖望之后则为赵翼，他在《廿二史札记》卷三〇《庚申帝》一文中也引用上述野史，并加上《西湖志余》。他认为野史虽未可尽信，然《元史·顺帝本纪》和《虞集传》也载这件事，"则《遗民集》等书所载，未必无因也"②。基本上同意庚申君为瀛国公子。

在有清一代，唯一反对此事的为《四库全书总目提要》的作者，认为《庚申外史》关于此事的记载，"最为无稽，厥后袁忠徹著之于文集，宁王权著之于《史略》，程敏政又选忠徹之文于《明文衡》，钱谦益又引余应之诗，证实宁王权之说，其端实自此书发之。盖元之中叶，宋遗民犹有存者，因虞集草诏，有'托欢特穆尔（即妥懽帖睦尔）非明宗之子'一语，遂造此言，以泄其怨。明人又仇视元人，遂附合而盛传之，核

① 全祖望：《鲒埼亭集外编》卷四二。

② 赵翼：《廿二史札记》卷三〇《庚申帝》。

以事实，渺无可据，实为荒诞之尤，非信史也。”①

《四库全书总目提要》一口认定权衡所记为“渺无可据，实为荒诞之尤”，这是不能令人信服的。元顺帝即位于1333年，距宋亡近六十年，宋之遗民如“犹有存者”，起码也有八九十岁，这在古代可能性很少，以生活元世的八十老翁，而捏造流言以泄亡国之怨，则更少之又少了。况权衡作此书于洪武二年以前，隐居太行黄华山二十八年，而元顺帝在位三十年被推翻，权衡既非宋遗民，也非明人，是道地的元人，于元又有何仇？据《明史·诸王二·宁献王权》，他并未著《史略》一书。全祖望说：“而明宁王奉太祖诏纂序《博论》，直云：‘瀛国外妇之子。’”则此事载于宁王奉敕所修的《通鉴博论》中，有一定的权威性，何况这事在《元史》中有所流露，岂止野史！所以不能说是毫无事实根据的荒诞故事。

《四库全书总目提要》说此书为宋遗民泄怨之作，其来源于钱谦益的《书瀛国公事实》中所说：“或者中原遗老，伤故国，思少帝，从而为之说以相快欤？”② 反映此书涉及民族关系的敏感问题。明人野史盛传此事，确与反蒙古贵族统治有关。万斯同、全祖望考证这一史案，出于清初遗民（全祖望非遗民，但受遗民影响）反对满清贵族统治的民族意识，而《四库全书总目提要》之所以全部否定这一说法，则与作者站在满清贵族一边的立场有关。唯一不受民族思想影响，纯粹从学术角度探讨的，则是赵翼的《庚申帝》一文。

这一疑案，钱谦益说可以信以传信，万斯同说赵氏的复

① 《四库全书总目提要·史部八·杂志类存目一·庚申外史》。

② 钱谦益：《牧斋初学集》卷二五《书瀛国公事实》。

有天下，“章章明矣”，所引资料虽多，然有力证据尚嫌不足，而全部否定此说，其理由也属牵强。不妨用司马迁提倡的笔法“疑以传疑”①，留与后人作进一步考证。

（四）关于建文自焚说

钱大昕在其所著《万先生斯同传》里有万斯同力主建文“自焚”说反对“逊国”说的内容，并说：“由是建文之书法遂定。”② 同治间，徐时栋采纳钱大昕万《传》中这一说法以为真，清国史馆在万斯同《传》中又重复钱氏说法。民国时期，孟森著文力辨其诬，后人信钱大昕的《传》，从而批评万斯同“自焚”说为考史的一失。其实，钱大昕《万先生斯同传》有关的这段话，全属改写王鸿绪的《史例议》而成。今把两人原句对比摘录于下：

钱大昕《传》	王鸿绪《议》
1. 建文一朝无《实录》，野史因有逊国出亡之说……先生直断之曰：“紫荆城无水关，无可出之理，鬼门亦无其地。”	1. 为逊国之说者曰：“……九人从帝至鬼门……。”夫鬼门是何地？既无所考。……况紫荆城无水关，如何可出？
2.《成祖实录》称建文阖宫自焚，上望见宫中烟起，急遣中使往救，至已不及。中使出其尸于火中，还白上。所谓中使者，乃成祖之内	2. 遂阖宫自焚，上望见宫中烟起，急遣中使往救，至已不及。中使出其尸于火中，还白上，上哭曰；“果然，若是痴骇耶？……”所谓

① 《史记》卷一三《三代世表》第一。

② 钱大昕：《潜研堂文集》卷三八。

监也，安肯以后尸诳其主？而清宫之日，中涓嫔御为建文所属意者，逐一毒拷，苟无自焚实据，安肯不行大索之令耶？	中使者，乃成祖之内监也，安肯以皇后尸诳其主，而成祖亦竟不之察耶？况成祖清宫，中涓嫔御平日为建文所属意者，逐一毒拷，苟无已死实据，岂肯不行大索之令耶？
3. 且建文登极二、三年，削夺亲藩，曾无宽假，以致燕王称兵犯阙，逼迫自殒，即使出亡，亦是势穷力尽，谓之“逊国”，可乎？①	3. 则登极二、三年间，窜周王于蛮方，执齐王于京师，囚代王于大同，幽岷王于云南，专行削夺之谋，曾无宽假之诏，及至欲执戮燕王，以致称兵犯阙，为其逼迫，自殒厥躬，即曰：“出亡”，亦是势穷力尽，何“逊”，何“让”之有耶？②

以上三段，是钱大昕《万先生斯同传》中有关建文事的全部内容，可以看出，他只不过把王鸿绪《史例议》中几段话予以简化改动而已，从而把王鸿绪的意见，变成了万斯同的意见。由此可见，建文书法之定，定于王鸿绪而非定于万斯同。

乾隆五十年（1785），钱大昕修乾隆《鄞县志》，在如何修列传问题上与全祖望弟子蒋学镛意见不合。蒋氏遂退而自著《鄞志稿》，在此书的万斯同传中根本没有提到建文自焚事，再证以全祖望的《万贞文先生传》，同样没有。由此可知，当时宁波学者不承认有万斯同的建文自焚说，钱大昕此传的有关出处，

① 钱大昕：《潜研堂文集》卷三八《万先生斯同传》。
② 刘承幹：《明史例案》卷三《王横云史例议下》。

只能来自王鸿绪。

那末，是否有可能，钱大昕是根据万斯同手定《明史稿》而写的呢？也不是，因为“自焚”说不符合万斯同的原意。

且看万斯同《明乐府》第八首《火烧头》一诗：

燕王称兵犯阙，既入京，宫中火起，帝已潜身逸去。王问帝所在，或指他骨曰：“烧死矣。”王抚尸而哭曰：“火烧头，何至是也！”

高皇垂统建诸藩，欲贻子孙磐石安。岂知身没骨未冷，兵戈云扰起燕山。嗣王好文不好武，上欲登下下咸五。燕兵已至齐鲁郊，犹诏莫令杀叔父。不杀叔父诚为仁，谁料天心不属君。金川门开兵才入，乾清宫闭火已焚。火烧头，真还假？当年火里尸若真，异日逊荒胡为者？乃知天心终有存，虽亡天下不亡身。头白归来帝城死，眼看仇人已易孙。君不见，高皇寄食萧寺里，前为沙门后天子。又不见，嗣五行遁滇江滨，前为天子后沙门。人间得失难具数，得者何喜失何怒。试看长陵千尺坟，宁似西山一抔土。①

不仅在《火烧头》一诗里，在第九首《下西洋》的《诗序》中也说：“永乐初，命太监郑和等率舟师二万七千人，由

① 万斯同：《万季野先生明乐府》。

长江出海道，直抵西洋。或言建文君出亡西域，故使和踪迹之，俗谓之‘三宝太监下西洋’。”诗中还说：

> 人言让帝遁西极，此举意在穷其迹。被褐已辞黄屋尊，泛舟宁作沧波客。何妨尺地使容身，应念高皇共本根，徒使狂涛填猛土，几曾穷岛遇王孙？宿师海外余十载，让帝行踪竟安在？遗事人传三宝名，穷兵徒发千秋慨。①

“何妨尺地使容身，应念高皇共本根”，很清楚，万斯同是主张逊国说的。

徐时栋在《火烧头》一诗后注说：

> 此首咏建文出亡事，绝不作一疑词，他日乃极论此事诬妄。《潜研集》中有先生传，详记其语，盖先生少年以逊荒为真，既师梨洲，梨洲力辟之，先生亦遂变其初衷。然则此首当为先生手汰，故君家藏本无之。事之有无，信不易定。《明史》亦两存其说。特先生一家言，不可使之两歧，故特识之，以解读者之惑。②

徐时栋此说有两点失误：一、“既师梨洲，梨洲力辟之，先生亦遂变其初说。”然而，翻开《黄梨洲文集》，我们找不到一句黄宗羲力辟建文“逊国”说的文句，徐时栋臆测之辞，

①② 万斯同：《万季野先生明乐府》。

不足为据。

二、说万斯同少时以逊荒为真，师事黄宗羲后才变其初衷，这是不了解《明乐府》写作年代之故。全望祖在《明乐府》的《跋》中说："此乃先生少年时馆李杲堂家作也。"[①]考万斯同馆于李文胤家在康熙十三年他三十七岁时。[②]《明乐府》确作于那时以后，然而黄宗羲在宁波创办甬上证人书院则在康熙七年，为作《明乐府》前六年。师梨洲在前，作《火烧头》在后，所以说不上万斯同"变其初衷"。

除了《明乐府》这两首诗外，天一阁藏万斯同手稿《明史稿》的《郑和传》，也可证明万斯同并没有主张建文"自焚"说。他在《郑和传》中说："当是时，帝以兵戈取天下，心疑建文帝行遁海外，将踪迹之。"[③]其见解与《明乐府》的《下西洋》一致，说明万斯同在晚年乃坚持建文逊国说。

一九三七年，孟森在《万季野先生明史稿辨诬》一文中力辟清国史馆《儒林·万斯同》中关于万氏的"自焚"说，其论点如下：

一、驳"即使出亡，亦是势穷力尽，谓之逊国可乎?"他指出，"逊国"说原是明成祖下面史臣为讳成祖篡弑之恶才捏造的，如不能称"逊国"，那只能走两极端：极端偏袒成祖，则应对"建文帝称伏诛"，这一书法连成祖都不敢接受；如极端持正义，"则对成祖称篡弑"，而这又不是国史馆臣的本意。

---

① 全祖望：《续甬上耆旧诗》卷七八《贞文先生万斯同》。

② 见陈训慈、方祖猷著：《万斯同年谱》香港中文大学出版社1991年版，第114页。

③ 天一阁藏万斯同：《明史稿·孙一元》。

所以反对“逊国”说的人除非胸有极深的成见，而万斯同“何仇于建文而作悖悖之语，以致不能自圆其说乎？”

二、驳建文“自焚”说。“自焚”说的论据之一是成祖遣中使往救建文，中使把建文自焚尸骨上呈成祖，“所谓中使者，乃成祖之内监也，安肯以后尸诳其主！”孟森反驳：“正惟中使为成祖之内监，故仰体成祖之意，以诳天下”。论据之二是：“苟无自焚实据，岂肯不行大索之令耶?”孟森反驳说，成祖的“大索”，索于暗中，明史也有记载：“胡濙以访仙人张邋遢周行国内者二十一年以迹建文，郑和下西洋遍历国外诸岛以迹建文，若果已得建文之尸，何故为此多余无谓之举?”

三、驳“紫荆城无水关，无可出之理，鬼门亦无其地”。孟森说，这些诏原出于《致身录》的妄语。钱谦益曾说《致身录》有十不可信，因此修明史时，史馆馆臣举钱谦益此论以断定建文“逊国”为妄。“其实，谦益倡《致身录》为伪书，乃以建文之出亡为事实。”孟森接着引用钱谦益《有学集》卷一四《建文年谱序》，历举“让皇帝”（即建文帝）的“至德”，说明钱氏是主张“逊国”说的。他说：“因《致身录》之伪，遂谓出亡亦伪，援谦益而诬谦益。”

四、指出钱大昕此传的出处。孟森指出这一说法在万斯同所有传记中，仅见于钱大昕的《万先生斯同传》，清国史馆正是采他的传而成。他向上推：“再考《潜研堂》撰此则之由来，则误以《明史稿》为字字皆先生（万斯同）所作也。……先生为鸿绪撰《明史稿》，本无疑义，而不经鸿绪意为取舍，固已万无此理。”他剥蚕抽丝，揭出钱大昕万传这部分的来源：“且所论建文书法，尤在鸿绪自撰之《史例议》中”，并考证《史例议》作于万斯同逝世之后，以说明：“此篇明明非先生作也。"[①]

孟森此文论据可靠，推论严密、分析细致，则钱大昕《万先生斯同传》的失实，是完全可以定案了。

(五) 昆仑河源考

昆仑、河源是两种不同的地理概念，但古书说黄河源于昆仑，所以又联系在一起。万斯同对昆仑的考证基本上是成功的，而对河源的考证，则失误了。

1. 昆仑考。

万斯同考证昆仑，起因于对明末夏彝仲《禹贡合注》一书的不满。他在考证时，把《禹贡》所说的昆仑与古书所记河源的昆仑区别开来，这是正确的。

《尚书·禹贡》仅有一段提到昆仑：

> 黑水西河惟雍州。弱水既西，泾属渭汭。……厥贡惟球琳琅玕。浮于积石，至于龙门西河，会于渭汭。织皮昆仑、析支、渠搜，西戎即叙。[②]

除《禹贡》外，早期提到昆仑的尚有《禹本纪》和《山海经》。《山海经》提到昆仑的有三处：一在《西次三经》，说："昆仑之邱，悬实惟帝之下都……河水出焉而南流，东至于无达。"[③] 但未讲与中原的距离。一在《海内西经》，说："海

① 以上所引皆见《建修万季野先生祠墓记念刊》。

② 孔颖达：《尚书正义》卷六《禹贡》，《十三经注疏》本。

③ 《山海经》第二《西山经》。

内昆仑之墟，在西北……方八百里，高万仞……河水出东北隅。”万斯同认为，这两处都讲到河水之出，可知是同一山，而不是二座昆仑山。另一在《大荒西经》，说：“西海之南，流沙之滨，赤水之后，黑水之前有大山名曰‘昆仑之墟’……其下有弱水之渊环之。”

夏彝仲《禹贡合注》一书，以《山海经》的《大荒西经》来解释《禹贡》所指的昆仑，万斯同认为他注错了。他先据孔安国解昆仑为昆仑之国，地处“在荒服之外，流沙之内”，肯定《禹贡》的昆仑为国名而非山名，抓住《禹贡》中的昆仑应与禹的行迹有关这一中心点来论述：

> 《禹贡》有昆仑之文，孔安国以为国，郑康成以为山，马融、王肃皆言在临羌西而无指实。或问孰为是？余曰：“孔说是。”古书之言昆仑者，此书为首，此外则有《禹本纪》、《山海经》。然《本纪》言昆仑去嵩高五万里，必非《禹贡》之所指。《山海经》而言昆仑，一在大荒，一在西域，亦必非《禹贡》之所指。盖《禹贡》列雍州之末，其去雍必不甚远，若越在数千里之外，岂古帝不勤远略之意哉！况下文析支、渠搜皆近中国，昆仑宁独辽远？孔氏谓“在流沙之内”，此篇之末言西被于流沙，正声教所及之地，故以织皮来贡，非真穷荒绝岛，如《禹本纪》、《山海经》所云也。马、王二氏言在临羌西，则尤太近，惟孔氏“荒服之外，流沙之内”为得其

中，盖实国名而非山名也。①

因为《禹贡》说的是大禹导山治水，命名所过之地的山川，并规定该地区应进贡赋税或实物的等第。这一段所讲的是雍州，即今甘肃、陕西及青海一部分，或离雍州不远之地。文中与昆仑并列的有析支、渠搜，均为西戎国名，其地离雍州应不远，如穷荒绝岛，这些国家怎么知道有夏国并来朝贡呢？所以《禹贡》的昆仑，决非《禹本纪》和《山海经》中所说的昆仑。

他进一步驳夏彝仲注"弱水既西"句的弱水为"西海之南，流沙之滨，赤水之后，黑水之前，有大山名曰昆仑之邱，其下有弱水之渊环之"的弱水，说：

> 其水去中国不知几万里，于雍州何预？……此水既在大荒，即不治何害于中国？而汲汲治之。况经文"黑水西河惟雍州"之下，首曰"弱水既西"，然后及于泾、谓、漆、沮诸水，是此水固在雍州境内也，岂有舍境内之水不治，而反从事于数万里者乎？此诚说之谬戾者也。②

万斯同这一反驳十分有力。他又指出夏彝仲注释中的自相矛盾之处，既取孔安国之说，释昆仑为流沙之内的国名，又释昆仑为在西域的山名，更释昆仑在吐蕃境内，把孔安国与

① 万斯同：《群书疑辨》卷一〇《禹贡昆仑辨》。

② 万斯同：《群书疑辨卷》一〇《读禹贡合注一辨弱水》。

《山海经》、《元史·河源考》相互牴牾之说混为一谈。他说："数言之内，错谬如此，晓人固当如是乎？"[①] 万斯同在辨别《禹贡》的昆仑与《山海经》的昆仑的不同，分析《禹贡》昆仑为国名，指出夏彝仲注释的谬误，这是正确的。但他一涉及河源的昆仑，否定《新唐书》、《元史》、《明实录》中所指的昆仑，则错了。

2. 河源考。

万斯同深信《史记》河源说。《史记·大宛传》关于河源有两段话，其一为："于阗之西，则水皆西流，注西海。其东水东流，注盐泽。盐泽潜行地下，其南则河源出焉。"[②] 其二为："天子大悦，而使汉使穷河源。河源出于阗，其山多玉石采来，天子按古图书，名河所出曰昆仑云。"[③] 后来班固《前汉书·西域传》对此又作了进一步的阐明。

万斯同对此作了考证。他把《史记》所说的"盐泽"与《山海经·海内西经》所说的"泑水"联系起来，说："泑水，即泑泽也，泑泽，即盐泽也。盐泽去阳关止三百里，昆仑当亦不远。"[④] 所以他认为汉武帝按古图书，就是"山海经"。因此《史记》所说的昆仑，有《山海经》可作佐证。

然而，《史记》关于河源的说法是错误的，因为葱岭河（今叶尔羌河）和于阗河（今和田河）北流会合东注入盐泽（今罗布泊）的河，即今塔里木河，是大陆的内流河，到盐泽后是无法与黄河上流联起来的，于是司马迁只好说是"潜行

① 万斯同：《群书疑辨卷》一〇《读禹贡合注二辨昆仑》。

②③ 司马迁：《史记》卷一二三。

④ 万斯同：《群书疑辨》卷一〇《昆仑辨》。

地下，其南则河源出焉”[①]，这是臆测之词。而万斯同坚信司马迁之说，作为以后一系列论证的论据，或推论的前提，这就造成他考证河源的失误。

万斯同在后面列举了《新唐书》、《元史》、《明实录》等关于河源昆仑的记载，说：“一河源，而元鼎（刘元鼎）谓出紫山，又曰闷磨黎山（《新唐书·吐蕃传》）；宗泐则曰抹必烈山（《明实录》）；都实则曰大雪山，曰亦耳麻不莫剌、曰腾乞里塔（《元史》）。一山而有数名，吾将安从？总而论之，不特都实之言为附会，即元鼎之言未始非附会也。”[②]他由此证明，唐昆仑与元昆仑并不在同一处。

万斯同批评的矛头主要对准元都实的考察。元世祖至元十七年，命都实为招讨使，往青海探求河源。后翰林学士潘昂霄据都实的考察作《河源志》，其基本内容即《元史·河源附录》的内容，认为河出星宿海而非蒲昌海（即盐泽、罗布泊），万斯同不同意这一论点。他说：

> 自汉以来，皆言河出于阗。为都实者，当先求汉之河源，审知其非是，然后求之他方，庶几无憾。今不问西汉之故迹，舍于阗而问之土蕃，自以为河源在是，又谁信之？夫河源不出于昆仑，已背乎古人之说，而其所谓昆仑，又去于阗之昆仑数千里，其不可混而为一也明矣。[③]

① 司马迁：《史记·大宛传》。
② 万斯同：《群书疑辨》卷一〇《书新唐书吐蕃传后》。
③ 万斯同：《群书疑辨》卷一〇《昆仑辨》。

万斯同考证河源的方法是："尽集诸书之言昆仑、言河源者为一编而辨其异同如此。"他的考证的确很博，可惜的是与事实不符。他不去实地考察而尽信《史记》、《汉书》，虽然考证所及的其他问题，如辨夏彝仲弱水之误，是有成绩的，但在主要问题上，即在河源的考证上失败了。但我们应对他谅解，他一生精力和主要时间用于修明史，既无时间也无财力去实地考察。奇怪的是，乾隆四十七年已命阿弥达再探河源，探明星宿海西南三百余里的阿勒坦郭勒河为黄河真源，比都实更进了一步，与今天所知的星宿海西约古宗列渠为黄河起源之一，也十分接近了。可是《四库全书总目提要》作者却仍死抱住《史记》的旧说，企图与阿弥达的报告折衷起来，指责都实、潘昂霄"附会经传"、"混淆益甚"[1]，并说：

> 我国家德威遐播，天山西道尽入版图，月窟以西，皆我户闼，按图考索，知河有重源，笃什（都实）所访，仅及其伏地再出者，而河水之出于葱岭、于阗，注盐泽，潜行至积石山者，则笃什皆未之见。[2]

可知旧说印入人头脑之深，经乾隆派人实地考察探明真正河源后，这些旧说还束缚着《四库全书总目提要》的作者而不能解脱，何况在此前的万斯同呢？

3. 驳钱谦益《徐霞客传》的得失。

---

①② 《四库全书总提要·史部·地理类二·昆仑河源考》。

钱谦益作《徐霞客传》，有如下两段话：其一："由鸡足而西，出玉门关数千里，至昆仑山，穷星宿海，去中夏三万四千三百里。"① 其二："《禹贡》岷山导江，乃泛滥中国之始，非发源地也。中国入河之水为省五、入江之水为省十一，计其吐纳，江倍于河，按其发源，河自昆仑之北，江亦自昆仑之南，非江源短而河源长也。"②

对第一段，万斯同分三点予以反驳：

一、鸡足在云南，徐霞客到过鸡足北面的丽江县，其地离星宿海仅一千五百里，他既然要探河源，"当由丽江而往，不半月即可达其地，乃舍此不由，反远走玉门关何也？"③ 丽江即金沙江，溯金沙江而上，离青海星宿海就很近了，而玉门关则远在甘肃。

二、《徐霞客传》说"出玉门关数千里至昆仑山"，这属汉武帝命名的昆仑。而他接着说的"穷星宿海"，这属都实所说的昆仑。这两座昆仑相距"可四五千里，其相距如此之遥，而霞客乃混而一之，其不学无识一致此乎？若霞客有是言，则霞客为无知；若霞客无是言，而谦益言之，则谦益胸中亦大不辨泾渭矣"④。

三、万斯同又说："且自玉门至汉昆仑，安得有数千里；自星宿海至中原，安得有三万四千里？此庸人能辨之，而谦益乃为所愚，吾不能解也。"⑤

万斯同没有看过《徐霞客游记》，如果仅从钱谦益所作《传》来看，他的反驳十分有力。

---

①② 钱谦益：《牧斋初学集》卷七一。

③④⑤ 万斯同：《群书疑辨》卷一〇《书徐霞客传后》。

问题是，钱谦益不知是不是真的把两座昆仑混在一起，还是在刊刻时把字刻错了？徐霞客寄给钱谦益的《溯江纪源》（也寄给陈函辉）一文里，原稿写的是“石门”，而不是“玉门”。石门是指古石门道，是由四川盆地通向云南的通道，由于经过四川高县的石门山，故名。《溯江源记》原文为“西出石门金沙”，陈函辉在他的《徐霞客墓志铭》中误解为丽江以西的石门关，从而写成“出石门关数千里”，钱谦益写《传》时引用陈函辉的墓志铭，一变而成“出玉门关数千里”了。

至于昆仑，《徐霞客游记》没有讲到他到过青海的昆仑。但他多次提到过高黎山，“其山又称昆仑岗，以其高大而言，然正昆仑南下之正支”①。他这一观点可能向陈函辉、钱谦益讲过，加上他的《溯江记源》一文论及黄河发源于昆仑之北，曰星宿海，造成陈、钱两人的误解，认为他到过星宿海及其西的昆仑山了。②

所以第一段话徐霞客没有错，错的是钱谦益，万斯同指出了钱谦益的错误，这是在徐霞客的研究中的第一次。

但是对第二段，万斯同否定了钱《传》中“按其发源，河自昆仑之北，江亦自昆仑之南”的正确说明，那就错了。这是因为他的胸中横亘着河源于于阗昆仑的成见，长江怎能发源于于阗昆仑的南麓呢？他说：“若汉之昆仑，止有河源而无

---

① 《徐霞客游记》。

② 以上分析，请参阅刘国城：《徐霞客评传》，东北林业大学出版社 1986 年版，第 169 页。

江源，若元之昆仑，并非河源之所出，安得有江源?”[1] 又说：

> 河在北，江在南，划然分流。河既在北，其源必发于北，故谓河源在于阗之昆仑者是也。江既在南，其源必出于南，谓发于汉之昆仑，则偏于北而非南；谓发于元之昆仑，则元之黄河在其南，而不在其北，其说怪妄不经。[2]

徐霞客虽未溯金沙江而上直探江源，但他说昆仑山为江、河的分水岭这是对的。其所以对，不是因为于阗的昆仑与星宿海的昆仑都是中国西部大山昆仑山的一部分，而是青海的巴颜喀拉山是昆仑山的分支，巴颜喀拉山正是江河的分水岭，这是现代人考察的结果。万斯同仅在古书中作考证，批评徐霞客实地考察为“怪妄不经”，这自然错了。

不过万斯同对昆仑河源的考证仍有重要意义。清初涉及对古代地理学的研究有胡渭的《禹贡锥指》、阎若璩的《四书释地》、顾炎武的《肇域志》等，但专门研究边境地理的则以万斯同的《昆仑河源考》开其端，开启了以后乾嘉道光间对边境地理研究的风气。

(六)“石鼓文”考

石鼓文因刻在十块鼓形石上的文字而得名，每一鼓刻四言诗一首，为中国现存最早的石刻文字，字体为秦统一以前的籀文。因内容述有天子和群臣游猎事，又称“猎碣”。隋唐

①② 万斯同：《群书疑辨》卷一〇《书徐霞客传后》。

之际散置于陕西陈仓田野中。唐郑余庆迁往陕西凤翔孔子庙，宋徽宗时迁于开封，靖康之乱，再迁于今北京，置于国学，今存。

对石鼓文所刻年代，历史上众说纷纭，有西周的成王、宣王说，秦国说和北周说几种，当时多数人倾向宣王说。万斯同分析了上述各种论点，否定宣王说而取北周说。他纠西周说的谬误，共有下列四点：

一、以其袭用《小雅》而纠其谬。石鼓文第一鼓首句为"我车既攻，我马既同"句，与《小雅·车攻》中一致，又另一鼓有"麀鹿趚趚"句，与《小雅·吉日》的"麀鹿麌麌"句又基本相同，唐窦蒙、韦应物和韩愈等因而定为周宣王时作。可是万斯同与之相反，他说："夫宣王既中兴，既已会诸侯讲武事矣，何故复有此举？既《车攻》、《吉日》诸篇被之管弦，藏之太史矣，何故复有此诗？"① 他认为，正因为其像《小雅》，所以才是伪作。

二、以其文义浅陋而纠其谬。西周说认为石鼓文出入风雅，古致翩翩，与《诗》的"二雅"相同。可是万斯同引用苏轼《石鼓歌》的自注"诗惟'我车既攻，我马既同'，'其鱼维何，维鲔及鲤'，'何以贯之，维杨及柳'六句可读，余皆不可通"后说："今诸本为后人增饰，诗多可读，然句繁复，意义浅陋，无一章可列'二雅'。"②从而肯定非作于西周。

三、以书法而纠其谬。西周说的一个重要论据是石鼓文为籀书，即周宣王时史籀所作。万斯同据金马定国之说，认为非籀文。他说："况此文原非大篆，马定国以字画考之，断

①② 万斯同：《群书疑辨》卷八《石鼓文辨一》。

非史籀所作。”[①] 他又据宋郑樵的以其字类小篆，宋陈傅良、元熊朋来、明宋濂诸人的以其字不类大篆（即籀文）而疑其非周宣王时作，然后说：“则不但事非周宣之事，要亦非史籀之文矣。”[②]

四、以地理位置而纠其谬。万斯同所说的“事非周宣之事”，是指西周说认为这是周宣王大猎岐阳，刻石表功而作。但《诗·车攻》有“驾言徂东”句，徂东即往东，从镐京往东，可是岐山在镐京西几百里，怎能说“徂东”呢？万斯同指出，周公营洛邑，就是为了朝会诸侯，因为诸侯都在丰镐之东，“宁有舍此不会而远会于岐阳？”[③]

五、以制度不合而纠其谬。《诗·车攻》尚有“车有甫草”句，郑玄笺“甫”为“甫田”，即今河南开封中牟县西北，宣王说就认为石鼓文为宣王中兴猎于甫田所作。万斯同反驳说：“夫春蒐、夏苗、秋弥、冬狩皆于农隙以讲武事，此固先王之制，然未有率天下诸侯而从事于网罟者也。”[④] 他的结论是：“固知宣王必无是事也。”[⑤]

万斯同反驳石鼓文为周宣王事所作的论据是有力的。然而在正确的驳论后，论证石鼓文出于何时，则失误了。他列举五条，认为出于西魏（北周）。

一、西魏宇文泰曾西狩岐阳。他说：“马定国言之矣，西魏大统十一年，尝西狩岐阳，其君则文帝宝炬，其相则宇文黑獭（即宇文泰），其撰文则尚书苏绰辈也。”[⑥]

二、宇文泰曾有取鱼事。此事载于《北史》卷六三《苏

①②③⑥ 万斯同：《群书疑辨》卷八《石鼓文辨一》。

④⑤ 万斯同：《群书疑辨》卷八《石鼓文辨二》。

绰传》。万斯同据此说："史言（周）太祖率公卿往昆明池观鱼，与苏绰谈，并马徐行，至池竟不设网罟而还，是其证也。"①

三、西魏僻处边陲。西魏建都长安，国土西至西北沙漠地区，地处边陲。石鼓文第二鼓首句有"汧也沔沔"句，汧邑在今陕西陇县南，比岐山更往西，当时在西魏境内。因此万斯同说："岐阳去镐京颇远，而其诗有'汧也沔沔'之语，则益远矣。……惟西魏君臣，本皆僻处边陲，射猎行围，乃其习尚，虽远狩汧、岐，亦不足怪。"②

四、西魏有人善书，喜造新字。石鼓文字体古雅，有人认为当时书法家在江南，北方无人，不可能作于西魏。万斯同说："安知西魏无人！史言赵文渊善书，太祖（周太祖）以隶书纰缪，命文渊与黎景熙、沈遐等……刊定六体，成一万余言，行于世。"③万斯同又认为石鼓文既非科斗，又非大、小篆，字形奇怪，而北魏北周时，文人喜造新字。他举北魏宣武时江式上表有"文字改变，篆形错谬，隶书失真"及《颜氏家训》中有"萧子云改易字体，邵陵王颇行伪式"等句，认为"妄造伪字，莫甚于伪周之时"，从而推论石鼓文的奇形字体，"谓非周人所造，而谁造乎？"④

五、西魏之地无从得佳石。石鼓文所刻之石，质地坚硬，如古时碓硙。万斯同说，天子作诗纪事，岂有顽石为之之事？只有西魏"僻处西陲，无从得佳石，故就地之所有而刻诗其上"⑤。

上述五点论据，看起来详尽有力，然而都不足成充足理

---

①②③④⑤　万斯同：《群书疑辨》卷八《石鼓文辨二》。

由。历代帝王西狩岐阳，除周成、周宣和元宝炬、宇文泰外，岂尚无人，也岂无取鱼的事？僻处边陲立国，历史上也有好多。善书法的，何代没有？至于字体的新奇，是伪造还是确有其体，他也考之未详。

乾隆间，王昶在其所辑《金石萃编》中指出，刘昭在其《续汉书·郡国志》的自注中有“陈仓有石鼓山”句。刘昭生于西魏北周之前，又说石鼓文第九鼓有“日佳丙申”句，即时在丙申之月，可是西魏大统十一年十月并非丙申，以上两点可知决非作于西魏。① 王昶的反驳是极其有力的。据近人罗振玉、王国维，今人郭沫若、马衡、马叙伦等考证，石鼓文刻于东周秦国，已可以基本确定。

万斯同虽然有此失误，但他否定石鼓文作于西周说，仍有重要意义。因为在他以前，据王昶统计，著录家自唐至明共二十四五种，都认为是周宣王时作，至于形于词赋的，自唐韦应物、韩愈至明也有很多人赞成宣王说。此外，有部分人力主成王说，可知西周说在万斯同以前声势浩大。在西周说泛滥一时的情况下，万斯同力辨其非，对以后石鼓文正确年代的考定，实有廓清之功，与其定西魏说的错误相比，当是得大于失。

（七）汉魏石经考

汉石经，始刻于汉灵帝熹平四年，世称“熹平石经”。魏石经，刻于三国曹魏齐王正始中，世称“正始石经”。这两种石经，由于同立于太学，时间又近，历经战火和迁徙，残缺

① 王昶：《金石萃编》卷一《周宣王石鼓文》。

不全，又混杂不清，对石经所刻经数、字体、石碑数历史上聚讼纷纭，曾为考古学上一大疑案。万斯同有《石经考》一书，对汉魏石经作了考证，并收于《群书疑辨》内，但他的考证，有重大失误。

关于汉石经，陆机《洛阳记》（据近人考证，应为杨佺期之《洛阳记》）说："碑凡四十六枚。两行《尚书》、《周易》、《公羊传》十六碑存，十二碑毁。南行《礼记》十五碑悉崩坏。东行《论语》三碑，二碑毁。"[1] 对此，万斯同评论说：

> 《礼记》不立学官，何以得与诸经并刻，及考洪氏"石经残碑"（指宋洪适《隶释》所记），有《仪礼》而无《礼记》，乃知《洛阳记》之误。且《记》不言《诗经》，而洪氏书及《隋·经籍志》有《鲁诗》六卷，则是《记》所遗，而石碑之残毁当不止二十有九矣。且《五经》之外，更有《论语》，又用古、篆、隶三体，度非四十六碑所能尽。[2]

万斯同在这里提出三个问题，第一个问题，所谓《礼记》，应为《仪礼》，这是对的。然而这并非《洛阳记》之误，因为魏晋以前尚无《仪礼》之名，只称作《礼》，而这本书中绝大多数都有记，故亦称《礼记》。[3]

第二个问题，所毁石碑数应不止二十九，石碑总数不止四十六，这就值得商榷了。王国维《魏石经考一》一文，对

①② 万斯同：《石经考·洛阳记》。

③ 见段玉裁：《礼十七篇标题汉无仪字说》。

汉石经作了精密的考证后说，《尚书》、《周易》、《公羊传》共七万六百七十字，十五碑足够了，为何要二十八碑（存十六，毁十二）？这是因为其中尚有《诗》和《春秋》的十二万八千零九十字，加上各经之后又有校记、题名等。他说："此西行二十八碑，于《易》、《书》、《公羊传》外，尚有《诗》、《春秋》二经之证也。"① 由此可见《洛阳记》所说毁碑数和石碑总数并没有错。

第三个问题，汉石经为"古、篆、隶"三体，这是他石经考证的最大失误，下面讲魏石经时，一并予以说明。

关于魏石经，万斯同引用《晋书·卫恒传》、《后魏书·江式传》、郦道元《水经注》及杨衒之《洛阳伽蓝记》等，作了如下评论：

一、关于魏石经旁刊《典论》问题。郦道元《水经注》说："魏正始中，又立古、篆、隶三字石经。……魏文帝又刊《典论》六碑附于其次。"② 万斯同指出了他的错误说："按正始乃魏废帝年号，废帝乃文帝之孙，此言文帝又刻《典论》六碑，甚谬，若言'又刻文帝《典论》六碑'，则当矣。"③ 已卒的祖父自然不会为孙辈刊刻《典论》的，他这一考证有助于纠《水经注》之谬。

二、关于汉魏石经究竟是一体还是三体问题。在隋唐以前，《后汉书·儒林传》、杨衒之《洛阳伽蓝记》说汉立三字石经，而《晋书·卫恒传》、《后魏书·江式传》、郦道元《水

① 王国维：《观堂集林》卷四。
② 郦道元：《水经注》。
③ 万斯同：《石经考·水经注》。

经注》，则说魏立三字石经，从无“一字石经”的名称。《隋书经籍志》首先讲到：“魏正始中，又立一字石经”。此后，宋董逌、黄伯思等人提出汉三字，魏一字的说法。而宋赵明诚、洪释则相反，认为汉一字，魏三字。清顾炎武在《金石文字记》中提出汉魏都为三字的见解。万斯同赞成顾炎武之说，认为《后汉书·儒林传》所说不会错，杨衒之、卫恒、江式、郦道元都亲眼所见，岂有舛谬之可能。他还说：

> 衒之言曰：“汉石经二十五碑，表里刻之，作篆、科斗、隶三种。”言皆蔡邕之笔，《儒林传》不言表里皆刻，赖此始知之，其非妄言可知矣。恒之言曰：“魏初传古文出邯郸淳，正始中立三字石经，转失淳法，因科斗之名，遂效其形。”既有科斗，则有篆、隶可知矣。①

那末为何有一字石经呢？万斯同说：“愚案，石经必三体分书，当高欢迁邺时，其二必沈于水，其一幸存者，乃魏之所立，故作《隋志》者，遂据此为言尔。”②

关于《后汉书·儒林传》作者范晔的所谓目睹，后来钱大昕已驳其非③，则杨衒之的目睹也极可疑。与万斯同同时的朱彝尊首先取赵明诚、洪适的汉一字、魏三字说，雍乾间厉鹗继之。然有清一代，此案终未定谳。民国初年，王国维定

---

① 万斯同：《石经考·石经隶字》。
② 万斯同：《石经考·隋书经籍志》。
③ 钱大昕：《十驾斋养新录》卷一三《万斯同石经考》。

汉一字、魏三字，然未予论证。近人马衡依据石经拓本及二十年代在洛阳太学附近陆续出土的石经残块、以事实证明了赵、洪两人观点的正确性。

三、石经碑数究竟有多少？据王国维考证，汉石经碑数当以陆机《洛阳记》所说的四十六枚为准，其中存十七，毁二十九。而魏石经碑数，王国维考证以《西征记》所记三十五枚为准。他的考证以石碑的长、广，每经字数作精密的统计，是十分可靠的。万斯同却认为杨衒之《洛阳伽蓝记》前面所说的“汉国子学堂堂前有三种字石经二十五碑”[①] 为汉石经，因而后面所说的“有石碑四十八枚”为魏石经。他关于汉石经数的观点取《洛阳记》所说并不错。错在于误以为汉为三字石经。然而认为四十八枚“则是曹魏所刻，与《水经注》所言正合，无可疑也”[②]，这就错了。他失误的原因在于相信了杨衒之，而杨衒之之误在于他相信了范晔在《后汉书·儒林传》所说的汉灵帝熹平四年刻“三体书法”之说。万斯同以杨衒之的错误作自己推论的前提，其结论必然错了。

万斯同对《北齐书·文宣帝本纪》说的有“蔡邕石经五十二枚”，予以考证。他说汉石经总数四十六，魏石经总数四十八，而汉石经在北魏时仅存十五，为何有五十二？这是因为汉魏两种石经混淆在一起了，而且据《隋书·经籍志》，由于北齐把汉魏石经北迁于邺，“由汉阳岸崩沦没于水”[③]，所以两种石经加起来只剩下五十二了。万斯同这一分析是正确的。

万斯同对汉魏石经的考证，除个别问题上是正确的外，在

①② 万斯同：《石经考·洛阳伽蓝记》。

③ 万斯同：《石经考·北齐书文宣帝本纪》。

石经碑数，特别在字体上有重大失误。不过，从对历史上所有有关石经文献的辑集来说，他的《石经考》一书又详尽引据了唐宋的石经，所以他虽踵顾炎武的汉石经字体考证的失误，然仍与顾炎武一样，对有清一代石经的研究有创始之功。《四库全书总目提要》说："斯同是编悉采（顾）炎武之说，又益以吴任臣、席益、范成大、吾衍、董逌诸家之论，并及炎武所作《金石文字记》，亦间附以己见，虽不若杭世骏《石经考异》之详辨，而视顾氏之书已为较备。"[①] 这一评价是合理的。

三、万斯同的考证法及其得失

万斯同研究经学、史学、考古学，都涉及考证学。他提倡"事信"，强调"核其事之虚实"[②]，自然必须有一套考证方法。他的考证法有得有失，总结其成功经验，分析其失败原因，对了解他的学术及其历史地位是很有帮助的。

（一）经学考证法

他的经学考证法主要有如下几种：

一、执经以论经。他在评论各种祔礼解释时，提出了"执经以论经"[③] 的方法。

这一考证方法首先在于如本经各篇之间有不一致处，可

① 《四库全书总目提要·史部·目录类二·石经考》。

② 万斯同：《群书疑辨》卷八《石鼓文辨二》。

③ 万斯同：《群书疑辨》卷三《明日祔于祖父》。

以互相补证。如《仪礼·士虞礼》有“中月而禫，是月也，吉祭犹未配”[①]句，郑玄据《少牢馈食礼》祝词有“周荐岁事于皇祖伯某，以某妃配某氏”[②]句，说明“未配”指禫礼时不以新死之妃配。然后儒又引《特牲馈食礼》赞命之词，未讲以某妃配某氏为证，来说明不以祖妣配。万斯同取郑玄的观点。但为何《少牢》与《特牲》同是《仪礼》的一篇，一言配一不言配呢？他解释说：“此盖文有详略，记《礼》者偶不及之，非谓祭祖可不配妣也。凡经文有不足者，往往彼此互证，此不言配，正当取《少牢》之词以见其必有配。”[③]

其次，以经证经，即以本经与他经互证。如《礼记·大传》有“王者禘其祖所自出”[④]句，这句不但在本经《丧服小记》有，且在他经《仪礼》的《丧服子夏传》也有，可证明《大传》此句不错，说明禘礼为祭祖之礼，而不是如郑玄所说的祭天之礼。万斯同说：“经传如此，而后人犹不从其说，何哉？”[⑤]

最后，如本经与他经有不一致处，在注释本经时，应取本经。如宋蔡沈解释《春秋》主不改时月说，撇开《春秋》而引证《诗》及《尚书》的说法，然而《春秋》本经用周正，所以万斯同批评蔡沈说：“蔡氏但据《诗》、《书》二经……而于《春秋》经传……全不寻究，其经学之疏略，亦已甚矣。”[⑥]

---

① 贾公彦：《仪礼疏》卷四三。
② 贾公彦：《仪礼疏》卷四七。
③ 万斯同：《群书疑辨》卷二《中月而禫》。
④ 孔颖达：《礼记正义》卷三四。
⑤ 万斯同：《群书疑辨》卷六《禘说四》。
⑥ 万斯同：《群书疑辨》卷五《周正辨二》。

二、以经证传。经靠传注而明，然而如果传注错解经文，不但不能明经，反而乱经，万斯同对此颇有感触，多次谈到先王制度“为传注所汩没”①，“古礼不明，传注淆乱”②。那末如何判断传注的错误？还是只能依靠经文本身。如《仪礼》的“中月而禫”句，禫祭的月数多少？郑玄认为二十七月，王肃主二十五月，后儒或主郑，或主王，莫衷一是。万斯同主王肃而非郑玄。关于郑玄之说，他说：“吾征之于《仪礼》而无有也，征之于《礼记》而无有也，征之于三《传》、《家语》、《大戴礼》诸书而亦无有也。”③ 至于王肃之说，他征之以《礼记》的《三年问》和《丧服小记》，认为相符。他的结论是：“若必欲合乎经旨，则自当以王氏为长，岂可背圣人之经而曲附于郑氏。”④

（二）史学考证法

经学考证法与史学考证法既有联系，又有区别。两者的主要区别，一是前者以周公或孔子的言行为标准来判断是非，一是前者以古为尚，其所说的“古”，并非指原始资料，而是指汉儒的传注或更上至经本身。后者则以历史事实的客观性为标准。他的史学考证方法除第七章第四节所说的实录与野史互相校对外主要有下列三种：

第一，取证于前史。万斯同既以史视《礼》，所以他在经学考证中明确地提出了“证于前史”的史学考证法，即考证

① 万斯同：《群书疑辨》卷六《禘说五》。
② 万斯同：《群书疑辨》卷六《禘说八》。
③④ 万斯同：《群书疑辨》卷三《三年之丧》。

古人的事，应该以离古人愈近的史实或史籍作标准。他说："后人读书稽古，莫不取证于前史。"①

如前所说"中月而禫"，三年之丧何时毕的问题，他除了用经学考证法外，又运用史学考证法。他指出："今所论之礼，皆周礼也。论周之礼，则当以周人之言为据。王氏二十五月之说，吾一证之于荀卿氏，曰：'三年之丧，二十五月而毕。'……一证之于公羊氏，曰：'三年之丧，实以二十五月。'……彼其人皆周人也，以周之人言周之礼制，岂有谬乎？"如若相信郑玄据汉儒戴德的解释，"则是周人之说周礼，反不若汉人之解周礼矣。"② 所以万斯同提倡："学者生二千载之后，遥断二千载以上之事，自当以《传》、《记》为据，《传》、《记》多异词，更当以出于本朝者为据。"③ 即以原始资料最为可信这一历史考证法。

第二，取证于史实。古书记载的某些制度是不是实际存在，人物的褒贬是不是与其人相符，必须以历史事实核对，才能成为信史。如《公羊传》讲到诸侯一娶九女，娶一国女，二国往媵，以娣、侄从，其夫人又自有娣侄，故为九女。万斯同证以史实，说明古代决没有这种制度，斥为："《公羊》之谬论"④。他说：

试以《春秋》事实证之：成公九年，鲁伯姬归

---

① 万斯同：《群书疑辨》卷一《诗序说》。
② 万斯同：《群书疑辨》卷三《三年之丧》。
③ 万斯同：《群书疑辨》卷五《周正辨一》。
④ 万斯同：《群书疑辨》卷一《读仪礼二》。

于宋，《春秋》书“卫人来媵”、“晋人来媵”、“齐人来媵”，夫此三国皆大国也，肯以其二女一孙女并为人之妾乎？即如《公羊》言，亦当两国来媵，何故乃有三国，可曰“一娶十二女”乎？[①]

万斯同解释“媵”为“送嫁为女之伴”[②]，相当于现在的女嫔相，婚礼毕即回国，这一解释是不是正确，可以商榷，但他证以史实驳诸侯一娶九女之说，则是合理的。

在评论历史人物上，万斯同同样坚持必须证以史实。如明国史《史琳传》，称史琳通晓兵法，朝廷凡出师，都命他为总督。万斯同证以史实，说他任职十三年中，“火筛为难，平、庆、临、巩之间，流血千里，琳为统帅，不能赴救，其捣巢也，以数万之师，获首止三级，知兵者固如是乎？”[③]这种考证，其实即“论世知人”的史法。

第三，辨伪法。万斯同辨伪法有得有失。其得，本书第五章第一节辨《诗序》非毛公作，即其例；其失，以其辨《古文尚书》非伪，为其例。这里举其史学上的例子来说明他的辨伪法。

1. 以史籍记载互相牴牾而辨其伪。如前面所说，他以《元史·元世祖本纪》与《宋史·张珏传》对校，得出张珏在宋亡后并非如《宋史》所说的死于义，而是投降了元朝，辨《宋史》之伪，就是一例。

2. 以时代先后而辨其伪。如张彦远《书法要录》载《钟

①② 万斯同：《群书疑辨》卷一《读仪礼二》。
③ 万斯同：《群书疑辨》卷一二《读史琳传》。

繇用笔说》一文，说钟繇见蔡邕笔法于韦诞坐中，苦求不得，诞死后，繇令人盗诞墓而获得。万斯同批驳说：

> 按繇之卒在魏明帝太和四年庚戌，诞之卒则在废帝嘉平五年癸酉，后繇二十四年，安得有盗墓之事？[①]

3. 以所记史实的舛谬而辨其伪。历史事实纷纭错杂，作伪者知其一而不知其二，或以讹传讹，往往出现破绽，则可一举而辨其伪。如卫夫人《笔阵图》，有王羲之在其后题词，说到他渡江北游一事。万斯同指出其妄，说：

> 夫晋自南渡之后，中原大乱，士大夫安敢北游？此文云："北游名山，之许之洛。"得毋谬妄！盖他书皆言右军渡江，书法始大进，作伪者不知，谓其渡江而北，故有此谬。[②]

他书所言"右军渡江"，其实是北方大乱后，渡江而南，作伪者无知，写成渡江而北了。所以万斯同说；"古书流传颇多伪撰，幸伪者自露其隙，故人得攻之。"[③]

4. 以年号不同或官职变迁而辨其伪。人主各有不同年号，人臣官职变迁无常，缺乏这种知识，或者疏忽大意，因而发生漏洞，抓住这一点，就可以发现伪迹。如万斯同辨

① 万斯同：《群书疑辨》卷九《跋钟繇用笔说》。
②③ 万斯同：《群书疑辨》卷九《书王右军题笔陈图后》。

《荐季直表》之非钟繇作，他就抓住此帖后有“黄初二年司徒东武亭侯”句指出：“考二年之为司徒者华歆也，繇时尚为廷尉，且爵为崇高，安得称东武？一披史传，真伪立见。”①

5. 揆以事理而辨其伪。如书中所写事实与情理相悖，那末其书其事就极可能属伪。如他辨《宣示表》、《贺捷表》亦非钟繇作而为后人伪作。他据北宋米芾《书史》，指出二《表》如为钟繇作，与事理相悖：一、米芾说白首未见魏人遗墨，而钟繇为魏人；二、《表》如为钟繇作，则米芾理应得见，今不见，于理可知非真迹；三、钟繇书法以瘦著称，今二《表》所书却肥而不瘦，于理推论可知非钟繇作。

万斯同考证法之所以取得上述的成功，由于他有广博的知识，善于归纳各类问题，并能掌握一定的逻辑规律，指出郑玄、朱熹、夏彝仲违反逻辑的同一律、矛盾律，揭示他们论据的虚假性。但他只是非自觉地运用这些规律，自己也常发生逻辑错误，造成考证的失误。

（三）考证失误的原因

万斯同的考证为什么会有失误呢？这里有主观和客观的原因。从主观上讲，有两方面的原因，一是三代史观的影响。三代史观是儒家一种理想的社会历史观，这种理想社会在历史上并不存在。它虽然在明清之际是一种批判现实的进步的历史观，但是作为考证中演绎法的大前提或作为充足理由，那就犯了前提的不正确和虚假理由的错误，其结论必然有问题。例如，他辨《古文尚书》的不伪：

---

① 万斯同：《群书疑辨》卷九《书钟繇荐季直表后》。

> 若《古文尚书》……其言明白正大，如日月昭垂，无一篇不可为后世法，视《今文》之《甘誓》、《盘庚》、《大诰》、《多士》、《多方》、《吕刑》、《费誓》诸篇，不啻碔砆之与和璧，奈何反疑为伪而惟《今文》是信哉！①

他又说："《古文》之理足词醇，又岂后人所能假？"②在他看来，《古文》反映的是尧、禹、汤、文、武、周公等"诸圣人"③ 治下的盛世，其政治措施和言论自然"可为后世法"和"理足词醇"，自然是真的了。殊不知"三代盛世"只不过是后人理想的乌托邦，因此他自认为"理足"，其实是"理不足"，是"虚假理由"。

从这一错误的大前提出发，他进一步推论《今文尚书》不是孔子删定之书，他说：

> 试取《今文》论之，如二《典》、《皋谟》、《禹贡》，无可议矣。《甘誓》之孥戮，《酒诰》之群饮咸杀，此商鞅、韩非之法，后世庸主之所不忍者，而谓古帝王为之乎？《盘庚》之三篇，不过数十言可了，而乃演为数千言，大要迫之以威，动之以鬼神，初无体恤民下之意，此不足为有无，即不传亦可。《大诰》专以卜吉为言，亦假鬼神以胁服之，初无深义。

①② 万斯同：《群书疑辨》卷一《古文尚书辨二》。

③ 万斯同：《群书疑辨》卷一《古文尚书辨三》。

……《吕刑》之赎罪及于大辟，此岂可为后世法！①

这样他就得出“愚谓今之《尚书》，必非圣人删定之书”②的结论。他的意思是：《今文》的《甘誓》、《吕刑》诸篇，必为孔子所删而为后人混入的。

万斯同考证失误在主观上的又一原因，是其考证方法的不完备，这表现于下列三个方面：

一、小学考证法的不完备。第一章说过，黄宗羲与顾炎武考证方法的差异，主要表现在顾炎武从音韵、文字的小学入手，黄宗羲则缺乏这一研究手段。从对中国古籍研究来说，小学考试法是适合中国音韵、文字演变特点的一种方法，比较精密。万斯同在甬上证人书院受学时，没有受这方面的训练，北上修史后，更没有时间从事这方面的研究。虽然，他亦偶然运用这一方法，并取得一定成绩，如辨石鼓文非作于周宣王时。据郑樵之说，石鼓文字类小篆；又据陈傅良之说，不类大篆（即籀文），因而指出石鼓文不作于周宣王时，这是对的。但他究竟对古文字学研究的功力不足，他认为鼓文既不类大篆，也不类小篆，是奇形怪状的文字，遂断定其为西魏北周时所作，他说：“且鼓文奇形怪状，虽经薛尚功、郑樵、王厚之、施宿、章樵、杨文昺、潘迪《音释》，终不可晓，由魏周之世，学者喜造新字，故此文亦多以意为之。……既非科斗，又非大篆、小篆，谓非魏周人所造而谁造乎？”③

①② 万斯同：《群书疑辨》卷一《古书尚书辨一》。

③ 万斯同：《群书疑辨》卷一《石鼓文辨二》。

但他忽略了，从大篆（籀文）到小篆之间，有一个演变过程，有人认为属籀文，有人认为非籀文。郑樵认为类小篆，所谓“类”，即像而非真，这恰恰是从大篆到小篆过渡中的一种文字。据马衡考定，石鼓“文字之类小篆，而较繁复，似宗周彝器之文而较整齐者，为未同一以前之秦文”[①]。他还说：“然文字字体之演变，随时随地而转移，依托仿古之事，其术纵工，其迹终不可掩。”[②] 因而决非苏绰等人所能仿作。

如前所述，万斯同对《古文尚书》的考证，竟认为诘屈聱牙的《今文尚书》可疑，而平易易晓的《古文尚书》反而属真，这也违背了小学考证的一条规律。即时代愈古，文字愈艰涩，文体愈短促，愈到近代，愈平易，从而造成了这一重大失误。

二、逻辑论证的不完备。黄宗羲与顾炎武考证法的又一区别，在于顾炎武运用大量的逻辑归纳法，在归纳基础上运用演绎法，而黄宗羲虽也运用这两种方法，然多运用演绎推理。演绎法不仅需要前提正确，而且需要遵守从前提推出结论的规则，才不会犯逻辑错误。前推的正确性不易把握，严格遵守这些规则也有较大难度。万斯同是十分强调演绎法的，他在《周正辨》中反对“辨虽详而理不足”[③]，批评“绝不顾义理之当否”[④]，可是他又说：“解义理可就一已之见。”然而以一已之见来解义理，可能对，也可能错。如前所述，他以

① 马衡：《石鼓为秦刻石考》，《凡将斋金石丛稿》第169页。
② 马衡：《石鼓为秦刻石考》，《凡将斋金石丛稿》第167页。
③ 万斯同：《群书疑辨》卷一《周正辨二》。
④ 万斯同：《群书疑辨》卷一《周正辨三》。

三代史观的义理作为推论的前提，就造成《古文尚书》考证的失误。

又如他辨石鼓文作于西魏北周，是运用两个演绎三段论推理。第一个大前提是："天子大蒐作诗，必无以顽石为之。"[①] 小前提是，石鼓文以顽石为之，从而推出结论，故石鼓文必非作于周时。这一推论是正确的。周时秦为诸侯，而非天子。但第二个推论是：西魏地产顽石，石鼓文以顽石为之，所以石鼓作于西魏。在推论中，逻辑规律要求大前提必须是全称判断，但"西魏地产顽石"这是特称判断，僻处西魏故地的何止是西魏？如战国时秦就立国于此，所以不能从西魏地产顽石，推论出石鼓文作于西魏的结论。

三、历史考证法的不完备。历史考证法当然也必须符合逻辑，这里主要从历史事实考证予以分析。

历史考证法的一条重要原则正如梁启超所说的："其第一步自当仍以年代为标准，年代愈早者，则其可信据之程度愈强。何则？彼所见之直接史料多而后人所见者少也。"[②] 万斯同是非常强调这一原则的，他所说的："制度当质之于古。"愈古，自然愈可信。他也非常强调"目睹"[③] 直接史料，他运用这一原则，在考证中确取得不少成绩。

问题是，年代愈古愈可信，这是相对的，古人也有说错的，这需要后人考证予以改正；"目睹"了，也可能理解错了，如张骞的河出盐泽（罗布泊）说，张骞和汉使多次目睹，然

① 万斯同：《群书疑辨》卷一《石鼓文辨二》。

② 梁启超：《中国历史研究法》，第 88 页。

③ 万斯同：《群书疑辨》卷八《跋汉魏石经二》。

而此河并非黄河；都实的河出星宿海说，也是目睹，可是万斯同批评他“背乎古人之说”①。其实，都实的目睹，才是正确的。

还有，古人的所谓“目睹”，是不是真正的目睹，也是一个值得注意的问题。万斯同主张汉为三字石经，其理由是范晔、杨衒之等皆得之“目睹”。然而范晔为南朝宋国人，杨衒之为北朝东魏人，从东汉到他们时代，中经三国、两晋二百余年的战乱，所谓目睹就值得怀疑了。据钱大昕考证：

> 蔚宗著书在宋文帝之世，其时洛阳已非宋土，何由得石经而睹之？若云目睹在义熙、永初（东晋末年）之间，则蔚宗未尝官洛阳，晋时膏粱公子岂有无故而跳身边徼？更无此情理矣。……盖蔚宗习闻太学有三体石经，误认为汉熹平所刻，遂增此语，后来又承蔚宗之误，不能改正。②

由此可知，范晔并非目睹。

杨衒之《洛阳伽蓝记》说汉为三字石经，也非目睹。据《后魏书·孝静帝本纪》，洛阳汉魏石经已于武定四年（546）八月移至邺城，杨衒之是石经北移后一年行役到洛阳的，石经已无，何由“目睹”？他的《洛阳伽蓝记》一书是摭拾归闻而作，他的汉三字石经说是传闻失实造成的。范、杨两人既非目睹，因此万斯同据“夫生数百年之后，遥度数百年以前

① 万斯同：《群书疑辨》卷一〇《昆仑辨》。
② 钱大昕：《十驾斋养新录》卷一三《万斯同石经考》。

之事，终不若目睹者之真”[1] 这一历史考证法的原则所得出的结论“然则后人疑汉魏，岂若前人目睹之可据哉”[2] 就有问题了。

除了上述主观原因外，万斯同考证的失误，尚有其客观原因。

如第一章所述，自宋庆历年间出现一股迥然异于汉儒的疑经、改经思潮后，到明中叶以“六经注我”和“六经之实具于吾心”的命题而发展到高峰。这一思潮既歪曲经文以就己说，所以根本不谈考证。在我国封建社会，史学是从属于经学的，而宋明理学家又把经学从属于理学，当时学者普遍地重理、尊经而轻史。明中晚期经学的复兴和实学思潮的兴起，为了寻求六经中的义理，开始注意经学的考证并影响到史学。但无论经学与史学，考证法都处于萌芽状态，当时比较完备的仅方以智一人。到了清初，经学的考证有所发展，而史学则盛行反映明清之际阶级和民族斗争为题材的野史，重当代而轻古史，对古史的考证极少。至于金石学，仅顾炎武、朱彝尊、万斯同廖廖数人。总之，整个考证学正处于从晚明向乾嘉考据学过渡的时期。

此外，浙东一带，王学的影响较深，王畿、万表、周汝登、陶望龄、陶奭龄这些王学现成良知派的健将都是浙东人。刘宗周的蕺山之学只是对王学的修正，蕺山学派的成员亦荟萃于浙东，黄宗羲本人就是蕺山弟子中的佼佼者。王学是强调“吾心”作用的，重视主观的能动性而忽略客观的求证。万斯同是黄氏证人弟子中的杰出人物，善于掌握时代思潮，他

---

①② 万斯同：《群书疑辨》卷八《跋汉魏石经二》。

注意考证，站在当时实学思潮的前列；他大胆怀疑，不盲从，不墨守，只求心之所安，又正是王学所造成的思想解放的体现，但王学的弱点究竟也影响了他。时代思潮和地区人文环境的客观因素，造成了他的考证法不够完备和精密。

万斯同的考证，亦颇受顾炎武的影响，他的《石经考》一书，就录有顾炎武《金石文字记》一文，而顾炎武是主张汉魏石经都是三字的。《四库全书总目提要》作者看到了这一点，说万斯同《石经考》，“悉采炎武之说”。至于对石鼓文的考证，他明确表示赞同顾炎武的西魏说，他说：“独顾炎武《金石文字记》谓‘石鼓文皆浅近，不及《车攻》、《吉日》之闳深，马定国、杨慎疑其字不类大篆，予独以其诗不可侪于《二雅》而疑之’，此诚千古卓识度越前人万万矣。”[①] 后来王昶就把他与顾炎武并列，说：“而博雅如顾、万诸公，偶然失考，辄亦附会其说，皆儒者好奇之过也。”[②] 顾炎武被后人称为清考据学派的开创者，尚且有如此疏漏，由此可见，清初的考证学正处在一个从不完备到完备的过渡时期。万斯同的失误，显然与时代影响是分不开的。钱大昕因他《石经考》的失误，指责他“何愦愦若此”[③]，这是不明了人类的认识和学术发展有一个先河后海的规律，不能太苛求于古人。

① 万斯同：《群书疑辨》卷八《石鼓文辨一》。

② 王昶：《金石萃编》卷一《周宣王石鼓文》。

③ 钱大昕：《十驾斋养新录》卷一三《万斯同石经考》。

结束语

万斯同是黄宗羲甬上证人书院的高弟，他的经史之学深受其师的影响，今把黄宗羲《明夷待访录》的有关论点与万氏言论作一对照，可以看出万氏思想的渊源。兹列表于下：

黄宗羲	万斯同
1. 三代之法，藏天下于天下者也。……夫古今之变，至秦而一尽，至元而又一尽。经此二尽之后，古圣王之所以恻隐爱人而经营者，荡然无具。（《明夷待访录·原法》）	1. 吾尝谓三代相传之良法，至秦而亡；汉唐相传之良法，至元而尽失。（《石园文集》卷七《与从子贞一书》）
2. 有明之无善治，自高皇帝罢丞相始也。……阁下之贤者，尽其能事则曰“法祖”，亦非为祖宗之必足法也。……祖宗之所行事未必	2. 明祖之兴，好自用而不师古，其他不过仍元旧耳。中世以后，并其祖宗之法而尽亡之。（《石园文集》卷七《与从子贞一书》

皆当，宫奴之黠者又复多举其疵行，亦曰“法祖”，而法祖之论荒矣。（《明夷待访录·置相》）	
3. 民间吉凶，一依《朱子家礼》行事。（《明夷待访录·学校》）	3.《书仪》、《家礼》二书，无事不折衷至善，实万世不刊之典也。（《群书疑辨》卷四《五服皆用衰》）
4. 古之取士也宽，其用士也严；今之取士也严，其用士也宽。……宽于取，则无枉才，严于用，则少幸进。今也不然，其所以程士者，止有科举之一途，虽使古豪杰之士，若屈原……之徒，舍是亦无由而进取之，不谓严乎哉！严于取，则豪杰之死丘壑者多矣，宽于用，此在位者多不得其人也。（《明夷待访录·取士下》）	4. 世言张居正为相，摧抑天下之士，士之取入学校者，每邑不过数人，甚者止于一人，以为居正摧抑贤路之罪，不知弘治时，倪文毅为宗伯，尝有是令……乃始进之途如此其隘，天下士子之愤怒当如何也。（《群书疑辨》卷一二《读倪文毅传》） 科目取人才，登进杂枯窳，假令孔孟生，岂由场屋举。（全祖望：《续甬上耆旧诗》卷一一二《张太学锡璁·赠万季野先生北上》） 中材之士，处盛世而保其令名，遇浊世而决其防检者，何可胜数。（《群书疑辨》卷一二《读高铨传》）
5. 北都之亡忽焉，其何故也？曰：“亡之道不一，而建都失算，所以不可救也。”……有明都燕不过二百年……上下精神敝于寇至……江南之民命竭于输挽，大府之	5. 洪武建都金陵，其时官俸给米江南，漕运甚便也。成祖定都北平，而漕运艰矣。（《讲经口授》） 北都劳御侮。（《赠万季野先生北上》）

金钱靡于河道，皆都燕之为害也。……或曰有王者起，将复何都？曰金陵。（《明夷待访录·建都》）

6. 今封建之事远矣，因时乘势，则方镇可复也。……凡此则有五利：……统帅专一……战守自固，以各为长子孙之计，一也。……今一方之财自供一方，二也。……今一方之兵自供一方，三也。……既各有专地……兵食不出于外，四也。（《明夷待访录·方镇》）

7. 杨炎变为两税，人无丁中，以贫富为差，虽租庸调之名浑然不见，其并庸调而入于租也。相沿至宋，未尝减庸调于租内，而复领丁身钱米。……故杨炎之利于一时者少，而害于后世者大矣。（《明夷待访录·田制三》）

8. 嘉靖末行一条鞭之法……是银力两差又并入于两税也。未几而里甲之值年者，杂役仍复纷然，其后又安之……使银差力差之名不去，何至是耶？故条鞭之利于一时者少，而害于后者大矣。（《明夷待访录·田制三》）

6. 唐封建之制，自春秋战国以及唐藩镇割据，皆君其国，各子其民欲以自强，无不尽其地力以足其兵食。（《讲经口授》）

藩镇兵皆节度使召募，唐时节度使兵民俱管，其地之田赋皆自收之，即以其赋召募养兵，天子不与焉。（《讲经口授》）

7. 德宗时，杨炎为相，改为两税。……其租庸调之目悉省。……开元以后，久不为版籍，法度废弊。……杨炎病其弊，乃请为两税以一其制，自是奸吏无所容……然兼并者不复追正，贫弱者不复田业，姑定额取税而已。（《讲经口授》）

8. 明嘉靖以前皆力差，但一条鞭之法不知起于何时？……俱以贫富分轻重之差，一归于折色矣。……既而官定其额，每里出银若干，官为雇役。……自一条鞭之法行，遂归正赋，其余零星杂徭皆役贫苦小民，此役法之不得其平者。（《讲经口授》）

两税一条鞭，救患患仍巨。（《赠万季野先生北上》）

9. 有明之兵制，盖三变矣：卫所之兵变而为召募，至崇祯弘光间，又变而为大将之屯兵。……兵分于农，然且不可，乃又使军分于兵，是一天下之民养两天下之兵也。……原夫卫所，其制非不善也，一镇之民足守一镇之地，一军之田足赡一军之用，卫所、屯田，盖相表里者也。……国家无养兵费则国富。（《明夷待访录·兵制一》）

10. 唐宋以来文武分为两途。……使文武合为一途，为儒生者知兵书战策，非我分外，习之而知其无过高之论；为武夫者知亲上爱民为用武之本，不以粗暴为能，是则皆不可叛之人也。（《明夷待访录·兵制三》）

11. 后之帝王而欲天下安富，其必废金银乎？……明初亦尝禁金银交易，而许以金银易钞于官……其谁信乎？故至今日而赋税市易，银乃单行，以为天下之大害。（《明夷待访录·财计一》）

12. 阉宦之祸……然有未若明之为烈也。……天下之财赋，先内库而后太仓，天下之刑狱，先东厂而后法司。其他无不皆然。则是

9. 明制统天下有四百九十余卫，……每一军人授田五十亩……其军人各自食其力，无养兵之费。……明初卫所兵专用于战守。……嘉靖中，沿海倭乱……南方卫军不足御，且承平日久，军不习兵。当事者不得已始行召募，其公饷即出于郡县。自是出于召募者曰兵，出于卫所者曰军。军世袭，兵不世袭，军与兵分而为二……朝廷乃有养民之费矣。（《讲经口授》）

10. 可见古之命卿即为将帅，文武合一，无分任者。……唐制，节度使掌兵权，观察使理民事，但节度使皆兼观察使之衔，……是文武合一之制也。（《讲经口授》）

11. 从古无征银者，至明而征银；从古民间无用银者，至明而用银……生民之苦极矣，国欲不亡得乎？（《讲经口授》）

12. 当年主议果为谁？阃内中涓实主之；兵戎大政由宦竖，盈廷卿相将何为。（《明乐府·下麓川》）

宰相六部，为阉宦奉行之员而已。（《明夷待访录·阉宦上》）	

从上述十二点，可知万斯同史学中有关政治、军事、经济、财政等的思想与黄宗羲基本一致。此外，黄宗羲重视现代史，即有明一代的历史，如《明儒学案》、《明文海》、《明史案》、《明夷待访录》等等，万斯同为之鞠躬尽瘁、死而后已的也是明史。黄宗羲在甬上提倡“用汉儒博物考古之功，加之以湛思”[①] 的考证方法，当时甬上讲经会就用这种方法来作经学考证的。黄宗羲极重视史料的搜集，《明文海》全为原始史料，《明儒学案》多为原始史料，《文定》、《文案》、《行朝录》等多得之于亲身所见或传闻。他又提倡对史料的考证“考信前言”[②]、“证之于古”[③] 等，注重原始史料的可信性。万斯同在史馆与刘献廷共同抄录大量“秘书”，其实即是史料，他的考证方法也为《四库全书总目提要》作者和汪廷珍等所称赞。梁启超说：“黄宗羲、万斯同以一代文献自任，实为史学嫡派。”[④] 这是非常中肯的评价。

上述种种，说明万斯同的学术，特别是他的史学，体现了黄宗羲开创的浙东学术的民族民主思想和经世致用的精神，重在现代史学内容，博取、会通、深思、考证的方法，这是浙东学派的三大特色。

万斯同的经史之学对以后的浙东学派和乾嘉学派都产生

① 黄宗羲：《南雷文定》卷六《陆文虎先生墓志铭》。

② 黄宗羲：《南雷文定》卷九《移史馆先妣姚太夫人事略》。

③ 黄宗羲：《南雷文定》三集卷二《桐城方烈妇墓志铭》。

④ 梁启超：《清代学术概论》。

了影响，由黄宗羲开创、万斯同继承的浙东学术的精神、内容和方法这三大特色，在全祖望和章学诚那里都有或多或少的反映。全祖望《鲒埼亭集》里有关的碑传墓铭，其所载大多数为明清之际抗清烈士或遗民，文中极其强调民族气节。他运用古代儒家的“出处”、“易位”、“革命”等一系列概念，来表达他反封建的民主精神，如在《武王不黜殷辨》中，继黄宗羲后再次提出“国非一家之私”① 的观点，主张对残暴的帝王可以“论其命而非为过”，“得应天顺人，取而代之”②。这种思想显然与黄宗羲、万斯同是一脉相承的。万斯同在《与李杲堂先生书》中，表示了他企图搜罗“鼎革之际更有他邦所不及”的南明抗清事迹的意向，在北京时与刘献廷一起私抄大量有关文献，但没有成功。全祖望继承了万斯同未竟之业，他的《鲒埼亭集》和《续甬上耆旧诗》，以其所网罗的大量文献，完全实现了万斯同的遗愿。这些文献，正体现了浙东史学重在现代的内容。所以，梁启超说：“其后斯同同县有全祖望，亦私淑黄宗羲，言文献学者宗焉。”③

全祖望的经史考证法同样继承了黄、万而发展之，他七校《水经注》，并著《经史问答》。他的《鲒埼亭集》也收有好些论经学的著作。阮元十分推崇全祖望的《经史问答》，说：“实足以继古贤、启后学，与顾亭林《日知录》相埒。”并说：“万、全之学，则如百尺楼台，实从地起，其功非积年功力不可。噫！此本朝四明学术所以较昔人为不惮迂远也。”④ 所谓

①② 全祖望：《鲒埼亭集》卷四八。

③ 梁启超：《清代学术概论》，第15页。

④ 全祖望：《鲒埼亭集·经史问答》卷首，阮元：《经史问答序》。

“不惮迂远”，指的是对经史的考证，他看到了万斯同与全祖望在考证学上的联系。

章学诚主要从理论上总结了浙东学术，他提出了“学于众人斯为圣人”的可贵命题，体现了黄、万、全一贯的人民性和民主精神。在他的时代，自然不可能也没有必要表彰民族精神了，但他把黄宗羲、万斯同史学经世的精神，概括为“史学所以经世”的命题，并予以阐述。他对浙东史学重在现代的内容，概括为史学应该“详近而略远”①，反对“不知当代而言好古”② 的倾向。他概括了万斯同关于《礼》即三代的典章制度及其以史视《礼》的精神，在王阳明、李贽、王世贞等人的影响下，再次提出和发展了“六经皆史”的命题。万斯同一再批评史官“为国讳”，“随人曲笔”，“挟私以枉人”，提倡“平心”治史的史法。章学诚继承了这一思想，指出治史“心术不可不慎”的问题，把万斯同的“平心”史法，从理论上升为“史德”③，从而发展刘知几的史学三长而为才、学、识、德四长。他又在万斯同“贯通”、“变通”史法的影响下，在《文史通义》的《释通》一篇里分析了“通”之可贵。万斯同善于作史表特别是人表，但对史表的作用未予阐释，章学诚则予以分析说明，指出：“史之大忌，文繁事晦……使欲文省事明，非复人表不可；而人表实治经业史之要册。”④ 万斯同主张以写史的方法写方志，章学诚发展了这一

① 章学诚：《文史通义》外编三《记与戴东原论修志》。

② 章学诚：《文史通义》内编三《史释》。

③ 章学诚：《文史通义》外编三《史德》。

④ 章学诚：《文史通义》外编二《史姓韵编序》。

思想，提出了一系列“志属信史”[①] 的方志性质、作用等理论。

由此可见，如果说黄宗羲是清初浙东学术的开创者，那末万斯同和全祖望是继承和发展者，而章学诚则是其史学理论上的集大成者。

万斯同对乾嘉学派的影响主要在方法论上，以徐乾学具名而实则主要为万斯同所著的《读礼通考序》中说：“经可信，不敢舍经而从传；传可信，不敢舍传而从各家。然亦有经不足不得不取之于传；传不足而取之注疏、论辨者。”[②]这一治经方法，大部分为乾嘉学派所奉行。乾嘉学派所不取的是后面一句话，即“传不足而取之注疏、论辨者”中的“论辨者”。其所说的“论辨者”，在万斯同以前主要是宋明理学家的经学，而乾嘉学派是反对宋学的。

梁启超指出清代学风的十点特色，其中如“凡立一义，必凭证据，无证据而以臆度者，在所必摈”，“选择证据，以古为尚……以经证经，可以难一切传记”，“最喜罗列事项之同类者，为比较之研究，而求得其公则”，“所见不合，则相辨诘”[③] 等等。这些实事求是，不盲从、墨守和归纳比较的考证方法，我们也可以从万斯同的论著中发现其端倪。

万斯同的经学擅长《礼》学，他所研究的一些课题，后来亦为乾嘉学派所发展，如惠士奇、惠栋父子的《禘说》、《明堂大道录》，以及戴震、沈彤、王鸣盛、任大椿、程瑶田、凌延堪、胡竹村、胡景庄等人对礼制的研究等等，研究礼制，

---

① 章学诚：《文史通义》外篇三《为张吉甫司马撰大名县志序》。

② 徐乾学：《读礼通考》卷首，徐树谷：《读礼通考序》。

③ 梁启超：《清代学术概论》，第35页。

成了有清一代的“绝学”[①]。万斯同与其兄斯大对这一“绝学”的先河之功是不能抹煞的。

万斯同提倡史表，开启了乾嘉时期蔚为大观的撰写各种史表的一代风气；他对昆仑、河源的考证，实为乾嘉和道光时期研究边徼地理的嚆矢。

由上可知，万斯同的学术，既继承和发展了黄宗羲之学，又是十八世纪浙东学术和乾嘉学术的先驱者。

① 梁启超：《清代学术概论》，第38页。

附：万斯大评传

万斯大的经学及其历史地位

一、万斯大传略

万斯大（1633—1683），字充宗，号褐夫，晚年病足，自号跛翁。生于明崇祯癸酉六年六月六日，卒于清康熙辛亥二十二年，浙江鄞县（今宁波市）人。他在万氏八龙中排行第六，为清初著名经学家。四岁时，父万泰中崇祯九年丙子乡试，以名孝廉而主持海内风气，声誉日隆。就在这一年，由父亲作主，四岁的万斯大与同邑四大望族之一陆宇爜的女儿陆令娴订为婚姻。陆宇爜后来成为清初著名的抗清义士。他的传奇事迹黄宗羲的《陆周明墓志铭》和全祖望的《明故按察副使监军赣庵陆公墓碑铭》都有记载。所以万斯大年轻时深受其父和外舅民族思想的熏陶。

崇祯甲申十七年（1644），万斯大二十岁时，明亡。第三年，即顺治三年，清军渡钱塘江，万斯大随父兄逃居于奉化榆林群山之中。他的祖母和母亲相继病殁，他自己又患疟疾。他后来回忆说："天崩地陷，人尽无生，疾痛死亡，予家独惨。"[①] 榆林三载的经历，在他记忆中极其深刻。

顺治九年（1652），万氏全家已迁回宁波城内故居。有一次，他与兄长及弟弟斯备、斯同以及侄万言，参观宁波郡守举行的传统乡饮酒礼。这件事，他的兄弟们早已忘却，独万斯大铭记在心。二十余年后，他在所著《学礼质疑》中，对这次举行礼节的宾主位次，记得清清楚楚。这时万斯大年仅二十岁，说明他年轻时已对《礼》学发生了强烈的兴趣。此后，他与兄弟一起参加了宁波城内的文会和西郊的策论之会，成为会中活跃的成员。

顺治十四年（1657），远在广州的父亲寄来一封家信，询问："六儿婚期果定否？倘已赘入陆门，还须归家读书。人生唯赘婿最难做，须加倍谨慎谦和，无令人傲慢也。"[②] 然而不幸，就在这一年，万泰在归家途中病逝于江西湖口。次年，在他二十五岁时，遵父遗命，与陆令娴完婚。但他没有赘入陆家，那是因为陆家也已因抗清而破产。陆氏比万斯大小一岁，两人以如此年龄而晚婚，这在古人是少有的。次年，生子万经。当时，长兄万斯年常为全家生计而出外，五兄万斯选至杭州授徒为生，家中重任全由三兄万斯祯和他主持。所以，万氏兄弟有几次到余姚化安山拜访黄宗羲，万斯大都没有去。

康熙二年（1663），发生了"浙中通海案"，从海上降清的人告发了与张煌言部暗通消息的宁波抗清志士，其中的一位重要人物就是陆宇燝，被捕押于杭州监狱。万斯大与陆氏竭力营救，

① 万斯大、万经辑：《濠梁万氏宗谱》卷七《世传六·妣闻氏孺人》。
② 万斯大、万经辑：《濠梁万氏宗谱》卷一三《祖训录》。

"翁竟脱械出狱而死，死则（陆氏）与叔父（万斯大）经纪其丧而养其子焉。"[1] 万斯大一生三葬抗清义士，这是第一次。

康熙三年（1664），海上抗清首领宁波人张煌言就义于杭州，暴尸荒郊。万斯大听到这件事，就请同里前明御史纪五昌出资，由张煌言甥朱相玉购买其头，僧超直卜地，朱锡九兄弟四人预先买好葬地，由杭人张文嘉、沈璜书等收殓。万斯大亲至杭州，与超直等共同葬张煌言于杭州南屏荔子峰下，而他"每上巳重九，裹鸡絮酒拉同志聚哭之"[2]。这是他二葬抗清义士。

次年，由于万氏兄弟聚居的西郊白云庄墓舍，房屋狭小，也为了谋生，他馆于城西亲戚谢氏，为其二子"授《四书》、《书经》、《周易》"[3]。康熙六年（1667），他与兄弟、侄万言和宁波城内其他学子共人二十五人，到余姚黄竹浦执贽于黄宗羲。但就在这一年九月，他的夫人陆氏病卒，他极为伤心，此后不复再娶。

康熙七年以后，在黄宗羲创办的甬上证人书院中，万斯大以经学而闻名，他与兄万斯选、弟斯同共"雄视讲社"[4]，黄宗羲称赞他的"穷经"，"破坏训诂"的浅陋[5]。

康熙七年，他增修祖上所修的《万氏宗谱》。他修此书的原因，除实现他治《礼》的抱负外，正如魏禧在此书《序》中

① 万斯大、万经辑：《濠梁万氏宗谱》卷八，万言：《叔母陆氏孺人权厝志》。

② 万斯大、万经辑：《濠梁万氏宗谱》《世传七·先考永六府君》。

③ 万斯大、万经辑：《濠梁万氏宗谱》卷九《小跛翁纪年》。

④ 全祖望：《续甬上耆旧诗》卷九五《董孝廉允瑫》。

⑤ 黄宗羲：《南雷诗历》卷二《寄陈介眉兼怀贞一》。

所说的："斯大高节博文，好稽古礼仪，酌于时，以定画一之制。"① 但他修辑此书实有"隐痛于心"②，其用意正如他的甬上学友李文胤所说的，使"一披卷间，即知其先世死国事者在某朝，起家为大将者在某朝，以举孝廉名世者在某朝，由是俯仰嘘唏，使忠孝之念勃然而并生"③。也就是说，他把家仇国恨联在一起，在书中贯穿了他强烈的民族意识。

就在这一年，他由谢氏转馆于城中另一家著名遗民高斗枢、斗魁、斗权三兄弟的家中，为其子弟讲授《左传》、《国语》、《史记》、《汉书》及唐宋八大家文集。

康熙辛亥十年（1671），万斯大三十九岁时，他离甬迁居杭州，开始进入他一生的下半期，即他学术的成熟学期。他迁居杭州的原因，据其子万经说，是因为："先世自五世祖而下，三代（万椿、万表、万达甫）葬杭之西溪。西湖向有祀产，鼎革后，一江相隔，经理维艰，不免为守者侵蚀。王父（万泰）每欲命府君辈居杭守墓，有志未遂。"④ 他迁杭就是为了实现万泰未遂之志。临行时，他向李文胤告别，李文胤勉励他继续攻治经学，并说："吾党讲《礼》将毕，次及《春秋》，此经为夫子之书，大义微辞，学者莫能识，充宗其豫为潜思，仰窥笔削，吾党行待以解蒙矣。"⑤ 所以万斯大到杭州后，馆于魏家，授徒自给，即开始研究《春秋》。

---

① 万斯大、万经辑：《濠梁万氏宗谱》卷首，魏禧：《万氏宗谱序》。
② 万斯大、万经辑：《濠梁万氏宗谱》卷首，高斗枢：《序》。
③ 万斯大、万经辑：《濠梁万氏宗谱》卷首，李文胤：《序》。
④ 万斯大、万经辑：《濠梁万氏宗谱》卷首，卷八《世传七·先考永六府君》。
⑤ 李文胤：《杲堂文钞》卷三《送万充宗授经西陵序》。

次年，万斯大四十岁，携子万经回宁波西皋丙舍故居过生日，与兄弟们促膝谈心，证人书院的同学们也时来探望他。陈锡嘏当时赞扬他："而充宗贯穿六籍，手抄件系，折衷汉唐宋以来诸儒成说，而纬以新裁，近世治经者莫能及也。"① 陈锡嘏正确地指出了他经学的汉宋兼采的特点。

康熙十二年（1673），他在杭州的家不慎失火，他自至杭州以来编纂摘抄、归纳整理关于《春秋》的资料"百余万言"② 全部毁于火。万经对这部分资料的内容有所说明，我们可以从中了解万斯大的博学和他汉宋兼采的特点。他说：

> 先君子笃志经学，尤精于三《礼》、《春秋》。辛亥馆钱塘，集《春秋》说自五《传》及三家注疏外，有陆淳《辨疑》、《纂例》，刘原父《意林》、《权衡》，程正叔《说》，苏子由《集解》，张洽《集注》，孙莘老《经解》，程时叔《本义》、《辨疑》、《或问》，黄东发《日抄》，赵子常《集传》、《属辞》、《师说》，吕泾野《说志》，张常甫《经说》，季彭山《私考》，丰人叔《世学》，高景逸《礼义》，郝仲舆《直解》，卓去病《辨义》，贺仲轼《归义》，暨文集中所载，如永叔、子瞻、晦庵与夫《大全》、《本义》所采先儒诸说，日为编纂，每一事列一纸书之，以备后抄撮，凡得二百四十二卷。癸丑秋，毁于火，不留只字。③

① 陈锡嘏：《兼山堂集》卷四《万充宗四十寿序》。

② 万斯大：《礼记偶笺》卷首，陆嘉淑：《礼记偶笺序》。

③ 万斯大：《学春秋随笔》卷首，万经：《学春秋随笔序》。

万斯大受此重大打击，上述书籍又一时无以再觅，从康熙十三年起，他又不得不重理三《礼》旧业了。康熙十六年(1677)，万斯大第一部经学专著《学礼质疑》写成，先刻数卷。这本书原是他质疑于黄宗羲而写的，黄宗羲为此书作序，称赞他："锐志经学，六经皆有排纂，于三《礼》则条其大节目，前人所聚讼者，甲乙证据，摧牙折角，轩豁呈露。"①

就在康熙十六年，他秉黄宗羲之意，迁葬父友、甬上东林四先生之一、原鲁监国行人陆符的坟墓于宁波西郊，这是他三葬明抗清志士。

大约在康熙十七年或十八年，他完成了第二本重要经学著作《周官辨非》。康熙十八年冬，他与郑梁至余姚，建议黄宗羲刊刻他的文章，这就是《南雷文案》，由万斯大手校付梓。次年正月，黄宗羲母亲姚太夫人逝世，他又至余姚为老师料理丧事。在这一年，他作《梨洲先生世谱》，冠于《南雷文案》卷首。

从余姚回杭州后，他写成了《仪礼商》一书，在此书写作过程中他就商于杭州名士应㧑谦，因作书名。两人进行了反复的辩论。应㧑谦说："余喜其覃思，嫌其自用，时欲切磋之，而万子护其所见，未肯动步，往复之际，动盈卷轴。"② 但他仍为万斯大此书作了序。

康熙二十年(1681)，他的另一部《礼》学著作《礼记偶笺》也完成了。这一年二月，他应聘至海昌(今海宁)，馆于海昌大族名士陈之问(字令升)家。陈之问是刘宗周蕺山书院的学

① 黄宗羲：《南雷文定》前集卷一《学礼质疑序》。

② 万斯大：《仪礼商》卷首，应㧑谦：《序》。

生，与黄宗羲是同学，颇有学问。他以《春秋》与万斯大商榷。陈家富有藏书，于是他又再次研究《春秋》，“广搜备采，折衷至当……间有独得者，另为札记，曰《学春秋随笔》，纂辑三年，日有程限。”①

万斯大在杭州这段期间，与不少学者时相过从。在《礼》学研究中，除应抝谦外，尚有沈甸华、吴志伊、黄农师、沈昭嗣等人互相商讨，“有不合者，必再四往复，务伸其说，绝不可有依违。”②在《春秋》研究中，“秦湘侯作《春秋纲》，宋子犹作《春秋书法辨》，翁（万斯大）遣书诘难，往复数四，必伸其说而后已。”③万斯大的经学因此名闻海内。“豫章彭躬庵、吴郡顾景范（顾祖禹），皆叹经学不如充宗。”④“海内钜儒，如嘉禾（今浙江嘉兴）曹溶，昆山徐乾学，海昌陈之问咸加敬礼焉。”⑤

万斯大为人耿直、刚毅，嗜义若饥渴，“视朋友为性命，然劝善规过不少假借，使其人有一事之善，一文之工，即鼓掌狂叫如获异宝，设有不善，或巽言庄论之弗改，则裂眥顿足，若其人身在汤火而必欲出之也，同人皆比为畏友，而龌龊者不敢近焉。”⑥他这一性格在他的民族气节中也显露出来。有一次，他游杭州阳明书院，见有降清的前浙江巡抚张缙彦的神位，竟一时火起，把它击碎。看守者十分惊讶，万

①②⑥ 万斯大、万经辑：《濠梁万氏宗谱》卷八《世传七·先考永六府君》。

③ 万斯大、万经辑：《濠梁万氏宗谱》卷八《世传七·先考永六府君》，郑梁：《跛翁传》。

④ 陈锡嘏：《兼山堂集》卷四《万充宗五十寿序》。

⑤ 万斯大、万经辑：《濠梁万氏宗谱》卷八《杭州府志寓贤传》。

斯大厉声对他说：“官府有问折此主者，可曰四明万某也。”① 旁观的人也惊恐退却，他对他们解释说：“此明末兵部尚书，卖国，为闯贼官，后复历仕此间方伯者也。”②所以其弟万斯同著《明季两浙忠义考》，在万氏兄弟中独把他列入明末忠义之一。

然而，万斯大为了纂述《春秋》，已心力交瘁了。据万经说：“府君纂辑之劳，冬不顾龟手，夏不惶挥汗，如有督课者。然意有所得，则著为论说，间或一字未按，一义未惬，回环考索，凭几以思，寝食俱废，沉绵困顿之中，如有鬼神来告，划焉开解，则得意疾书。”③可以说万斯大已为经学而鞠躬尽瘁了。康熙二十二年（1683），他才写好《春秋》的鲁昭公一卷的心得和论述，突发重病，其子万经急忙赶来，把他从海昌接到杭州。临死前他什么也不说，只对万经说：“吾为《春秋》，心血已竭，不能复生，不寐者六日夜矣。又近得刘原父（宋儒刘敞）《春秋权衡》，快酬夙愿，今恍惚中时时如见刘原父，时时有一篇《左传》在吾前。”又说：“只季武子立后一事，不能去怀耳。”④过了几天，他就溘然长逝了。⑤ 卒后第二天，黄宗羲恰好渡江到杭州，听说万斯大已去世，十分悲痛，即作《万充宗哀辞》，并于两年后为之作《万充宗墓志铭》。其所著《学礼质义》、《周官辨非》、《仪礼商》、《礼记偶笺》、《学春秋随笔》，人称万氏经学五书。除续修《濠梁万氏宗谱》外，尚

①②③④ 万斯大、万经辑：《濠梁万氏宗谱》卷八《世传七·先考永六府君》。

⑤ 为了寻访万斯大的坟墓，笔者在1988年9月曾到杭州西溪留下镇进行实地考察，确知万斯大的墓地在杭州郊区留下镇安乐山上一座名叫万衙山的山头上，已毁。

有作自康熙七年至十三年的《丁灾草》，作自康熙十四年至二十二年的《甲阳草》两书，其中多为经学之作，然两书已佚。

二、万斯大的经学

万斯大毕生致力于研究《礼》学和《春秋》学，由于他《春秋》学的著作大半毁于火，因此在后世影响最大的是《礼》学。

(一)《礼》学

关于他的《礼》学，他的好友应㧑谦在《仪礼商原序》中说他："其爬罗剔抉，颇能见先儒所不及。"[①] 其所说"见先儒所不及"处，据万斯大的甬上学友郑梁归纳，有：论《宗法》八篇；论郊社；论禘祫一事；论东周之祖宗；论太坛、明堂等等。[②]

但是，议《礼》之家历来纷如聚讼，万斯大在世时，应㧑谦就有"喜有覃思，嫌其自用"[③]，对他的论点颇有不满处。他卒后，朱大韶《实事求是斋经说》专列《驳万氏分至不系时说》一节。四库馆馆臣评他"颇有新义而亦勇于信心"，然对他的"新义"却不以为然，说他"自立异端，略无显据"，不过承认他的论点也有"精确"之处，主张"置其非而论其

① 万斯大：《仪礼商》，见《四库全书·经部·礼类二》。

② 万斯大、万经辑：《濠梁万氏宗谱》卷八，郑梁：《跛翁传》。

③ 万斯大：《仪礼商》卷首，应㧑谦：《仪礼商原序》。

是”[1]。至于他与应抝谦的辩论，则倾向他，誉为“精核”[2]。四库馆馆臣对万斯大《礼》学的评论，成为清中叶以来诸家论述他的经学的依据。因此本书以四库馆臣提出的几点，来说明万斯大的《礼》学。

一、商周改月改时。我国古代有夏正建寅，殷正建丑（以夏历十二月为正月），周正建子（以夏历十一月为正月）的改正改月的说法。而商周的改时，则以夏历的冬时为正月，代替了夏历以春时为正月。万斯大同意上述论点。

那末，商革夏建丑有什么根据？他首先从五经中来考证，例举如下三点：第一，据《易》的《革卦》“象曰：汤武革命”及“象曰……治历明时”后说：“惟革命，故治历，于革而言‘治历明时’，则革寅而建丑，革丑而建子可知矣。”[3] 第二，据《书·成有一德》“爰革夏正”后说：“夫夏正，寅也，而商革之，则商之正月建丑可知矣。”[4] 第三，据《左传·昭十七年》“火出，于夏为三月，于商为四月，于周为五月”后说：“火，心星也，心必辰月始昏见，商见于四月，则正月建丑益可知矣。”[5]

接着，他又援汉陈宠、宋林之奇的相同论点后，反驳了宋儒胡安国、蔡沈的改正朔而不改时月之说：

> 使商改正朔而不改时月，则商史当日必若秦例，

---

① 《四库全书·礼类四·三礼总义之属·学礼质疑提要》。

② 《四库全书·礼类二·仪礼之属·仪礼商提要》。

③④⑤ 万斯大：《学礼质疑》卷一《商正改月改时》，《四库全书·礼类四·三礼总义之属》。

书某年冬十二月，嗣是而书春，书夏，书秋，秋后复书冬十月，十一月而后止。使周改正朔而不改时月，则周史当日必若商例，书某年冬十一月，十二月，嗣是而书春，书夏，书秋，秋后更书冬十月而后止。一岁之中，首末皆冬，言之于口，实为不顺，笔之于书，病其重复。①

他这一反驳是相当有力的。

二、周诗周正。朱熹在《诗经集传》的《豳·七月》注中说："七月，斗建申之月，夏之七月也。后凡言月者，仿此。"② 朱熹并以这一见解释《春秋》，以"春王正月"为建寅之月。万斯大反对朱熹以夏时注《诗》。他取《七月》及《小雅》的《十月之交》、《四月》和《周颂》的《臣工》四首予以考证，认为除《七月》主夏时外，其他都是周时。下面举三例来说明。

如《七月》，他先引用《毛序》："《七月》，陈王业也。周公遭变，故陈后稷先公风化之所由，致王业之艰难也。"后说："夫后稷，先公，皆夏时诸侯。周公述后稷先公以告时君，故就更时立说，如言'七月'、'八月'之类是也。其于十一月、十二月，则避不成辞，故就阳生而言日，如言一之日、二之日之类是也。"③

又如《四月》，《毛序》说："大夫刺幽王也。在位贪残，

① 万斯大：《学礼质疑》卷一《商正改月改时》。

② 朱熹：《诗经集传》卷三《豳·七月》。

③ 万斯大：《学礼质疑》卷一《周诗周正一》。

下国构祸，怨乱并兴焉。”万斯大据此指出：“所言乃周时，非夏时也。何以见之？就夏时言，则顺序而无愆，不足以寓其隐刺，惟周时，则见其乖错反常，为灾实甚。”① 如诗中说：“四月维夏，六月徂暑”，周正四月是首夏，六月仅渐暑，但“徂暑”意即盛暑将过，岂非反常？因其异变，才寓讽刺。

再如《臣工》，朱熹认为是“戒农官之诗”②，万斯大同意他这一解释，然不同意他以夏正注此诗。朱熹对诗中的“维莫之春”（莫春，暮春），“于皇来牟”，“将受厥明”句作如下解释：“莫春，斗柄建辰，夏正之三月也。……来牟，麦也；明，上帝之明赐也，言麦将熟也。”③ 万斯大对这一注解不以为然，认为诗中所说非建辰之月，而是建寅之月。他说：

> 吾读其诗，上云：“维莫之春”，下云：“如何新畬”，则莫春非寅月（周正三月，夏正正月，气节属立春）而何？若以为夏之三月，则历稽经传，告诫农工未有如此之晚者。说者泥于“来牟”、“将受”二言，以为此建辰之月，不知以为“将受”，犹是方来而未熟之词，言之于辰月可，言之于寅月，亦无不可也。④

这一分析是有道理的。

三、兄弟同昭穆。古代天子祭祖，在始祖庙下，父庙称昭，子庙称穆，孙庙又列于昭，曾孙庙则列于穆。三昭三穆，

①④ 万斯大：《学礼质疑》卷一《周诗周正一》。

②③ 朱熹：《诗经集传》卷八《周颂臣工之什·臣工》。

与始祖庙合而为七。以后有新的神主，不再增庙，而将第一昭的神主迁入始祖庙，后面的昭穆依此上升，而将新神主置于最后一昭穆中。但是这是父死子继的常礼，如遇到兄终弟及，或以兄继弟等情况，昭穆怎样安排？经中却没有说明，仅有《春秋》的“跻僖公”一例。原来鲁庄公卒，闵公继，闵公卒，鲁人立其兄僖公，成了弟终兄及。僖公卒，子文公立，文公如何安排僖公的神主呢？这里涉及亲亲与尊尊的问题。如按尊尊关系，闵为僖之君，僖为闵之臣，闵应排在僖之上，即闵昭僖穆。但是文公采取“跻僖公”[①]的办法，即升僖公于闵公之上，因此《礼记·大传》说这是“逆祀”。《春秋》的三《传》，都认为这是“失礼”的行为，因为僖为闵的臣子，子不应为父先。但这里又涉及同一代的昭穆应如何安排问题，所以历来议论纷纷，莫衷一是。万斯大认为应该“父子异昭穆，兄弟同昭穆”[②]，其理由如下：

首先，从昭穆的本义上说。“盖尝思昭穆之为义，生于太庙中祫祭位乡，而子孙因之以定其世次，故父子异昭穆而兄弟则昭穆同。”[③]

其次，从历史上说。周以后稷为始祖，其子为昭，孙为穆。以后世代奇数皆为昭，偶数皆为穆。后稷第十二代孙古公亶父（即大王）为穆，则其子大伯、虞仲、季历，皆为大王之昭。季历为昭，则其子虢仲、虢叔和昌（即文王）皆为季历之穆。文王为穆，则其子管、蔡、郕、霍、鲁、卫、毛等及武王皆为文王之昭。武王为昭，则其子邘、晋、应、韩皆

① 《春秋·文公二年》。

②③ 万斯大：《学礼质疑》卷二《兄弟同昭穆》。

为武王之穆。《左传·僖公五年》清楚地记载了周历代的这一昭穆次序。万斯大说，其中有些人列于藩封，死亦不得入先王之庙，但他们的昭穆称呼并不异于继天子之位者，他们的昭穆“皆一定不可易”①。

最后，从情理上来说。万斯大不同意认为闵虽为僖之弟，但为僖之君父；僖虽为闵之兄，但为闵之臣子，两者关系应同于闵父僖子的观点。他据周历代昭穆次序为例说：“是则身为诸侯，且不与天子异昭穆之班，而如以兄终弟及之故，即如父子之易世”，这岂非“非父子而以为父子，本兄弟而不以为兄弟，如是而以为礼，是徒知天下之足重，天子之当尊，不知兄弟之伦之不可无也。”他责问：“夫生时兄弟为臣，犹不没其为兄弟，岂死后兄弟为君，反不得为兄弟乎?”②认为有悖于兄弟之伦。

那末，僖与闵的庙制应如何设？他认为这是一种变礼，可采用同庙异室的办法。

四、宗法。万斯大论宗法共八篇，其中主要论点为如下几种：

1. 论大宗小宗之分。万斯大在解释《礼记·大传》“别子为祖，继别为宗，继祢者为小宗”时，首先指出：“古之时，诸侯之适长为世子，嗣为诸侯，其支庶之后，族类繁多，惧其散而无统也，因制为大宗、小宗之法。”③ 这段话是他论宗法的大前提，即：天子诸侯无宗法，宗法应用于支庶之后，用以敬宗统族。

---

①② 万斯大：《学礼质疑》卷二《兄弟同昭穆》。

③ 万斯大：《学礼质疑》卷二《宗法一》。

2. 论大小宗之别。他指出非适长的适子或庶子，皆称别子。由于别子“为祖为祢不同，故大宗、小宗遂因之以异”①。他的理由是：郑玄注《王制》“大夫三庙，一昭一穆，与大祖之庙而三”说：“大祖，别子始爵者，《大传》曰‘别子为祖’谓此。”因此诸侯之别祖例应皆为大夫。然而为大夫须有德有功，诸侯的别祖未必皆贤，贤者为大夫，成为后世的大祖，“故其子孙适长，继此祖而为大宗”②。这就是“别子为祖”的继别大宗，其大祖之庙，百世不迁，故大宗亦百世不迁。不贤者为士，其子祭之为祢，本人不能为其后世的大祖，“故其子孙适长继此祢而为小宗”③，祢庙五世而迁，故小宗亦五世而迁。

3. 论大小宗之别，非别于初而别于后。因为别子身为大夫或士，在世时自然不祭，所以无所谓宗不宗。至其子、孙、曾孙、玄孙五世之内，宗之者是一致的。只是到了五世以外，大夫尊高祖之父为太祖，其庙百世不迁。而小宗高祖之父，其神主则迁于太祖庙，这样一来所宗亦变化了，继别的大宗，其玄孙之子及其后代，其祭不变。而小宗由于“庶子不祭”④，失去了独自祭高祖之父的资格，其玄孙之子及其后代，只能宗大宗以祭了。即《礼记·曲礼》所说的“支子不祭，祭必告于宗子”，其所宗的人自然比大宗少，因此万斯大说：

> 由是以观，大夫、士五世之内，其宗无大小之分。宗之有大小之分，盖在五世之后也。其谓大宗

①②③ 万斯大：《学礼质疑》卷二《宗法一》。

④ 《礼记》卷一六《大传》。

者何？五世内外，凡族人之同吾大祖者，尽宗之，所宗大也；谓之小宗者何？唯五世之内，族人之同高祖者宗之，所宗者小也。[1]

4. 论大宗之下，复有小宗；小宗之下，更有小宗。然而大宗亦有适长与非适长之分，非适长也不得祭祖，因而成了小宗。至于别子为士之小宗，亦有适长与非适长之分，因此，"小宗之下，更有小宗"[2]。

5. 论宗子。宗法在形式上是通过祭先而实行的。万斯大据《说文》"宗，尊祖庙也"，因而指出族人宗他主祭祖庙，所以称为宗子。他又据《礼记·大传》"有无宗亦莫之宗者"，即诸侯只有一个弟弟，没有人宗他祭祖；又如他的后代亦只有一子，只好自祭其祢，自祭其祖，所以称"无宗亦莫之宗者"。只因适长子下有支子，适长子祭而支子不祭。支子虽不祭，然因宗适长子为主祭，自己助祭，这样，宗法就产生了。所以，万斯大说："宗子之名，由族人宗之而起。"[3]

6. 论别子。何谓别子？历来解释纷纷，万斯大认为，别子是"专指诸侯之子者"[4]。他据《仪礼·丧服子夏传》"诸侯之子称公子，公子不得祢先君；公子之子称公孙，公孙不得祖诸侯：此自卑别于尊者也"，以及郑玄注和贾公彦疏，认为这就是"别子"称呼的由来。因为，"夫惟公子之皆出于君而近于君也，先王惧其尊卑无别，而或至于潜，故称'别

①② 万斯大：《学礼质疑》卷二《宗法一》。
③ 万斯大：《学礼质疑》卷二《宗法三》。
④ 万斯大：《学礼质疑》卷二《宗法四》。

子'以严之。又惧其散而无纪，故为宗法以统之。"① 只有适长子才能立庙祢先君，这是"尊者"，其他适子和庶子，不能立庙祢先君，自卑以别于适长子，所以称"别子"。

五、治朝无堂。万斯大十分重视经中所说的庙和寝，因为"古人之礼，行于庙者十七，行于寝者十三"②，而庙寝之制古今又不同。如果不了然于庙寝之制，读《礼》就十分困难。所以他据南宋杨复的《仪礼图》，补其脱误而作《庙寝图》。他的好友应撝谦看了后有不同看法，二人往复辩论。万斯大有四《与应嗣寅书》，由辩庙寝而辩私朝，最后辩及朝堂。他的观点如下：

1. 寝为居处之地。《经》有"路寝"、"小寝"、"正寝"、"燕寝"之别。什么是"寝"？万斯大据《礼记·玉藻》，诸侯"日视朝于内朝……退路寝听政。……然后适小寝释服。"认为朝在路寝之前，小寝在路寝之后。而诸侯之路寝，相当于大夫的正寝，其路寝相当于大夫之燕寝。按《玉藻》所说，路寝（大夫则为正寝）用以行礼，而小寝（大夫则为燕寝）是居卧休息之地；前者用以处理政事，后者用以居息，所以万斯大认为"寝"是"居处之地"③，即有行礼和休息两种作用，他并引用《礼记》的《曲礼》和《檀弓》为证。

2. 正寝之外无私朝。应撝谦认为正寝之外别有私朝，而私朝有堂有室。万斯大不同意这一解释，他认为《玉藻》虽有"出揖私朝"句，但在这句话之前，有"史进象笏，书思

---

① 万斯大：《学礼质疑》卷二《宗法四》。

② 万斯大：《仪礼商》附录《与陈令升书》。

③ 万斯大：《仪礼商》附录《与应嗣寅书》。

对命”等事，而这些事都是正寝中的事。所以所谓“出揖私朝”，是说“诸事既毕，出堂与家臣相见也”①。并不是说别有私朝的堂室。

接着他又分析什么称朝？他据《曲礼》“天子当宁而立，诸公东面，诸侯西面曰朝”，以及《尔雅》对“宁”的注释、《周礼》所说的外朝，然后指出：“夫然则知朝之为朝，就君臣相见之所在以为名，见于路寝，则路寝为朝，见于路门外，则路门外为朝，见于库门外，则库门外为朝，非必具堂阶房室乃可言朝也。”② 所以“治朝别无堂”③。

3. 当宁无明堂。应㧑谦据《论语·乡党》“入公门，鞠躬如也”，“摄齐升堂，鞠躬如也”句，认为这不是说明治朝有堂吗？他还认为这个“堂”，即是“明堂”，明堂处于门屏之间的“宁”，并据《汉济南公玉带上明堂图》为证。

万斯大反驳说，首先，这里所说的“公门”，指库门、雉门、路门；“宁”即路门外外朝之处；堂即路寝内内朝之堂，并非为“明堂”。其次，明堂也不是视朝的地方，而是举行觐礼布政之处。且明堂之制虽见于多处，只有《考工记》最古，才可取，应㧑谦据纬书（指《汉济南公玉带上明堂图》）言明堂是不足取的。

四库馆馆臣举万斯大《礼》学上述五点，认为精确而值得推阐，而对万斯大的其他见解，则多不予赞同。四库馆馆臣这种评价大体上正确，但不完全正确，他认为是的，并非皆是。例如《周诗周正》中万斯大认为除《七月》外，“余全周时”，这就不一定对了。万斯大过分相信《毛序》，如《四

①②③　万斯大：《仪礼商》附录《再与应嗣寅书》。

月》说它是“刺幽王”，所以只有以周正解释，才能以其时节反常而起讽刺作用。其实《毛序》并不可信，后来其弟万斯同已考证作者为后汉人。大前提错了，推论也自然成了问题。《四月》一诗，并非刺诗，而是叙述一位国人的行役之苦。所以以夏正说此诗，不乖时令，才能“胡宁忍予”、“我独何害”和“维以告哀”[①] 了。

四库馆臣认为非的，也未必皆非。如禘祫之说，历来解释纷纭。万斯大主张禘祫一事，且每年举行。他据《礼记·祭义》“祭不欲疏”；《王制》“天子宗庙之祭夏曰禘”；《祭统》“夏祭曰禘”以及《学记》“未卜禘，不视学”，而视学每年举行等四种有力证据，证明禘每年举行。四库馆馆臣却据《礼纬》“三年一祫，五年一禘”及《公羊传》“五年而再殷祭”来说明禘五年举行一次，并用以批评万斯大的错误。然而，他反驳万斯大的理由，早已为万斯大所驳。万斯大说：“帝王之禘祭，礼无一定之岁时，后儒臆为之说：有谓三年一禘者，杜氏《春秋注》是也；有祖《礼纬》说，谓五年一禘者，郑玄、王肃诸家及孙炎《尔雅注》是也，愚谓皆非也。”[②] 四库馆馆臣把万斯大反驳的论题，作为反驳他的论据，这是逻辑不通。

至于朱大韶《驳万氏分至不系时说》，所驳理由亦不充足。万斯大列举《易》、《郊特牲》、《左传》、《孟子》、《礼记》的《月令》、《杂记》多种证据，证明先秦时无冬至、夏至、春分、秋分之名，只有日至、日南至、日长至、日短至、正月日至，

① 孔颖达：《毛诗正义》卷一三《小雅·四月》。

② 万斯大：《学礼质疑》卷一《禘岁举以午月》。

七月日至等名称，得出："周秦以前，至不系冬夏，分不系春秋"①，并指出到汉武帝造太初历，才有冬夏之至，春秋之分及二十四节气。他的考证不但有理有据，而且符合我国历法的发展史。可是朱大韶却以"王者改正可也，谓改时，是无天也"② 驳之，他又以天文学来说明冬夏二至和春秋二分，这与万斯大的论题毫不相干，违反逻辑同一律。朱大韶还引《尚书·洪范》"日月之行，则有冬有夏"句说，这里所说的"冬"，认为就是"冬至之日道"，所说的"夏"，认为就是"夏至之日道"，他对《洪范》作了想当然的主观注释后，批评万斯大："《洪范》已有明文，妄云周秦以前二至不系冬夏，此何说也？"③这样的反驳自然是站不住脚的。此外，他以《周礼》用夏正，无一用周正来说明周改正不改时，指责万斯大"诋《周官》为伪书"，是"一孔之见"④，坚信《周官》为周公所作。这种经学水平与万斯大相比，实在相形见绌。

（二）辨《周礼》非周公作

自东汉郑玄推崇《周礼》后，《周礼》一跃而为《三礼》之首。自朱熹定《周礼》为周公作后，周公制礼，后世信而不疑。当然也有少数人，如明胡安国、季本，清初，在万斯大前的毛奇龄、姚际恒等人，都宗东汉何休之说，认为是战国人所作。但他们并没有专书来申述他们的观点。以专书来辨《周礼》非周公作的，则以万斯大的《周官辨非》开其端。

---

① 万斯大：《学礼质疑》卷一《古历分至不系时》。

②③④ 朱大韶：《实事求是斋经说·驳万氏分至不系时说》，《清经解续编》第三册。

他通过诸方面考证，证明《周礼》为后人假托周公之书，“故断然还其名曰《周官》。”①

万斯大考证《周礼》为伪书，主要通过下列辨伪法：

一、与《五经》、《论》、《孟》相校而辨其非。《五经》、《论语》、《孟子》，古人或认为出自周公之手，或认为是圣人孔子或亚圣孟子所作，或为孔子弟子所记，故无论从时代前后或是非的权威性来说，这些经典最具有真理性，拿来与《周礼》相校，就可看出《周礼》不是周公所作。

如《周礼》卷二《地官司徒第二·牧人》：“凡阳祀，用骍牲，毛之；阴祀，用黝牲，毛之；望祀，各以其方之色牲，毛之；凡时祀之牲，必用牷物。凡外祭毁事，用尨可也。”按古礼，阳祀指祭天及祭宗庙；阴祀为祭地及社稷；望祀为祭五岳、四镇、四渎；时祀为祭四时固定的山川、林、泽、百物。骍，赤色；黝，黑色；牷，纯色；尨，杂色。毛之，指选择纯色的毛。《周礼》这句话的意思是：凡祭祀天及宗庙，选用纯赤色全牲；祀地及社稷，选用黑色的全牲；祀五岳、四镇、四渎，选用代表各方颜色纯毛全牲；祀四时固定的山川、林泽、百物，则选用纯一色的全牲，祀田猎及不定时的山川、百物，用杂色的肢体毁折的牺牲。也就是说，因祭祀对象的不同而用毛色不同的全牲，或非全牲。

万斯大据《礼记》、《尚书》、《论语》的经文予以反驳，指出周时凡祭祀必用骍。他说：

按《檀弓》曰：“夏后氏尚黑，牲用玄；殷人尚

① 万斯大：《周官辨非·前言》。

白，牲用白；周人尚赤，牲用骍”，此言三代所尚，其色不同也。概言牲而不言其所用，则凡祭牲皆然，故不别异也。就周而言，《郊特牲》云：“郊祭，牲用骍”，是祭天用骍也；《祭法》言：“燔柴太坛，瘗埋太折，用骍犊”，是祭地用骍也；《周书》：“成王在新邑，烝祭岁，文王骍牛一，武王骍牛一”，是祭先用骍也。孔子曰：“骍且角，山川其舍诸”，是祭山川用骍也。由是推之，周天子之凡祭，无不用骍可知矣。①

万斯大还据《曲礼》“天子以牺牛”，《祭义》“牺牷祭牲”，指出：“注家谓毛色纯而不杂曰‘牺’，则天子虽外祭，亦用牲，不用尨也。”② 万斯大据上述一系列例子，来说明《周礼》所说的错误，其考证的确“茧辨毛析”，理由充足，由此可知《周礼》所定的这一制度，是后人伪造的，非周公的制度。

二、以《周礼》所定制度有害于民生而辨其非。万斯大认为，《周礼》如果为周公所作，则必行仁政。他说：“圣人之治天下，利民之事，丝发必兴；厉民之事，毫末必去。”③ 然而《周礼》与之相反，其所载的制度与民生极其有害。而其核心在于“官冗而赋重”④。

以“官冗”而论，《周礼》在“天官”、“地官”、“春官”、

①② 万斯大：《周官辨非·地官·牧人》。

③ 万斯大：《周官辨非·天官·大宰》。

④ 万斯大：《周官辨非·天官·大宰》，李邺嗣：《周官辨非序》。

“夏官”、“秋官”中，详细罗列了所属各类官吏的名称及其数目（“冬官”已佚）。万斯大先取其《地官司徒·惟王建国》中“乡老，二乡则公一人；乡大夫，每乡卿一人；州长，每州中大夫一人；党正，每党下大夫一人；族师，每族上士一人；闾胥，每闾中士一人；比长，五家下士一人”。上述六乡官制，以每乡五州，每州五党，每党五族，每族五闾，每闾五比计算，指出：

> 六乡，则一万五千比也，嘻！六乡之中，公三人，卿六人，中大夫三十人，下大夫百五十人，上士七百五十，中士三千，下士一万五千，何官之多也？①

其次，万斯大又分析了《周礼》的六遂之制中邻、里、酂、鄙、都、县、遂，各以五为进，指出：

> 遂有遂大夫，中大夫为之，凡六人；县有县正，下大夫为之，凡三十人；鄙有鄙师，上士为之，凡百五十；酂有酂长，中士为之，凡七百五十；里有里宰，下士为之，凡三千；邻有邻长，不命之士为之，凡万五千。嘻！抑又多矣。②

最后，万斯大以天、地、春、夏、秋五官之制作了统计，与六乡、六遂之制加起来说：

---

①② 万斯大：《周官辨非·地官·乡老》。

总为三公，三十二卿，中大夫六十八，下大夫二百九十三，上士一千一百四十三，中士四千五百三十六，下士一万九千四百四十五，不命之士万五千，又有命官而无定数者如山虞，每大山中士二人，中山下士六人；川衡，每大川下士十二人之类，不知当几十百也。而冬官又亡阙，其为卿大夫，上、中、下士，不知又几十百也。①

有官必有禄，万斯大作了上述统计后，其目的是说明：

故吾谓官多则糜禄，糜禄则财匮，财匮则聚敛，聚敛则病民。呜呼！生之者众，食之者寡，《大学》，生财之道也，作《周官》者曷亦思之乎？②

以“赋重”而论，古有粟米之征、布帛之征、力役之征，万斯大先分析粟米之征，对《周礼·地官司徒下·载师》“凡任地，圆廛二十而一，近郊十一，远郊二十而三，甸、稍、县、都皆无过二十”予以分析，认为古代的赋无过十一，只是到了春秋战国，才有重税。他又指出：近郊十一，远郊二十而三，而更远的甸、稍、县、都，都是十二，怎么能越远赋税越重呢？他的结论是：“然则《载师》所言，岂待辨而知为聚敛小人之说乎？”③

①② 万斯大：《周官辨非·地官·乡老》。

③ 万斯大：《周官辨非·地官·载师》。

接着，万斯大论《周礼》所说的力役之征，《周礼》在《地官司徒下·均人》中说："凡均力政，以岁上下：半年，则公旬用三日焉；中年，则公旬用二日焉；无年，则公旬用一日焉。"（公旬指公家力役日程）万斯大据《左传·宣公十一年》"令尹蒍艾猎城三斤……事三旬而成"及杜预对"十日为旬"的注释，认为："使如此匀人所匀，一旬而用民三日，则三时之害者多矣，民力几何？安能尽力于农亩，其不至民有殍而父子离者几希？惟《王制》云：'用民之力，岁不过三日，询圣王之制，万世不易之经也。'"① 以此来说明《周礼》之制显然有违于《王制》。

《周礼》还制定"关市之征"，《周礼·天官冢宰·大宰之职》："以九赋敛财贿，……七曰'关市之征'。"万斯大据《孟子·梁惠王下》"昔者文王之治岐也，关市讥而不征"以及《尚书·无逸》"以庶邦惟正之供"、"以万民惟正之供"句，指出周文王及周成王只取正常的贡赋，而不横征暴敛。他说："使赋及关市，宁非横敛乎？吾以是知《周官》非周公所作决也。"②

此外，《周礼》还设有数不清的苛捐杂税，万斯大取其《地官下》所设山虞、林衡、川衡、泽虞、迹人、卝人、角人、羽人、掌葛、掌染草、掌炭、掌荼、掌蜃等各种小官吏，他们既掌山川之禁令，又掌山川各类产品的赋敛，发出如下感慨：

按山林川泽，民之所以取材用也。或恐其不时

---

① 万斯大：《周官辨非·均人》。
② 万斯大：《周官辨非·天官·大宰》。

而入，则物或易尽，为之设禁以守之，将数有司之事耳。曷为而官吏若是其多乎？既官吏若是其多，则凡山泽之所出，足资国用者，官取之可矣，曷为而赋于民乎？嗟乎，虞、衡主之，迹人、丱人、角人、羽人、掌葛、掌染草、掌炭、掌荼、掌蜃，复物之分敛之，数十百官吏结网罗、置陷阱于山泽之中，民生其间，真一步不可行，一物无所有，累然桎梏之人耳。①

汉刘歆认为《周礼》是周公致太平之书，然而官如此之冗，赋如此之重，这怎能是周公致太平的书呢？

三、以《周礼》制度有伤于国体而辨其非。万斯大所指的是《周礼》所设的“猥琐不经”② 的国家制度，如经济制度，《周礼·地官司徒下·泉府》：“凡民之贷者，与其有司辨而授之，以国服为之息。”所谓“国服为之息”，即按为国服事的各种税率计算利息，也就是说，凡人民向掌理收取市中赋税的国家机构“泉府”借贷货物或货币，泉府官吏会同地方官验明品质和数目，发给人民，其利息按为国家服事的各种税率收取。万斯大对此评论说：“操奇赢，权子母，此商贾贱大夫之所为也。王者以天下为家，而锱铢取息于民，无论足为民贫也，其如国体何？”③

又如《周礼·夏官·巫马》：“掌养疾马而乘治之……马

① 万斯大：《周官辨非·地官·山虞》。
② 万斯大：《周官辨非·前言》。
③ 万斯大：《周官辨非·地官·泉府》。

死，则使其贾粥之，入其布于校人。”即巫马这种官吏，掌养有病的马匹，如果马死了，使商人卖掉马的皮骨等，把所得货财，缴于校人。万斯大也批评说：“君子以为伤国体。”①

在政治制度上，万斯大集中抨击《周礼》所设的阉人与宫妃同国家官吏并称的制度。《周礼·天官冢宰第一·惟王建国》说：“内小臣，阉上士四人。”郑玄注：“阉称士者异其贤。”② 万斯大对郑注极不以为然，他说：“阉人，自宫之人也，为内小臣以供宫中之使令，不得预外廷之事，即令贤而有功，厚其赏赉可矣，安得假以士君子之名而称上士也哉！”③ 他指责这一制度，“名器之滥极矣。”④

又《周礼·春官宗伯第三·惟王建国》：“世妇，每宫卿二人，下大夫四人，中士八人。”世妇为后宫官名，佐后治理宫中事。万斯大认为以后宫女官为卿，“为亵已甚”，并说：“更可骇者，天子设官分职，首慎六卿，所以佐王出治者也。”⑤ 其“出为牧伯、列国诸侯，入为卿士”⑥，所以“卿士之选，何其重与”⑦？何况以世妇称卿，违反了《礼记·昏义》别内外之官的制度，把内外官制混淆起来，所以他说：“置卿于后宫而以世妇名，其亵已甚。”⑧

四、以《周礼》自相谬戾而辨其非。万斯大对《周礼》作了详细分析，发现其“多自相谬戾”⑨之处，认为周公所书，决不会如此。

---

① 万斯大：《周官辨非·夏官·校人》。

② 贾公彦：《周礼注疏》卷一《天官冢宰第一·内小臣》。

③④⑧⑨ 万斯大：《周官辨非·天官·内小臣》。

⑤⑥⑦ 万斯大：《周官辨非·春官·世妇》。

如《周礼·地官司徒上·调人》：掌司万民之难而谐和之。凡过而杀伤人者，以民成之。……凡和难父之仇，辟诸海外，兄弟之仇，辟诸千里之外。……弗辟，则与之瑞节而以执之。万斯大指出，所谓“过而杀伤人者”，指的是过失，而非故意，这是可以和解的。然而既称“仇”，则非过失，而是故意，此句过故不分，此为自相谬戾之一。过失杀人，自然可以和解，而故意杀人，尤其是父兄之仇，只能“归诸司寇”①，处以刑罚，怎能由调人来和解呢？此自相谬戾之二。《周礼·秋官司寇第五·朝士》：“凡报仇雠者，书于上，杀之无罪”，可知有仇必报，报之不得闻于官，杀人者死。可同样是《周礼》的《地官司徒·调人》，却说可以“和难”，而使之避于海外或千里之外，此自相谬戾之三。《调人》又说：“弗辟，则与之瑞节而以执之”，即如杀人者不按规定躲避，可把瑞节交与报信的人，让他执交官府，万斯大说：“是不罪其杀人，而罪其弗辟也，进退两无所据矣。”②此自相谬戾之四。

又如《周礼·地官司徒下·遂人》说“十夫有沟”、“百夫有洫”、“千夫有浍”，计算方法是十进位制，这不仅与《考工记·匠人》说的“九夫为井”的九进位制不合。而且与同书的《地官司徒第二·小司徒之职》的“九夫为井”同样不合。万斯大指出《遂人》之制“大戾小司徒之法”③。

五、以《周礼》不合情理而辨其非。《周礼·秋官司寇第五》有冥氏、庶氏、庶氏、壶涿氏、硩蔟氏等各种官职，万斯大不仅批评其设官之滥，而且指斥其职掌的“诞漫不经”。

①② 万斯大：《周官辨非·地官·调人》。

③ 万斯大：《周官辨非·地官·遂人》。

如壶涿氏，“掌除水虫，以炮土之鼓殴之，以焚石投之，若欲杀其神，则以牡橭午贯象齿而沉之，则其神死，渊为陵”。意思说对水中的毒虫，用瓦鼓来驱赶它们，用烧烫的石头投入水中发出声音来惊走它们。若要去除水中神怪，用榆木钻孔，穿以象牙成十字形，沉入水底，则神怪死掉，深渊变为陵谷。又如说庭氏：“掌射国中之大鸟，若不见其鸟兽，则以救日之弓与救月之矢夜射之。若神也，则以大阴之弓与枉矢射之。”意思说其职掌是射杀国城夜里呼号为怪的妖鸟，若只闻其声而不见其形，就用日食时射月的弓和月食时射日的弓在夜里射它。假如是神怪发出的声音，那就用救日的枉弓和救月的桓矢来射它。万斯大就上述两点责问：“其诞漫不经，至于神可杀，渊可为陵，不见之鸟兽可射，以此为礼，是语怪之书也，而谓周公为之乎？”①

通过上述五点分析，万斯大得出如下结论：“周公之书，决不如此，故断然还其名曰《周官》。”② 并说：“则知周公之《周礼》已亡，而今之所传者，后人假托之书也。”③然而《周礼》究竟作于何时？他同意汉儒何休的见解，认为是“战国阴谋之书”。他举出四点理由：一、《周礼·地官司徒第二·乡大夫之职》谈到征役之制，国中六十，乡野六十五，万斯大指出，这显然与《礼记·祭义》“五十不为甸”，《王制》“五十养于乡，六十养于国”相牴牾。他说：“先王之世，优老之事不一而足，岂尚使之给公家之事乎？春秋战国，兵革不休，民力大困，至有役及五十、六十者，而作《周官》者，

① 万斯大：《周官辨非·秋官·冥氏》。

②③ 万斯大：《周官辨非·前言》。

遂授以为制，多见其伪也。”①

二、上述《周礼》的《调人》，记载杀伤君父之仇可以和解，可以躲避。万斯大说，这是：“衰周之时，弑君者屡见，而讨贼者不多……而岂知非周公法哉！”②

三、《周礼·地官司徒下·质人》说：“掌成市之货贿、人民、牛马、兵器、珍异。”万斯大指出：《礼记·乐记》说的是周武王克商后，马散于华山，牛散于桃林，倒载干戈，包以虎皮，而《王制》有“戎器不粥于市”句，显然都与《周礼》矛盾。他说：“则知太平之世，有天下者尚不轻言兵器，矧敢粥之于市乎？”③“此质人所掌及于兵器，春秋战国时事也。”④

四、《周礼·地官司徒第二·大司徒之职》记载，凡建邦国，公之地封疆方五百里，以下侯伯子男封地各减百里。但《礼记·王制》记载的是，四海之内“建百里之国三十，七十里之国六十，五十里之国百有二十”以及《孟子·万章下》“天子之制，地方千里，公侯皆方百里，伯七十里，子男五十里”。《周礼》所载，其面积大大超过《王制》和《孟子》。万斯大指出：“子产有言，古者大国一同，今晋楚千乘，若无侵小，何以至此。子产之博物，其言宜可信，先儒以《周礼》为战国阴谋之书，有以也。”⑤

万斯大力辨《周礼》非周公作。但他又说：“虽然，置其

① 万斯大：《周官辨非·地官·乡大夫》。
② 万斯大：《周官辨非·调人》。
③④ 万斯大：《周官辨非·质人》。
⑤ 万斯大：《周官辨非·地官·凡建邦国》。

非而存其是，典章法制，乃有可观。即谓予非《周官》，为是《周官》也。”[①] 他所说的“置其非”，有两层意思，一为谓《周礼》非周公作；一为谓《周礼》所设的典章法制，非周公致太平的制度。他所说的“存其是”，其意思：现在既明白《周礼》作于战国时代，又明了战国法制中有伤国体、害民生的部分，则其余下部分，当有可取之处，这就是“非《周官》”是为了“是《周官》”。万斯大这一分析是相当深刻，富有辩证意味。

然而，万斯大对“存其是”未作具体说明。后来，顾颉刚在《春秋三传及国语之综合研究》中说，《周礼》虽多不可靠，“然此书中有矗邌等字，而他经古籍皆不见，乃于甲骨文中见之，人有谓《周官》为真书者。然莽（王莽）时古籍尚多，自可采用成伪书也。故《周官》多‘伪书真材料’，其材料十之二三为真。”[②] 顾氏学生刘起釪注：“寻究《周官》所有官制材料，不出春秋周、鲁、卫、郑四国官制范围，惟其职掌之文有战国材料。”[③] 顾、刘两位的见解，可以说是万斯大“存其是”的补充和发展。万斯大正是企图通过辨《周官》之非，“存其是”，而探求三代典章法制的“真材料”的。

四库馆馆臣站在维护《周礼》立场上抨击万斯大此书“非毁古经”[④]，说他：“揣摩事理，想象其词，讫不能如《尚书》一经，能指某篇为今文某篇为古文也。”[⑤] 可是四库馆臣举

---

① 万斯大：《周官辨非·前言》。

②③ 顾颉刚：《春秋三传及国语之综合研究》第 86 页，巴蜀书社 1988 年版。

④⑤ 《四馆全书总目提要·五经部·礼类存目一·周官辨非》。

不出一条实例来说明《周官辨非》的“非毁古经”。而且《周礼》仅有古文而无今文，却责难万斯大不能如当时学术界辨《古文尚书》之伪，分别其今文古文那样来辨《周礼》之伪，这岂非自己也陷入了“揣摩事理，想象其词”的境地。

黄宗羲对万斯大辨《周礼》为伪书评价颇高，说这一项辨伪工作虽先儒也有，“然未有得其佐证明显如兄所言者。”①万斯大的学友李文胤也称赞此书：“条举件系，极辨其非凡五十余节。”② 梁启超说得好，历来辨《周礼》之伪，以“专书攻击而言言中肯者，实以此书为首”③。他们的评价都是正确的。

(三)《春秋》学

关于万斯大的《春秋》学，他的甬上学友郑梁在《跛翁传》中归纳为“专传”、“论世”、“原情定罪”、“属辞比事”四点，今叙述于下：

一、专传。郑梁解释说：“经无事实，待传而明，公、谷、左氏，互相异同，生今论古，事观悬断，左氏详核，宜奉为主。”④

在《春秋》学中，正如南宋吕大圭在《春秋或问》中说的“左氏熟于事，公、谷深于理”⑤，《左传》叙事“详核”，这是公认的，万斯大在《随笔》中举了不少例子。要指出的

---

① 黄宗羲：《南雷文定》四集《答万充宗质疑书》。
② 万斯大：《周官辨非》卷首，李邺嗣：《周官辨非序》。
③ 梁启超：《中国近三百年学术史》六《清代经学之建设·万充宗》。
④ 万斯大、万经辑：《濠梁万氏宗谱》卷八，郑梁：《跛翁传》。
⑤ 吕大圭：《春秋或问》。

是，他还认为不仅以事，而且以理求书法，左氏亦胜于公羊和谷梁。例如《昭公十九年》“夏五月戊辰，许世子止弑其君贾”条，《左传》说，这是许悼公患疟疾，“饮大子止之药卒，大子奔晋”。所以书“弑”。《公羊》于此条无传，但在后面“葬许悼公”条下，根据“贼不讨不书葬”的例，认为既葬许悼公而未见讨贼，说明悼公饮的药，仅是不对症而死，是过失杀人，而非故意弑君。《谷梁》则根本不谈进药事，说悼公是“正卒”，即寿终。但寿终为何书弑？那是因为太子止自责为“与夫弑者”，因而不肯继位。万斯大不同意《谷梁》之说，因为《礼》虽载君药臣尝，“然未闻不尝而死，即加之以弑名也”，“书世子弑其君，是乱臣贼子之极恶两备焉，而仅以其不尝药之故，毋乃已甚。”他也不同意《公羊》之说，因为《公羊》拘于“贼不讨不书葬”之例，“见悼公书葬，遂谓《春秋》不以止为贼而赦之也，是以止为过杀矣。过与故不同，而书法同乎？”万斯大认为只有《左传》的解释是正确的，因为疟疾非必死之病，治疟的药也不会立即致人于命，“今药出自止，饮之即卒，是有心毒杀之也”，可以肯定弑君无疑。于是止奔晋，新君立，以礼葬悼公，鲁派使参加葬礼，《春秋》“故书弑于前面而书葬于后，皆实录也”。他的结论是：“愚揆之事理以求书法，唯左氏可凭。”[①] 他的分析是合情合理的，杨伯峻《春秋左传注》在这一条中就引用了他的见解。

万斯大还否定公、谷的理，而取左氏的事。如他不同意公、谷的“贼不讨不书葬”的义例，列举《春秋》一书，鲁国以外弑君二十四，其书葬者五，都属于成丧礼而诸侯会葬；

① 所引皆见万斯大：《学春秋随笔》卷一〇。

其无论成丧与否皆不书葬者六，都属于或是僭王，或是夷王；其不书葬而《传》明言不成丧者五，都各有其特殊原因；其余八君，其嗣位君主都与前君不啻寇仇，哪肯为之成丧！他的结论是："盖成丧则诸侯会葬，不成丧则诸侯不会葬；会葬则书，不会葬则不书，理固昭然无可疑者。"此其一。《春秋》既有讨贼而书葬，也有贼未讨而书葬的，这样一来，在逻辑上有可能："故书葬者果皆贼既讨，则不书者可言不讨贼；书葬者不皆贼既讨，则不书者断非不讨贼"，岂非使人无所适从？此其二。所以他赞同《左传》"不书葬，不成丧"[①] 的解释。

然而值得注意的是，万斯大仅以左氏为主，而并不尽取左氏，也有批评左氏之处。如宣公二年"赵盾弑其君"条，《左传》引用孔子"赵宣子古之良大夫也，为法受恶，惜也"的话，为赵盾惋惜。万斯大予以严厉批评，说这句话不是孔子说的，指责左氏好以成败论人"而是非谬于圣人"[②]。

万斯大以左氏为主，但并不偏废公、谷。如经《成公六年》"二月辛巳立武宫"条，《左传》把武宫释为武军，《公羊》释为武公之庙，他评论说："据'昭十五年'经书'有事于武宫'，即此武宫，则《公羊》之说为是。盖鞍之战时，祷于武公而得胜，故立其宫也。"[③]

郑梁称赞他治经，"不立异，不苟同，不为先人之言所主，

---

① 以上所引皆见万斯大：《学春秋随笔》卷一。

② 万斯大：《学春秋随笔》卷七。

③ 万斯大：《学春秋随笔》卷八。

不为过高之说所摇”[1]，这在他对“春秋三传”的态度中明显地反映出来。

二、论世。郑梁解释说：“春秋二百四十二年，世皆无道，孔子但据无道之世，据实直书，是非自见，而初未尝以后生之匹夫，责已往之天子。”[2]

对于春秋二百四十二年的看法，万斯大在《春秋》一开卷“隐公元年”条就指出：“孔子曰：‘天下无道，礼乐征伐自诸侯出。’开卷‘元年’二字，便见王室之卑，诸侯之僭。”为什么呢？因为天子为天下共主，诸侯仅是天子之臣，如果周王室强大，一统天下，那末诸侯应奉周王为正朔，那有如“隐公元年”那样的书法，有“诸侯改元之理”？此其一。如果说《春秋》是鲁史，可以书“隐公元年”，但也应该“大书天子之年而分系其事”。此其二。因此他同意熊过的话：“诸侯僭端，始见改元。”[3] 说明春秋一开始就进入了王室卑微和“礼乐征伐自诸侯出”的衰世。

万斯大进一步把这二百四十年历史分作两段：“要而观之，春秋之始，政在诸侯，故往来之朝皆成礼；春秋之季，政在大夫，至有朝而不纳者矣。（自注：公如晋至河乃复者是）此又世变之日下，圣人之所深慨也。”[4] 他把春秋分成“春秋之始”，即政在诸侯和“春秋之季”，即政在大夫两个阶段，大体上是正确（当然还有政在陪臣的），这就完全否定了何休《春秋公羊传解诂》把春秋分作拨乱、升平、太平“三世”的臆说。

---

①② 万斯大、万经辑：《濠梁万氏宗谱》卷八，郑梁：《跛翁传》。

③④ 万斯大：《学春秋随笔》卷一。

因此，万斯大认为，孔子据此衰世之事而直书，则是非自见。例如，《隐公七年》“天王使凡伯来聘，戎伐凡伯于楚丘以归”条，他指出，时聘应是诸侯聘天子，而不是天子聘诸侯，然而，“东迁王室既卑，害礼伤尊，聘问下同列国，《春秋》因事书之，以著其衰。”①

《公羊》家主张一字褒贬，如《隐公二年》“无骇帅师入极”条，《公羊》说：“无骇者何？展无骇也。何以不氏？贬。曷为贬？疾始灭也。……此‘灭’也，其言‘入’何？内大恶，讳也。”意思是说，无骇就是展无骇，夫子削“展”字，是贬，贬他开了春秋灭国的先例。既灭国，为何用“入极”而不言“灭极”？因为灭人之国是大恶，孔子为本国讳恶，所以不书“灭”而书“入”。万斯大据“论世”的观点予以反驳，指出：“春秋无义战，敌国不相征，凡书‘侵’、‘伐’，皆罪也。‘灭’、‘入’、‘迁’、‘取’，罪之尤者也。”②在他看来，《公羊》的这些解释都是废话。

三、原情定罪。郑梁解释说：“《春秋》所著，罪多而功少。而罪之所在，必即其所处之地，察其所处之情。如鲁桓见弑于齐，庄公年方十三，冲龄倚母，法无可施，故书薨、书丧、至书葬，一似贼之已讨。而于庄元年，则特书孙齐以责夫人。迨庄公既长，忘仇共狩，则如齐、如莒，庄公于是不得辞其防闲之责。”③

郑梁所说，于书薨、书丧、书葬问题，非斯大原意，上文关于“贼不讨不书葬”之例，斯大就表示反对。不过，他

①② 万斯大：《学春秋随笔》卷一。

③ 万斯大、万经辑：《濠梁万氏宗谱》卷八，郑梁：《跛翁传》。

确以鲁庄公为例，来发挥他的“原情定罪”的观点。

鲁庄公父为桓公，母为齐襄公姊（斯大以为妹）文姜。文姜与齐襄私通，桓公十八年，事被鲁桓发现，齐襄指使彭生在车中拉杀了桓公。因此，齐襄是鲁桓的仇人。万斯大的原情定罪，以庄公年幼与年长两个时期来说明。

对《桓公六年》：“同生”条，他解释说：写子同（即庄公）生，是因为“见其嗣位之初，以童稚受蔽于母，而不知有父之仇，动辄见制，既长而亦不能以礼防闲也”①。

庄公嗣位时年仅十四。这一年，经有“夫人孙于齐”句，万斯大指出，所谓“孙”，实即私奔，以后文姜多次出国与齐襄私通。他一再说庄“始则幼懦无知，不能逆制”②，“童稚无知，未能独断”③，这是原庄公年幼之情，罪不在庄公。

庄公年长后，万斯大评论就不同了。庄公九年，齐国内乱，齐襄被杀。鲁庄公以兵护送公子纠入齐，但公子小白已先入，是为齐桓公。万斯大说：“纳纠一事，他国可，鲁国必不可；鲁他公可，庄公必不可。”因为子纠是庄公仇人之子，“不可忘仇而纳”④。同年，齐鲁两国战于乾时，鲁师败绩。经书：“齐人取子纠杀之。”万斯大于是给庄公定罪了。他说：“公无以自立于人世矣，纠畏难而来，反至见杀，文承败绩，一若齐人就我师中取之以去，而非使我杀之者。”又说：“噫！春秋战多不义，今与仇国战而非为复仇，益为不义之尤者，虽胜不足多，而况至于大崩乎？”⑤

四、属辞比事。郑梁解释说：“《春秋》所书一事，必有

① 万斯大：《学春秋随笔》卷二。

②③④⑤ 万斯大：《学春秋随笔》卷三。

本末，异事亦有同形，如上书‘卫人杀州吁’，下书‘卫人立晋’，此属辞而见其为一人也；立晋则书卫人，立王子朝则书尹氏，此比事而见其公私也。”①

郑梁举的是《春秋》的鲁隐公四年“卫人杀州吁于濮”和同年“卫人立晋”两条。万斯大于此说：“《经解》曰：‘属辞比事，《春秋》教也。’于是年尤切。”②不过郑梁在上述解释中把万斯大所说的“属辞”与“比事”在意义上颠倒了，今据郑梁所举的例子来说明。

如“比事”经：“卫州吁弑其君完。夏，宋公、陈侯、蔡人、卫人伐郑”，万斯大用来与“卫人杀州吁”事相比。前一事说州吁弑君，还与宋、陈、蔡、卫诸恶勾结，表明“恶党众盛”；后一事虽只简单书以“卫人杀州吁”，但与前事恶党众盛相比，可知“卫人讨贼之难”，和石蜡用调虎离山计，在陈国濮地把州吁执杀的“谋老算深”③。

万斯大又以“卫人杀州吁”和“卫人立晋”事相比。州吁于九月被杀，可是卫人迟至十二月才立晋，可见“卫之立君，迟回慎重，晋无觊觎之嫌，卫人无党匿之私”。两事都书“卫人”，说明主谋者虽是石蜡，然“同其欲者众人”，受群众拥护，因此，“两书卫人以昭公义，此比事而见者也”④。

至于“属辞”，万斯大把“卫人立晋”与经《昭公二十三年》“尹氏立王子朝”句相对比。当时王室内乱，王子朝与王子猛争位，王子朝受周世卿尹氏支持，立于王城。这两句话都有“立”事。万斯大说：“《春秋》书‘立’者再见，于晋曰：‘卫人立晋。’足知一国之公也；于朝曰：‘尹氏立王子

①②③④ 万斯大：《学春秋随笔》卷一。

朝。’足知一族之私也。”① 他把“卫人立”和“尹氏立”两辞相连缀，虽都是“立”，可前者书“卫人”，可知是一国之公，后者书“尹氏”，可知为一族之私，公私之义不同，这是以“辞”之异同以求义。万斯大然后说：“‘卫人立晋’，以见继弑者，非讨贼不可以立君，非得众不可为君，此属辞而见之也。”② “非得众不可为君”，这已超出《春秋》正名的意义了。

郑梁所说的上述四点，是属研究《春秋》的义例问题。万斯同不仅研究义例，而且对经文也予以考证。例如，经《僖公三十一年》：“夏四月，四卜郊。”鲁国的郊礼是什么？此条写得极简单，引起后儒种种解释，极不一致。万斯大首先据《礼记·礼运》所载孔子说的“鲁之郊、禘，非礼也，周公其衰矣”句，指出郊礼应是周王祭天的大典，诸侯不得行郊礼，鲁僖公用郊，是僭逾。其次，他又引用《礼记·杂记》所载鲁大夫孟献子的话“正月日至，可以有事于上帝”及同书《明堂位》“鲁君孟春祀帝于郊”句，指出郊祭的时间在“日至”，即子月（周历正月，夏历十一月）的冬至，因此经书“夏四月”卜郊，在时间上是不正常的，所以孔子不削以示讥。这是以《礼记》来解释《春秋》，即黄宗羲所说的“非通诸经不能通一经”的方法。他又考证《春秋》“宣公三年，正月，郊牛之口伤，改卜牛，牛死，乃不郊，犹三望”条，说：“是正月牛死，即不郊而望也。使是牛不死，即正月郊可知。”③ 这是以本经的《宣公三年》正月郊来说明《僖公三十一年》四

①② 万斯大：《学春秋随笔》卷一。

③ 万斯大：《学春秋随笔》卷五。

月郊的不正常，这是黄宗羲所说的“以经释经”[①] 的方法。

由于万斯大析义精晰，考证周密，所以他研究《春秋》往往有独到的卓见，在经学上有一定的贡献。如《文公十四年》“单伯如齐”条，《左传》认为单伯为周世卿，《公羊》、《谷梁》认为是鲁国行人，万斯大主《左传》说。他列举三条理由：第一，庄公元年和十三年，《春秋》曾三次提到单伯，现在复有单伯，“相距八十余年，必父祖子孙相继为卿者也。”第二，经于鲁的世卿，都书“卒”以示其死云，而“单伯果为鲁卿，何以终《春秋》无一‘卒’之耶？”第三，有人反对说，单伯如果不是鲁世卿，明年何以书：“单伯至自齐？”他解释说：“《春秋》内鲁，尤内周，故凡王臣有事列国书同内大夫，单伯以鲁事如齐，还而告鲁，故书其‘至’，无可疑也。”[②] 万斯大这一解释，十分有力，故今人杨伯峻说：“单伯为周卿士，详庄元年经注及万斯大《学春秋随笔》。庄元年距此已八十一年，此单伯与庄元年的单伯必非同一人，当是其子孙。”[③]

又如《宣公八年》“葬我小君敬嬴，雨，不克葬”条，《左传》认为下雨不葬符合礼，《谷梁》以为葬既有日，因雨而止，是非礼，因为《礼记·王制》说过：“庶人葬不为雨止。”万斯大取《左传》说，他作这样分析：“然玩经文，不言不葬，必雨甚难于襄事也。……雨甚不能襄事，而必曰：‘有进无退。’率略奏功，诚信稍亏，贻后日无穷之悔，其可

① 黄宗羲：《南雷文定》卷八《万充宗墓志铭》。

② 万斯大：《学春秋随笔》卷六。

③ 杨伯峻：《春秋左传注》，第602页。

乎？……而诸侯葬礼，四綍、二碑，执綍五百人，遣车七乘，人众事繁，雨甚泥泞，其何能济？故宁缓毋遽，宁镇毋躁。《王制》云：‘葬不为雨止。’唯庶人县封者为然，原非为大夫以上也。”[①] 万斯大的论证极有说服力，所以今人傅棣朴先生全文摘录了他这一段话，并据以批评《谷梁》之说为“拘泥不通”[②]。

万斯大的《春秋》学在一定程度上反映了时代的特点。从《春秋》之义来讲，首在“正名”，而“正名”主要表现在“华夷之防”和“君臣之义”上。《春秋》的襄公二十七年夏，晋赵武、楚屈建、鲁叔孙豹会蔡、卫、陈、郑、许、曹诸侯的大夫于宋，同年七月又盟于宋，这是《春秋》时一次著名的“弭兵之会”。但按例，会盟应由诸侯主持，可这一次则是大夫专盟，没有诸侯参加，失君臣之义；而且华族之晋与夷狄之楚一起参加，不但参加，而且在秋天同盟时，楚竟先于晋，失夷夏之防。所以，万斯大说：“是会也，大夫专盟，无君臣之义；晋楚同歃，失夷夏之防，此世道之一大变也。”[③]

失夷夏之防，为世道之一大变，这是清初满汉民族斗争的反映。黄宗羲在《留书》中一再指出：“宋之亡于蒙古，千古之痛也。”[④] 吕留良也说：“盖缘德佑（南宋末帝㬎年号）以后，天地一变，亘古所未经。”[⑤] 这些都可为万斯大“世道之一大变”作注脚，反映了他强烈的民族意识。万斯大在书中

① 万斯大：《学春秋随笔》卷七。
② 傅棣朴：《春秋三传比义》中册，第187页。
③ 万斯大：《学春秋随笔》卷九。
④ 黄宗羲：《留书·史》清抄本。
⑤ 吕留良：《吕用晦文集》卷一《复高汇旃书》。

又强调“君臣之义”和三纲，说明封建道德对他的影响，这一点，比他老师黄宗羲的《明夷待访录》的思想是有些后退了。然而，他并没有完全背弃老师的教导，他在书中提出孟子所说的“易位”问题，说：“孟子言：‘贵戚之卿，君有大过则谏，反覆之而不听，则易位。’是易君者古亦有之。但古之易君，必为国为民，君非大过不废也，继非贤者不立也。至公无私之心，质先君而无愧，对臣庶而无惭，故虽易君而不得以为罪。”[①] 易君“必为国为民”，这与黄宗羲的“盖天下治乱，不在一姓之兴亡，而在万民之忧乐”[②] 是基本一致的；“继非贤者不立”，这与黄宗羲的“古者不传子而传贤”[③] 的观点相同；“易君而不得以为罪”，这与黄宗羲的“岂天地之大，于兆人万姓之中，独私其一人一姓乎”[④] 以及反对“后世之君，欲以如父如天之空名，禁人之窥伺者”[⑤] 的思想近似。万斯大的这种观点在一定程度上反映了明清之际“天崩地解”时代我国早期反君主专制主义的启蒙思想。

郑梁所举他治《春秋》的四点，其“论世”和“原情定罪”的观点，突破了以往治《春秋》者书法的框框，为他自己所独创。他的“论世”之说，把春秋之世看成“衰世”，自然是不正确的，但这种以“三代”为“盛世”的观点，是儒家的一贯思想。明清之际，一些进步的思想家往往用以批判现实政治的腐败和黑暗，在当时有一定的历史意义。更应指

① 万斯大：《学春秋随笔》卷一〇。

② 黄宗羲：《明夷待访录·原臣》。

③ 黄宗羲：《明夷待访录·置相》。

④⑤ 黄宗羲：《明夷待访录·原君》。

出的是，他的“论世”（“原情定罪”其实是“论世”的引申）说否定了《公羊》杜撰的“大一统”以及“张三世”的所谓《春秋》之义，实质上是主张以历史主义的观点来评价历史人物。无独有偶，他的弟弟万斯同在治史中亦提出了“论其世知其人”① 的史法。兄弟二人，一在经学，一在史学，都提出了这一历史主义观点，这正是黄宗羲开创的浙东学派的一大特色，也是明清之际实学思潮的表现。

万斯大以《左传》为主，不废《公羊》、《谷梁》，甚至说：“三《传》可通为一。”他超越了经学史上今文古文之争（《左传》为古文，《公》、《谷》为今文）的门户之见，在一定程度上继承了从唐啖助、赵匡、陆淳开始的合三《传》以治经的传统。他提倡“《春秋》之学，有必待《传》而明者”②，纠正了唐宋学者中“《春秋》三《传》束高阁”③，弃《传》以释经的风气。从内容上看，据其子万经所开列的他所阅的书目，他治《春秋》既取汉儒的注疏，又采宋明诸儒之说；从方法上看，他开始以考证方法治经，对《春秋》的研究，从宋明学者的主观臆度，转向对文献的客观求证。但他并没有完全避免宋明学者主观臆测的缺点，他的《学春秋随笔》往往有失误之处，考证也不如后来专门汉学家的精审。他上承宋学，而在方法论上，下启乾嘉之学，在一定范围内又突破了经学的旧传统，以史学方法治经，从一个侧面反映了明末清初“六经皆史”的思潮。

---

① 方苞：《方苞集》卷一二《万季野墓表》。
② 万斯大：《学春秋随笔》卷九。
③ 韩愈：《韩昌黎全集》卷五《寄卢仝》。

(四) 经学考证法

万斯大对自己治《经》曾作如下叙述：

大自丁未学《礼》以来，必有所疑，取其大者条而说之，而质之吾师梨洲先生者也。始大请于先生曰："学《礼》有疑，求之注疏而不得，求之唐宋以来诸儒而又不得，以经就《礼》，其可乎?"先生曰："然。"又请于先生曰："《易》、《书》、《诗》、《春秋》而下，《左》、《国》、《公》、《谷》，去古为近，可择而取也。此外，如《汲冢竹书》之类，非古而托之于古，附会多而确据少，置而不道其可乎?"先生曰："然。"大于是首取《戴记》诸篇相对，次取《仪礼》与《戴记》对，次取《易》、《书》、《春秋》及《左》、《国》、《公》、《谷》与二《礼》对，见其血脉贯通，帝王制度约略可考，用因所得，窃著于篇……而诸《经》、诸《传》有可以旁通而互见者。先儒立说，不能通贯，往往拘文牵义，杂以谶纬，又而陋者于周说穷，即推为殷文，就其所见，知其一而不知其二，得乎而不可通。……大不自揣，私谓礼教弘深，学者务《礼经》与诸《经》、《传》逐节关通，如大海之潮，百川支港，周流灌注。从是而求之，庶有以得乎恭敬辞让之原，而因以见先王制礼之义焉。①

① 万斯大:《学礼质疑·自序》。

万斯大上述考证方法，他自己后来总结为："会通以考其详。"[①] 黄宗羲则归纳为："非通诸经不能通一经；非悟传注之失则不能通经；非以经释经则亦无由悟传注之失。"[②] 对这三点，黄宗羲也作了解释。今据黄宗羲的解释，叙述如下：

一、"非通诸经不能通一经"。黄宗羲说："何谓通诸经以通一经？经文错互，有此略而彼详者；有此同而彼异者。因详以求其略，因异以求其同，学者所当致思者也。"[③]这是指以他经为旁证，以他经之详求本证之略，或以他经之异，求与本经之同。如以万斯大上述所说的"取《仪礼》与《戴记》对"为例，万斯大考证朝觐一事。朝先觐后，《仪礼·觐礼》只讲觐礼，于朝礼则略而不具，万斯大参以《礼记·曲礼》："天子当依而立，诸侯北面而见天子曰觐；天子当宁而立，诸公东面，诸侯西面曰朝。"据此，他认为行觐礼之前应先行朝礼。他说："盖觐礼行于庙，庙在路寝东。窃意是日，天子将入庙受觐，从路寝乘车而出，诸公侯先俟于门外，天子至宁，下车而立，诸公侯于是分班朝见，以通姓名，即所谓'天子当宁而立，诸公东面，诸侯西面曰朝'也。《仪礼》不具，文之略也。"[④] 朝礼后，天子才入庙行觐礼。这就是他所谓"朝觐只一事，无二礼，朝先而觐后"[⑤]。其方法则是因《礼记》之详，以求《仪礼》之略。

二、"非悟传注之失则不能通经"。这就是万斯大所说的：

---

① 万斯大：《仪礼商》附录《三与应嗣寅书》。

②③ 黄宗羲：《南雷文定》前集卷八《万充宗墓志铭》。

④⑤ 万斯大：《礼记偶笺》卷一《曲礼·天子当依而立》。

“求之注疏而不得，求之唐宋以来诸儒而又不得”，不但不得，而且“辨以明经，或有因辨而反晦者，更不可不辨。”①对这一点黄宗羲解释说：“何谓误《传》、《注》之失？学者入《传》、《注》之重围，其于经也，无庸致思，经既不思，则《传》、《注》无失矣，若之何而悟之？”②

汉儒郑玄，遍注《五经》，集汉代经学之大成，史称“郑学”。其《传》、《注》对了解《五经》确有很大价值，然而其中主观附会之处也很多。万斯大所说“因辨而反晦”的《传》、《注》之失，很多是指郑注。如他说“于周说穷即为殷夏”，就是批评郑玄的。如《礼记·祭统》：“凡祭有四时：春祭曰礿，夏祭曰禘，秋祭曰尝，冬祭曰烝。”郑玄注：“谓殷夏礼也。”③ 因为郑玄相信《礼纬》“三年一祫，五年一禘”说，而《祭统》却把禘说是四时之祭。为了把这一矛盾解释通，郑玄只好说禘为时祭不是周礼，而是殷夏之礼了。万斯大对这一注释不以为然，他指出，礿、禘、尝、烝的时祭，不但《祭统》有，《王制》也说“天子诸侯宗庙之祭：春曰礿，夏曰禘、秋曰尝、冬曰烝”，与《祭统》一致，决非殷夏祭礼。他说：“世儒以《王制》、《祭统》出汉儒，不可信，或且推为殷夏之礼，不思汉初诸儒，去古犹近，所言必非无本。”④他又进一步指出：郑玄据《诗·小雅·天保》“禴、祠、烝、尝”句，认为这才是周的时祭，不知《王制》、《祭统》四

① 万斯大：《仪礼商》附录《与应嗣寅书》。

② 黄宗羲：《南雷文定》前集卷八《万充宗墓志铭》。

③ 孔颖达：《礼记正义》卷四九《祭统》。

④ 万斯大：《礼记偶笺》卷三。

时之祭是天子之礼，而《天保》诗“作于武王时，而禴、祠、烝、尝遂见于诗。迨周公相成王，始祀先公以天子之礼，定为春礿、夏禘、秋尝、冬蒸，而禴、祠、烝、尝，为诸侯之制也”①。

三、“非以经释经，则无以悟传注之失”。这就是万斯大自己所说的“以经证经”② 的方法。万斯大并不绝对不信传注，但在传注与经发生矛盾时，他主张：“要当以经为断。”③

黄宗羲对这一方法作如下解释：“何谓以经释经？世之信传注者，过于信经。试拈二节为例，八卦之方位，载于经矣，以康节离南坎北之臆说，反有致疑于经者。‘平王之孙，齐侯之子’，证诸《春秋》，一在鲁庄公元年，一在十一年，皆书‘王姬归于齐’。周庄王为平王之孙，则王姬当是姊妹，非襄公则威公也。毛公以为武王女，文王孙，所谓平王为平正之王，齐侯为齐一之侯，非附会乎？”④

这里以“平王之孙，齐侯之子”为例，《诗·召南·何彼秾矣》载有此句，郑玄注：“平，正也，武王女、文王孙，适齐侯之子。”⑤ 孔颖达疏：“此文王也。文者谥之正名也。称之则随德不一，故以德能正天下，则称平王。”⑥郑玄和孔颖达都把“平”字解释为“正”，“平王”成了“平正之王”，也就成了周文王了，“平王之孙”则自然解释为周文王的孙女，周武王的女儿。但如果证之以《春秋》，郑玄、孔颖达传疏的错误

---

① 万斯大：《礼记偶笺》卷二《王制》。
② 万斯大：《学春秋随笔》卷五《补遗》。
③ 万斯大：《学春秋随笔》卷五《僖公二十四年》。
④ 黄宗羲：《南雷文定前集》卷八《万充宗墓志铭》。
⑤⑥ 孔颖达：《毛诗正义》卷一。

就很明显了，《春秋》记周王女归齐，共二次，一是《庄公元年》："王姬归于齐"，一是《庄公十一年》："冬，王姬归于齐"。庄公元年为周庄王四年，周庄王为周平王孙，在齐则为齐襄公五年。庄公十一年，为周庄王十四年，在齐国为齐桓（威）公三年。所以以《春秋》证《诗》，则诗句应解释为："周平王的孙女嫁于齐厘公之子齐襄公"（或嫁于齐襄公之子齐桓（威）公）。由此可见，郑注孔疏都是错误的，这就是以经释经，可以悟传注之失。

除黄宗羲上述指出的三点考证法外，尚有几点值得注意：

一、数学考证法。明末，西学东渐，西方科技传入后，引起一定反响，人们往往自觉地要求掌握一定数量来求事物的客观规律。徐光启称为由数达理，清初王锡阐称为："因数可以悟理。"[①] 这一思维方法也开始用以治经，万斯大就是其中的开创者之一。他善于用数学统计方法来寻求《周礼》的自相矛盾处。如《周礼·地官司徒下·遂人》"上地夫一廛，田百亩，莱五十，余夫亦如之；中地夫一廛，田百亩，莱百亩，余夫亦如之；下地夫一廛，田百亩，莱二百亩，余夫亦如之"条，廛为居处，莱为休耕之田。余夫，按赵岐注，指一家一人受田外，其余老小尚有余力的人；而何休注，受田超过五人的称余夫。万斯大说：

> 独此乡遂之受田，上地百亩之外，益以莱五十亩，余夫之受田，皆同于正夫。不思六乡之地，为方百里者四，方百里者为田九百万亩（原注：见《王

① 阮元：《畴人传》卷三四《王锡阐传》。

制》），六乡合得亩三千六百万，山陵、林麓、川泽、沟渎、城郭、宫室、涂巷，三分去一，余田止二千四百万亩。六乡民七万五千家，如《遂人》法，通上中下地，正夫受田六百五十亩，当去一千六百二十五万，止余七百七十五万亩而已。余夫或有或无，或多或寡，通计一家一人，授田如正夫，亦当去田如正夫之数，给以分余之田，尚少八百五十万亩，是不必计及六乡之内尚有官田、士田、宅田之类，而已见其制之诬罔矣。”①

二、礼随时变。《三礼》之礼，有夏礼、殷礼、周礼。以周礼来说，有西周盛世之礼，有东周衰世之礼；有先王之旧制，有孔子所书的时制。对此应予以区别，才能理解《三礼》，他称为“礼随时变”②。因此，在治礼时，首先必须区别正礼与变礼。他说：“先王之制，荒远难稽，不得不凭诸传记。第传记多后人所述，有就古初之正礼以为言者，有就衰时之变礼以为言者，读者要当择善而从，不可不慎也。”③

其次，要注意古礼与今礼的区别，这是从礼的现实意义来说的。万斯大认为“古礼难复”④，“礼随时变，古礼之不行于今何害”⑤。不过，决不能以今礼托之于古，并据以释经、疑经。所以他说：“吾恶其非古而托于古，且恐儒者惑于今之失

① 万斯大：《周官辨非》。
②④ 万斯大：《仪礼商》卷二《士丧礼第十二》。
③ 万斯大：《仪礼商》附录《三与应嗣寅书》。
⑤ 万斯大：《学礼质疑》卷二《乡饮酒礼席次》。

而遂以释经也。"[1] 或者，"因今之失，而致疑于经。"[2]

三、近古为信。万斯大认为经文有不同的说法，应取其近于古的为信。例如丧祭中的"大祥"和"禫"是否在同一个月？郑玄注《礼记·间传》："又期而大祥……中月而禫"，释"中月"为"间月"，即间隔一月，那末大祥二十五个月以后，间隔一月为二十七个月，才行禫祭。王肃则释"中月"为"月中"，那末大祥与禫应在同一个月，两者谁为是？万斯大取王肃说。因为《礼记·三年问》有"三年之丧，二十五月而毕"句，禫祭之后，可以饮酒吃肉，表明丧祭已结束，则禫祭在"大祥"月中，所以说"二十五月而毕"。他不同意郑玄之说。因为："不思《三年问》一篇，出于《荀子》（指《荀子·礼论》），荀子周人也，二十五月之言，必非无据。"[3]《礼记》为汉儒戴圣（小戴）编撰，而其中《三年问》一篇则早已见于先秦的《荀子》一书，而郑玄的根据则是对《礼记》中的《丧服小记》和《学记》所作的主观解释。万斯大总结他治经的经验说："一事而有异同之说者，当原其始。"[4]

四、因图以明礼。万斯大认为《仪礼》之难读，不在于其中所述名物典章的繁密猥琐，而在于：

> 古人之礼，行于庙者十七，行于寝者十三，庙寝之制，今昔不同，不了然于胸中，徒见其敷陈序

---

①② 万斯大：《学礼质疑》卷二《乡饮酒礼席次》。

③ 万斯大：《礼记偶笺》卷五《檀弓》。

④ 万斯大：《学礼质疑》卷一《祈谷礼不同郊》。

> 列于堂、阶、房、室、户、牖之间，而处所无定，将有于左而疑其右，于上而疑其下，于内而疑其外者，如观傀儡场，转运变动，非不极灵，迨提挈一收，终归无有，观者究何所得，此《仪礼》之所以难读，而杨信斋所以持为此图也。①

但杨氏的《仪礼图》多本《周礼》，有与他经不合处，所以他另依经文，作《庙寝图》，“门庭户牖，堂阶房屋昭昭布列，明乎此，则凡行礼之始终节次，井然秩然，虽其委曲周祥，至繁至密者，无不言下立辨，迎刃而解矣。”② 他除《庙寝图》外，又作《司士治朝图》、《公子宗道三图》、《大宗百世不迁之图》、《小宗五世则迁之图》、《万氏宗谱》等。

五、疑经不注。万斯大虽然主张以经释经，然他并不盲目相信经文，有怀疑处，他不轻予注释。如《礼记·文王世子》有公族在宗庙中“登馂受爵以上嗣”之礼，然其礼已不可考。有人引《仪礼·馈食礼》来解释，他不赞成，说：“特牲，士礼也，岂可语于天子、诸侯之祭乎？愚于《特牲礼》，‘嗣举奠’及祭毕‘宗人遣举奠’食馂，甚以为疑，求其说而未安，断不敢以其近似而据为此节之解也。”③

万斯大甚而疑及经本身，如《礼记·檀弓》有“虞人，致百祀之木，可以为棺椁者斩之，不至者，废其祀，刎其人”句，意谓掌管山泽的“虞人”，负责罗致王畿内百县神社的树木，够得上做棺椁的，就砍伐，不肯献木材的地方，就

---

①② 万斯大：《仪礼商》附录《与陈令升书》。

③ 万斯大：《礼记偶笺》卷二《文王世子》。

把该地神社废除，杀其人。万斯大认为，废祀刎人，不近情理，说："姑为令而已，究属可疑。"① 他不仅疑经，而且批评经，如《礼记·檀弓》述季武子卒时，"曾点倚其门而歌"。他考证季武子之卒，"在鲁昭公七年，孔子生于襄公二十二年，至此方十七岁。曾点之年，《史记》不著，《论语》四子侍坐，以齿为序，点居子路下，子路少孔子九岁，时方八岁，点当益幼矣。倚门而歌，必无此事，即有之，亦是儿戏，乃欲据以言狂，何邪?"②

(五) 经学的特点及其在经学史上的地位

万斯大的经学，受黄宗羲经学思想影响很深，其所作《学礼质疑》，即"质之吾师梨洲先生者也"③。其《礼记偶笺》、《学春秋随笔》也都提到黄宗羲的教导。黄宗羲创办甬上证人书院，其学习的主要内容为研究经学，所以又称讲经会或五经会，其对经学的创新精神，全祖望曾归纳为"经术所以经世"④ 的研究目的和"学必原本于经术，而后不为蹈虚"⑤ 的研究方法。万斯大的经学具有这两方面创新精神而形成了自己的特点。

"经术所以经世"，这是他治经的目的。他在《学礼质疑·自序》中指出，他研究经学，是为了发现贯通于其间的"帝王制度"和"先王制礼之义"。这种经世精神，在《周官辨

①② 万斯大：《礼记偶笺》卷一《檀弓》。

③ 万斯大：《学礼质疑·自序》。

④ 全祖望：《鲒埼亭集》卷一一《梨州先生神道碑文》。

⑤ 全祖望：《鲒埼亭集》外集卷一三《甬上证人书院记》。

非》中也有明显反映。他的甬上学友李文胤看了此书后，赞赏不止，说："盖知唯《五经》可以治世，学术渊源一归于正，斯则其功在百世者也。"①

关于三代的帝王制度，上一节已述，这里来看看他怎样讲先王制礼之义的。他在阐释《礼记·礼器》"先王之立礼也，有本有文。忠信，礼之本也；义理，礼之文也"句时说："本固在内，文亦非外。礼之义为质，安得为外？谓之文者，亦就忠信对言耳。……内心有义理之制裁，斯外自得其条理，故曰：'义理，礼之文也。'无文不行，礼以义起也。"② 他引用《礼记·郊特牲》"礼之所尊，尊其义也。失其义，陈其数，祝史之事也"句，以说明应从其《庙寝图》的礼之节次中，探求礼之义。他说："苟不由行礼之节次，因以熟察其精微，则之得其浅而遗其深，识其末而忘其本，究且与祝史无异。"③ 所以万斯大十分重视通过《仪礼》的仪文，以求《礼记》的义理。故他在治《礼》中往往发表自己的义理观。他在《仪礼商》中谈格物、慎独、道德，在《学礼质疑》中谈气、阴阳，在《礼记偶笺》中谈义理等，这就形成了万斯大经学的一个重要特点：通经致用和发挥义理。从经学史上看，这一点类似今文经学和宋学，而不同于古文经学和乾嘉学派。

"学必原于经术而后不为蹈虚"，也就是说，为避免理学流弊的游谈无根，就必须从穷经入手，穷经而欲得其真，则必须对《五经》予以训诂、辨伪等考证工作。万斯大的考证

① 李邺嗣（李文胤）：《周官辨非序》。

② 万斯大：《礼记偶笺》卷二《礼器》。

③ 万斯大：《仪礼商》附录《与陈令升书》。

方法，在当时就为人所称道。如黄宗羲称其经术，“不仅当今无与绝尘，即在先儒亦岂易得。”[①] 他的学友陆嘉淑说他“勾稽穿穴，考订异同”能发“古人之核”，赞叹其“参订之详，思虑之细，裁识之精”[②]。甚至后来四库馆馆臣也赞他的《礼》学，“深有助于考证”[③]。关于清代学术的考证方法，是否具有科学精神，近人评价颇有异同。笔者基本同意梁启超的意见，认为清儒治学有其科学性。就万斯大的考证法来说，虽不如乾嘉时代的精审，但确含有运用逻辑推理法的某些萌芽。例如他论证“禘必岁举”，反驳“三年一祫，五年一禘”说。就运用形式逻辑的论证法，其论据一：《礼记·祭义》有“祭不欲疏，疏则慢，慢则不敬”句，他说：“先王必不敢以不敬事其先，故禘必岁行。”论据二，“《礼》文言祭者备矣，三年、五年，何不一见于经耶？必每岁……行禘之两证也。”上述两点，是通过反证法确定与论题“禘岁举”相矛盾的判断“五年一禘”，即反论题的虚假性，来确定论题的真实性的间接论证。论据三：他以《礼记·杂记》“孟献子曰：‘七月日至，可以有事于祖’”的禘礼，与正月冬至祭天的郊礼联系起来说：“郊岁行，则禘亦岁行可知也。此每岁……行禘之三证也。”论据四：据《礼记·学记》，“未卜禘，不视学”，视学就是考校，考校每年举行，而“考校必卜于禘后……此每岁……行禘之四证也。”[④] 所说第三、第四点，则是从论据

---

① 黄宗羲：《南雷文定前集》卷四《答万充宗质疑书》。

② 万斯大：《礼记偶笺·陆嘉淑序》。

③《四库全书总目提要·经部四·礼类二·仪礼商》。

④ 以上所引皆见万斯大：《学礼质疑》卷一《禘岁举以午月》。

的真实性推论出论题真实性的直接推论。上述属于归纳论证。

万斯大也运用演绎推理进行反驳的归谬法。如《周礼·地官·大司徒》："以土圭之法测土深，正日景，以求地中。"贾公彦于《疏》中说，周公于颖川王城立中表，于中表东西南北各千里立一表，共立五表以正日景，求地中。万斯大说，如果贾《疏》所说是真实的，那末，一、"即中表既定，东西南北各违千里，岂能一息遽闻?"二、"又况中表既定，必令四表遥相直对，勿令分毫偏侧。"三、"又必令昼漏半时，中外五表遥相呼应，不致有一息之差。"有此三点，"而后能知夫景之为短为长，为朝为夕。"然而，"试观天下，安有东西南北方二千里无山陵、城郭之平地也哉？一尺五寸之土圭，八尺之表，外四表之各去千里者，不皆鸟飞直道，稍有间阻，即不得其平。而日中必当午初正之交，为时无几，中表四表呼应不闻，各自为日中而不能相通于一息之顷。"他指出以土圭之法正日景求地中，其精确性无论在空间上和时间上都不可能。他的结论是："故知五表之说，益怪妄而无据也。"① 这是从被反驳的判断中引申出假判断的归谬法。

万斯大也运用类比推理，他称为："推类而识其真。"如他的"北郊主月"的结论，就是通过类推法而获得的。他先据《仪礼·觐礼》"礼日于南门外，礼月与四渎于北门外，礼山川丘陵于西门外。祭天燔柴，祭山、丘陵升，祭川沉，祭地瘗"句，他说，南门外即南郊，北门外即北郊，南郊礼日祭天燔柴，则北郊"礼月即礼地示"②。然而《仪礼》讲的是

---

① 以上所引皆见万斯大：《周官辨非·地官·大司徒》。

② 万斯大：《学礼质疑》卷一《北郊主月》。

觐礼，“北郊主月”讲的是时祭，他说，礼之类虽不同，“因觐而祭，虽非报本反始之正礼，然礼有所谓类祭者，其此之谓乎?”① 其次，他又从日食阳事，月食阴事，“由是以推天阳而地阴，日阳而月阴”②；从祭天于南郊主日，而推祭地于北郊主月，他的结论是：“礼取相配而义足相成，推类而识其真，亦圣人之所许也。”③

万斯大也偶然用矛盾律。如他把《周礼》与《五经》、《论》、《孟》相校，“殊多不合”④，即指出两者是互相否定的，那末《周礼》(A)和《五经》、《论》、《孟》(非A)，不能同时是真的。他说：“天下是非有一定，无两可。”⑤ 即或者A是真，或者非A是真，不能二者都真。他又指出：“不合于《五经》、《论》、《孟》，则是非有在矣。……以《周礼》为是，将以《五经》、《论》、《孟》为非乎?”⑥ 万斯大“是非有在”的推理其实是这样的：《五经》、《论》、《孟》为真，不合则假，《周礼》不合，所以《周礼》是假，这是根据矛盾律两个互相否定的思想，不能同真，从其中一个真推演另一个必假的二值逻辑中进行的推论。

当然，对万斯大运用形式逻辑的考证方法不能估计过高，他的运用是不自觉的，其方法也很不完整，不够精密，所以也有不少违反逻辑思维之处。由于时代局限，其前提有的亦不正确，论据也有不真实之处。例如，在他的时代，对中国古代婚姻史尚茫然无知，儒家男女有别思想对他影响很深，因此对《周礼·地官·媒氏》“中春之月，会男女”、“奔者不

---

①②③ 万斯大：《学礼质疑》卷一《北郊主月》。

④⑤⑥ 万斯大：《周官辨非·前言》。

禁”句，他就评为“败礼伤教”[①]，并说：“周公顾制之为礼乎?”[②]他不了解“奔者不禁”是原始社会群婚制的残余，所以他的“败礼伤教”的前提是不正确的，其推论自然不能成立。又如他提倡“非通诸经不能通一经”，但他对其他的经是否通呢？他深信《诗序》，说：“然其为诗之意，则自有此诗而即传之矣。”[③] 由此而作为论据或前提，那当然错了。又如，他不了解《尚书》古文之伪，把《尚书》古文与《周礼》对照，两者有差异，他取《尚书》古文说，以辨《周礼》之伪，其实两者都是伪书，因而其论据也就虚假不实了。再如，论证的逻辑规则之一是论题应该清楚确实，但他在论证“禘岁举以五月”时，论题就不清楚，因为他要论证的是两个论题：一是“禘必岁举”，一是“禘举于五月”。而他在论证过程中，论证的是前者而不是后者，得出的结论却是两题合一：“禘必岁举于五月”，这是犯了违反逻辑规则的错误。所以他的考证方法仅是形式逻辑科学思维的初步萌芽。

虽然如此，他的这些逻辑思维的初步萌芽，已足使他的经学“发先儒之所未发”了。《学礼质疑》为清初礼学总论的第一本，徐乾学的《读礼通考》（实主要为万斯同所作），比万斯大此书为迟；秦蕙田的《五礼通考》（也可能为万斯同所作），则更为后了。万斯大实开清代《礼》学研究的先河。

万斯大对《礼》的研究，梁启超认为：“关于训诂方面的甚少，而关于礼制方面的最多”，“《礼》学盖萌芽于此时了”。他的训诂方面不能说“甚少”，但礼制方面的确比训诂

①② 万斯大：《周官辨非·地官·媒氏》。

③ 万斯大：《学礼质疑》卷一《祈谷礼不同郊》。

方面多。此后乾嘉学派惠氏父子对“禘”、“明堂”的探索，江永对礼制的研究，程瑶田对宗法的考证，都是由万斯大开其先的。如程瑶田《宗法小记·宗法述》中关于天子、诸侯无宗法和对“别祖为继”的解释，就是万斯大观点的进一步论述。

万斯大辨《周礼》之伪，正如黄宗羲所说的，“得其左证明显”者在他之前没有一个比得上他，以专书辨其伪，万斯大实启其首。与他同时的毛奇龄《经问》、姚际恒《古今伪书考》，在他之后汪中《周官征文》、陈沣的《东塾读书记》，虽亦皆辨《周礼》之伪，然都不如万斯大详尽。至于他的《春秋》学，也根柢于《礼》学。运用考证，开始摆脱宋元学者空谈书法的毛病，这正是实学思潮的反映。由此可见，万斯大经学的第二特点，是他重视考证，努力运用逻辑推理，与今文经学妄论灾害、谶纬，与宋学多以主观比附，移易、删改经文、空发议论不同，而与古文经学和乾嘉考据学相似。

这样，我们就可以评价万斯大经学在经学史上的地位了，那就是：继承今文经学“通经致用”的精神，而去除其妄诞迷信的糟粕，继承古文经学考制度、辨名物的考证方法，而避免其繁琐饾饤的流弊；继承了宋学覃思疑经、寻求义理的作风，而开始纠正其空虚武断的缺陷；他兼采汉宋，没有如乾嘉学派那样精于考证，然而却为他们开了风气。

对他的经学，后人评价不一，有全盘否定的，如江藩抨击他“或参妄说”[①]，摒之于清朝汉学之外；有毁誉相参的，如应㧑谦、四库馆馆臣和李慈铭；而黄宗羲和梁启超却对他

① 江藩：《国朝汉学师承记》。

赞赏备至。

侯外庐先生对万斯大的治经方法作如下评论：

> 但斯大的治经方法，实开后来专门汉学方法论的先河……不盲从，重裁断，比较归纳，以经文的实事以求是，而不以传注的心传来傅会，这是朴实说理的传统。他对于传注的不信任态度，更为戴震以至阮元的训诂注疏的前导。①

他又说："斯大深通《三礼》，辨《周官》之伪，对于后来《礼》经历史地位的怀疑，贡献颇大。"②从而把万斯大列入"十八世纪汉学的前驱者"行列，这是对万斯大在经学史上地位的恰当评价。

---

①② 侯外庐：《中国思想通史》（第五卷）第二编第十章第二节《十八世纪汉学的前驱者》。

附　录

一、万斯同年表

明崇祯十一年戊寅（1638）　一岁

正月二十四日，生于浙江省鄞县（宁波府治所，今宁波市）广济桥万氏故第。

清顺治三年丙戌（1646）　九岁

六月，清军渡钱塘江，随家避兵于奉化榆林村，历时三载，家境遽落，随诸兄耕种荒山以资生。

顺治八年辛卯（1651）　十四岁

九月，清军陷舟山。南明礼部尚书吴钟峦死之。斯同读其书，知敬其为人。

顺治十三年丙申（1656）　十九岁

春，与兄斯大、斯备、侄万言同郡中故家子弟二十九人为文会，专攻古文词诗歌。

顺治十六年己亥（1659）　二十二岁

秋，初谒黄宗羲于余姚化安山龙虎堂。

顺治十八年辛丑（1661）　二十四岁

元夕，与兄斯备、侄万言，徒步百里，往化安山，再谒黄宗羲，披览黄氏藏书。

康熙元年壬寅（1662）　二十五岁

冬，城内故居为清帅所夺，与诸兄迁居西郊白云庄丙舍。时兴幽居泉石之意。

康熙四年乙巳（1665）　二十八岁

与兄斯大、侄万言，友人郑梁、张士埙、陈赤衷、陈锡嘏、董允瑫、董允璘兄弟等二十人，共为策论之会。娶妻庄氏。

康熙五年丙午（1666）　二十九岁

读二十一史于海会寺，两目为肿，自此弃古文词诗歌，致力于古今典章法制，其学为之一变。有《与从子贞一书》，畅谈史学经世。作东汉《诸王功臣世表》等四篇，是为撰《补历代史表》一书之始。

康熙六年丁未（1667）　三十岁

正月初七，与策论会成员二十六人，共至余姚黄竹浦，执贽于黄宗羲，信宿而返。遂改策论会为证人之会，后又改称讲经会。

康熙七年戊申（1668）　三十一岁

三月，黄宗羲至鄞，会讲经会诸子，始创甬上证人书院。

康熙八年己酉（1669） 三十二岁

与学友董允璘共赴会稽，授经于姜希辙家，得阅其所藏有明列朝《实录》及邸极、野史等，自是肆力于明史，其学为之再变。

康熙九年庚戌（1670） 三十三岁

有《寄范笔山书》，畅谈修明史之心曲及史法。又有《与李杲堂先生书》，欲以修史之法修郡志，恳李主其事。

康熙十二年癸丑（1673） 三十六岁

至慈溪，访潘平格，认为其学有据。黄宗羲怒，有书寄斯同，斯同谢以“请以往不谈学，专穷经史”。

康熙十三年甲寅（1674） 三十七岁

馆于学友李文胤家，撰《明乐府》。

康熙十七年戊午（1678） 四十一岁

清廷开博学鸿儒科，浙江巡道以斯同荐，力辞。赴江苏昆山，为徐乾学撰《读礼通考》。

康熙十八年己未（1679） 四十二岁

春，清廷诏修明史，以徐元文为监修。徐氏邀斯同及万言入京修史。与万言共往余姚蓝溪，向黄宗羲辞行。八月，甬上学友饯别于西郊。年底至京，以布衣参史局，不署衔、不受俸。馆于徐乾学碧山堂宾馆。

康熙二十二年癸亥（1683） 四十六岁

在京，与陆陇其、黄虞稷、吴志伊、姜宸英、万言、阎若璩等相与论学。

康熙二十五年乙丑（1686）　四十九岁

与刘献廷相约私修明史，以馆脯所入，抄史馆秘书。王源有《与友人论学书》致斯同，不满其对元末韩宋韩林儿之评价。

康熙二十七年戊辰（1688）　五十一岁

冬，与黄百家共南归故里。

康熙二十八年己巳（1689）　五十二岁

三月，自鄞北返。黄宗羲至鄞相送，以诗相赠，有“一代贤奸托布衣”之评。至京，与阎若璩、胡渭共编徐乾学主持之《资治通鉴后编》。与刘坊订交，此后十年间常与其畅谈修史初衷。

康熙二十九年庚午（1690）　五十三岁

刘献廷南还，约斯同共归苏州洞庭，私修明史。斯同欲与偕，为史馆新监修和总裁所留，不果。应甬上学友仇兆鳌之邀，主经史讲席，月凡三举。时史馆修史，多由季野裁定，名公巨卿，咸以不识其姓名为耻。

康熙三十二癸酉（1693）　五十六岁

有《送梅定九南归序》，创议折衷中西历法，盛赞梅氏之学。

康熙三十三年甲戌（1694）　五十七岁

时王鸿绪任史馆总裁，主修列传，邀斯同住其官邸中，以钱名世为副。

康熙三十四年乙亥（1695）　五十八岁

刘献廷卒于吴，往年两人所抄史馆秘书散失无遗，斯同闻而扼腕，抑抑思归。

康熙三十五年丙子（1696）　五十九岁

勉温睿临辑南明福、唐、桂、鲁诸王遗事。秋，方苞将南归，邀其信宿寓所，长谈史法，请方苞以文笔出之。

康熙三十七年戊寅（1698）　六十一岁

春，二度南归，至余姚访黄宗羲子百家，见黄宗羲晚年所著《明三史钞》，大喜，相约待修史毕，归来依此底本，另成《明大事记》一书。为原甬上证人书院学友子弟开经史讲座。秋，北上返京。

康熙四十年辛巳（1701）　六十四岁

二月，李塨袖其所著《大学辨业》求正，斯同阅后大为倾倒，作《大学辨业序》。与李塨情好弥笃。自此常与李塨、王源、胡渭、孔尚任、冯蘧等共论颜李之学。

康熙四十一年壬午（1702）　六十五岁

四月初八日，遽卒于王鸿绪馆邸。时明史之《纪》、《传》大体告成。其所携书数十万卷，为钱名世囊括而去。王鸿绪遣人扶柩归其故里，子世标权厝于白云庄墓舍祖墓侧。

二、万斯同著作考述

万斯同逝世时，刘坊作《万季野先生行状》，称他的遗著共二十二种；次年，温睿临作《历代纪元汇考》称十六种；又次年，王士祯作《香祖笔记》仅举十种；至于黄百家《万季野先生斯同墓志铭》称二十种；后来，万经续修《濠梁万氏宗谱》称二十二种；雍正八年修《宁波府志》则称三十种；乾隆十年前后，全祖望作《万贞文先生传》只举十一种；乾隆五十二年，蒋学镛作《鄞志稿》举十四种；嘉庆十一年，钱大昕作《万先生斯同传》称十六种；而近人陈训正等纂《鄞县通志》称三十四种；民国二十五年，沈昌佑得冯贞群先生之助，作《万季野先生遗著目录汇志》称三十七种。自康熙至民国年间，万斯同著作究有多少？众说纷纭，莫衷一是。经我与已故陈训慈先生商榷和考证，应为三十三种，考述于下：

一、《读礼通考》。始作于康熙十七年，万斯同为徐乾学母丧撰《丧礼》而作，约在康熙二十年前后完成。《万氏宗谱》、刘坊《行状》、蒋学镛《传》作九十卷，全祖望《传》作一百六十卷，《四库全书总目提要》作一百二十卷。

此书原为康熙十六年徐乾学居母丧于江苏昆山时所草创，因力有未逮，于是请万斯同撰纂，万氏独力成九十卷。徐乾学于康熙二十九年归里，又请顾炎武、朱彝尊、阎若璩等续补审订，积十余年，三易稿而后成。因而严格地说来，这本书万斯同出力最多，但并非全为他所作。

此书内容虽名“读礼”，其实皆为丧礼。有康熙三十五年徐氏传是楼家刊本。

二、《读礼附论》。即《读礼通考附论》，见《陆清献公日记》卷八。朱彝尊《经义考》列入。已佚。

三、《丧礼辨疑》，四卷。作于在京修史初期，见全祖望《万贞文先生传》。已佚。

四、《讲经口授》。一册，不分卷。为康熙三十七年万斯同归里省亲，为原甬上证人书院学友子弟讲学时所记。卷首有冯贞群先生题跋，说为万氏在京开讲座的记录，记者为温睿临，实误。此书目录与《续甬上耆旧诗》卷一一二《张太学锡璁·赠万季野先生北上》的内容相符。此书为抄本，现藏浙江图书馆古籍部。

五、《庙制图考》。北京修史时作。他书皆作四卷，《四库全书总目提要》著录，作一卷。康熙中有传是楼本，后有辨志堂本。宜兴吴氏藏有旧抄本。张寿镛先生以抄本与辨志堂本相校，刊入《四明丛书》。

六、《庙制折衷》。二卷。作于在京修史初期。据全祖望《传》，万斯同为徐乾学撰《读礼通考》，又以其余为《丧礼辨疑》及《庙制折衷》。已佚。

七、《石经考》。一册，不分卷。在京修史时作。共汇集历代论石经文章及石经残碑文共四十余篇。《四库全书》著录。有忏花庵刊本、省吾堂刊本、昭代丛书本、四明丛书本。

八、《周正汇考》。八卷，作于京师修史时期。沈昌佑《遗著目录汇志》：“冯氏伏跗室云有刻本。”然今不见。

九、《声韵源流考》：一卷。作于京师修史后期。据冯辰

《李恕谷先生年谱》，康熙四十年十月，万斯同与李塨曾论及声韵，可知为其殁前一年草创之作。《四库全书总目提要》说，此书“不过储著书之材，而尚未能著书”。此书《四库全书》存目，今不见。

十、《经世粹言》。据杭世骏《续礼记集说》卷首《姓氏》：“国朝，万氏斯同，字季野，鄞人。著《经世粹言》。”但此书诸家都未论及。

十一、《明通鉴》。刘坊《行状》和《濠梁万氏宗谱》都说已散失。但今上海图书馆藏有题为万斯同所著的《明通鉴》三册，为清初抄本，存弘治十二年至十八年。首页下有“汪琬之印”及“苕文”两印。书后有今人潘承弼《跋》，说他旧藏万氏《明通鉴》残本十一册，1943 年至 1944 年之间，因衣食不结，不得已出售。而此残本三册，于抗战胜利后购自苏州书肆。除潘承弼所说外，前中央大学教授丁山在《致友人论小学书》中，也说 1945 年冬在苏州书摊上购得此书四册，并考定为万斯同未刊之稿。

据陈廷敬《汪先生琬墓志铭》，汪琬于康熙十八年予修明史，然仅六十日，即称病一年，以病免归里，撰史稿百七十五篇，于二个月中再撰《明通鉴》巨著，似不可能。然潘、丁两位何以定为万斯同所作？又何以落入汪琬之手？书中汪琬两印章，其真伪也难定，凡此，都必须进一步考定。

十二、《明史稿》。刘坊《行状》、《濠梁万氏宗谱》、蒋学镛《传》，都称《明史列传》三百卷；方苞《墓表》称《本纪》、《列传》四百六十卷；全祖望《传》则称《明史稿》五百卷。

此书积万斯同二十余年精力而成，然史稿的写成极其复杂，至使现今所存抄本，不仅详略分合不尽相同，而且哪一种为抄本，哪一种为稿本，史稿作者究竟为谁，是纂修官的初稿，还是万斯同的审定稿，有否经过他人篡改等等，都很难断定。

今宁波天一阁所藏原朱鄮卿购自河南周某的《明史稿》(一名《明史列传稿》)，共十二册，凡传文二百四十有八篇，计传主三百八十六人。书中朱墨烂然，绳削增损，显然是稿本。经与《昭代名人尺牍》以及现存上海图书馆中的万斯同亲笔手迹校对，其中六册为万斯同亲笔，五册为无名氏手迹，经过万斯同修改，又一册为徐潮具稿，监生叶沅所录，然其中也有万氏朱笔修改处。故此稿半为万斯同手稿，半经万氏笔削增损，可以定论。

十三、《历代史表》。始作于康熙五年万斯同读书于宁波海会寺时，康熙十五年前初具规模。入京修史后，赓续而成完书。此书又称《补历代史表》。

在万斯同著作中，以这本书卷数最乱，有五十三卷、五十六卷、五十九卷、六十卷、六十四卷等各种说法。此书《四库全书》著录，有留香阁本、广雅书局本、四明丛书本。宁波伏跗室原藏稿本二十八卷，今不见。

十四、《明史表》。作于京师修史时期，十三卷。后张廷玉修《明史》，采入此表。此书未单独刊行。

十五、《历代纪元汇考》。作于晚年，八卷。有抱经楼本、奉化李氏刻本。张寿镛先生刻四明丛书，以李氏刻本正续相连，未合体例，以正编还万斯同之旧，以续编另作一卷附后，为此书较好的刊本。

十六、《历代宰辅汇考》。八卷，作于京师修史时期。《四库全书》存目。抄本藏于北京图书馆。

十七、《明历朝宰辅汇考》。八卷。《鄞县通志》说："此似将前书（指《历代宰辅汇考》）中有明一代之宰辅，别出单行者也。"此书未有刻本，原稿未见。

十八、《宋季忠义录》。诸书皆作十六卷，惟王士祯《香祖笔记》作十二卷。此书据《宋史》，各省、府、州、县志及野史广为罗辑而成。作于京师修史后期，为草稿，未经修定。张寿镛先生刊四明丛书，据家藏手稿本详细编次，重订《目录》，并补以《督府忠义传》及《忠义死事年月表》两篇。稿本今不见，无其他刊本。

十九、《南宋六陵遗事》。诸书皆作一卷，惟全祖望、蒋学镛《传》作二卷。作于京师修史后期。内容述元世祖时，江南总督杨琏真伽偷发浙江绍兴攒宫山南宋六朝皇帝陵墓，南宋遗民收骨瘗葬事。此书仅有昭代丛书本。

二十、《庚申君遗事》。一卷，作于修史后期。庚申君即元亡国之君元顺帝。此书仅有昭代丛书本。

二十一、《明季两浙忠义考》。一卷，作于修史的后期。抄本。书中仅有人名、字、号、籍贯，经历极其简单。偶有数字评语，每条至多不出十六字，少则十余字，所以仅属提纲。共收有各类"忠义"一百二十九名，但亦收有极少数尚存于世的明遗民。

原藏于宁波卢氏敬遗轩，后归冯氏伏跗室，今存。

二十二、《两浙名贤录》。与《明季两浙忠义考》合订一册，体例相同，当作于京师修史后期，一卷。书中共收有明一代浙江各府名贤共五百一十四名。此书亦为抄本，订《明季两浙忠义考》之前，卷面有"半角山房王氏珍藏"印，藏宁波伏跗室。

二十三、《儒林宗派》。十六卷。按李塨《恕谷后集》的《万季野小传》，康熙十二年前后，万斯同曾往见潘平格，受其师黄宗羲严厉批评，他表示以后不再谈学，专穷经史，则此书应作于这一年前。属史表体裁。《四库全书》著录，有辨志堂刊本、浙江官书局刊本、四明丛书本，尚有水西书屋抄本，屠用锡、王梓材补注抄本。后者今藏宁波市图书馆。

二十四、《昆仑河源考》。据林佶为此书所作序，应作于康熙三十九年前。一卷。《四库全书》著录，有指海借月山房刊本、泽古斋刊本。

二十五、《明代河渠考》。十二卷。冯贞群致陈训慈信说，伏跗室藏"《历代河渠考》三卷。《四库》作《明史河渠考》，采《明实录》中涉河渠者，分年编次，颇伤冗杂，与横云《史稿》详略悬殊"①。《伏跗室藏书目》内尚有冯先生手书"盖季野修明史时随手钞集者"句，可知《历代河渠考》当为《明代河渠考》。沈昌佑《遗著目录汇志》别列一种，是错误的。

《四库全书总目提要》疑为万氏预修明史时摘录旧闻备修志之用，而后人又取其残稿辑录而成。两江总督进呈时，名为《明实录河渠考》。此书《四库全书》存目，无刊本。伏跗室原藏三卷，今不见。

二十六、《明史地理志稿》。作于北京修史时期，无卷数。抄本四册，封面有"贞一父，吾存宁可食吾月，吾亡宁可发吾椁，子子孙孙永无鬻，熟此值可供饘粥"印，原存伏跗室，

① 此信存陈训慈先生处。

今不见。沈昌佑《遗著目录汇志》录有《天下志地》一书，一卷，并说稿本藏伏跗室，为明史地理志所本。然而《天下志地》不载于《伏跗室藏书目》，今亦不见，疑两本实为一种。

二十七、《康熙宁波府志》。作于康熙十二年，三十卷。宁波府知府邱业主修，万斯同与其兄斯选、友人赵时赟分修。邱业于此书《序》中说，凡三阅月而成，可知修得很仓卒。曹秉仁、万经在《雍正宁波府志序》中说，宁波郡志，“虽经国朝邱、李二郡守之续修，皆未成书”①，可知此书实未完。《咸丰丙辰鄞县志》述及郡志源流时说，此书“未及刊行，其钞本郡中藏书家有之”②。本世纪六十年代前，此抄本宁波私人仍藏有，但经“文革”浩劫，已不传。

二十八、《难难》。刘坊《行状》说：“《难难》一卷，散失。”可知此书在康熙年间已佚。

二十九、《书学汇编》。作于京师修史时期。诸书有的作十卷，有的作二十二卷，有的作二十四卷。此书《四库全书》存目。伏跗室藏有抄存残本十卷，今存。又有孙翔熊抄本，今不见。

三十、《石园文集》。此书一部分写于甬上证人书院就学时期，一部分写于京师修史时期，八卷。原名《石园藏稿》。沈昌佑《遗著目录汇志》，说另录有《万季野遗编》三卷，然此书未见，疑即《石园藏稿》之抄本。又大连图书馆藏有《先府君集原稿》一本，凡文三十三篇，除《赠高废翁先生序》外，其他《石园文集》和《群书疑辨》中均有。

---

① 曹秉仁、万经纂修：《雍正宁波府志》。

② 张铣等修纂：《咸丰鄞县志》卷七五《旧志源流》。

此书仅有四明丛书本。《先府君集原稿》抄本藏于陈训慈先生处。《石园藏稿》原稿今不见。

三十一、《群书疑辨》。作于北京修史时期，十二卷。前六卷为经学，后四卷为考证学。末二卷为史学。书中各篇，多散见于他书，在《石园文集》中尤其多，共三十三篇。其他则散见于《昆仑河源考》、《庙制图考》、《南宋六陵遗事》、《庚申君遗事》等书。

有嘉庆丙子刻本，周世绪抄本。抄本今不见。

三十二、《明乐府》。一卷。作于甬上证人书院就学时期，又称《新乐府》或《乐府新辞》。内有诗六十六首，每首有小序。序为史事，诗为史论，为研究万氏史学思想的重要著作。清同治间，万斯同八世从孙万乃邻有此书书稿，烟屿楼主人徐时栋与其家藏本对校，补入《刑囚手》、《火烧头》两首付雕。万、徐两种家藏本已佚。徐氏付雕的即同治间陈鱼门刊本，书名为《万季野先生明乐府》。此外，尚有又满楼丛书本。此诗复收入于全祖望所辑《续甬上耆旧诗》卷七八《贞文先生万斯同》内。

三十三、《簪缨盛事录》。著作年代不详，一卷。诸家都未述及。冯贞群与陈训慈信中说，此书内容为明代三世五尚书、父子大学士、三世进士之类。有鄞县陈氏拜梅山房几上书刻本。

万斯同遗著除上述三十三种外，尚有三种真伪难定，或应予以否定。争论最大的为《五礼通考》。蒋学镛《鄞志稿》卷一二《儒林传》下《万斯同》中说："尚书（徐乾学）又请遍撰五礼，遂节略前书，复补其四，共二百余卷，未及缮写，先生卒，稿本留京师一故家。近时有检得之者，其书多以片纸粘缀，或脱落失次，因重为编葺，竟窜名已作。昆山（徐乾学）所刻（指《读礼通考》），人知出先生手，而《五礼通考》，人或未之知也，因附著之。”于是遂启此书作者之争。梁启超在《中国近三百年思想史》十三《清代学者整理旧学之总成绩（一）——经学、小学及音韵》中说，秦蕙田的《五礼通考》，“这书为续补《读礼通考》而作。我很疑心有一大部分也出万季野手，但未得确证，不敢断言。”点出“窜名”者为秦蕙田。按《读礼通考》所考的仅是丧礼（凶礼），而未及吉、军、宾、嘉四礼。万斯同后来补撰其四，实有极大可能。他卒后遗书多为钱名世所窃，或有散落。然确否为秦蕙田所检而窜以己名，已无足够实据。金毓黻《中国史学史》对蒋、梁两人的说法很不以为然，说无征不信，认为他们“厚诬古人”。

此外，萧穆《敬孚类稿》说万斯同为其侄万言的《明史举要》一书曾重为参订。他在清末上海某书肆中曾见此稿。稿后有杭世骏《跋》，杭氏在《跋》中说，万言归里后，“穷年键户编纂《明史举要》一书，其卒也未及校仇，应征士潜斋先生（即应撝谦）参补校阅，历时二年而全书始毕。其后季野重为参订。及九沙先生经归自贵阳学使任，复于是书缺者补之，繁者芟之，乃成有明一代之信史，惜乎力无能刊也。书中潜斋用朱笔，季野用墨笔，其黄笔乃九沙也。”杭世骏这一跋文极为可疑。按《濠梁万氏宗谱》，万言卒于康熙四十四年，应撝谦卒于康熙二十八年（见全祖望《鲒埼亭集》卷一二《应潜斋先生神道碑》），万斯同卒于康熙四十一年，他们都比万言早卒，岂有已卒之人为未卒之人“参补校阅”、“重为参订”其著作的可能？所以说万斯同重订《明史举要》，实属子虚。

又，据陈训慈先生说，沈昌佑于另册自补其《遗著目录汇志》，述及万氏有《璇玑图》一卷，状如回文诗，宁波朱鄮卿藏。按《璇玑图》为清人万树《璇玑碎锦》回文诗的附图，共六十余幅，与万斯同毫无关系。

万斯同尚有一些个别诗文，如作于康熙三十四年的《守高赠言序》（收于《守高赠言序》一书内，为慈溪郑氏二老阁刊本），作于甬上证人书院时期的《董氏五先生世传》（见《四明儒林董氏宗谱》卷一二）和《致董道权书》（见《昭代名人尺牍》卷一一）、《再致董道权书》（藏于上海图书馆内），作于康熙十一年的《读弃疾世兄诗稿因书其后》诗（见《竹桥黄氏宗谱·黄氏续录》），作于康熙十九年的《悼在中》诗（见《四明儒林董氏宗谱》卷一四）等，这些诗文也很珍贵，其他书籍中都未载。

三、天一阁藏万斯同《明史稿》考述

现宁波市天一阁藏有《明史稿》（一名《明史列传稿》）共十二册，其中一册封面题：“□□野明史稿原本”。各册首页多有“季野”朱文长方小印，在卷中亦有发现。其中一册后有朱酇卿所作《跋》，述此稿的由来：

> 一九三四年，周氏携至金陵，谓河南革命遗族亟需抚恤，其值高悬，无人问鼎。沙村书来，称楚弓楚得，当归甬上。余非鄞人，走告伏跗、蜗寄，则皆固拒。函电交驰，不绝于道，属有天幸，归于余箧，与黄氏《明文案》稿本为侣巍，同为句章双璧。偶有夺佚，终不失为明史著述第一善本。朱墨斑烂，赤练蛇、火枣儿糕更番迭出，难以枚举。①

朱酇卿为宁波当代著名藏书家朱鼎煦，其藏书楼称“别宥斋”；沙村即著名书法家、原杭州西泠印社社长沙孟海；伏跗即宁波著名学者和藏书家冯贞群，其藏书楼称“伏跗室”；蜗寄即宁波著名藏书家孙家溎，其藏书楼称“蜗寄庐”。

关于此本子的来龙去脉，沙孟海有《万季野明史稿初步

---

① 天一阁藏万斯同：《明史稿》第十二册《王宪》卷后。

鉴定意见》（此文后经删改，以《万季野明史稿题记》为名，发表于《宁波大学学报》1990 年第 1 期）一文，寄给陈训慈和方祖猷。文中说：

> 稿本原藏河南人周维屏家。1932 年余备员教育部，周来南京，自言是辛亥革命老同志遗族，年前呈送此稿到行政院，申请政府购藏，以示抚恤。行政院发交教育部处理。当时南京未成立中央图书馆，物主悬值又昂，因而悬案未结。余提看原件，审为名迹。念万氏是乡先哲，辄寓书甬上藏书家冯孟颛（即冯贞群——方按）、朱鄮卿二先生，结果经我居间，由鄮老购藏。……余为此事专谒柳翼谋先生（即柳诒徵——方按）于江苏省立国学图书馆，征询其意见。柳先生早曾过目，极口称赏，并谓已录副存馆，其中若干篇且付馆刊发表。余提问收购价格，柳先生说公家收购，可酬一千五百元，私人收购，一千元足矣。余参照此意与周、朱双方联系，终以九百元成交，此稿遂归甬上朱氏别宥斋。楚弓楚得，亦快事也。①

此书其中有一册卷首有今人吴泽、葛旸、陈寥士、李晋华、张宗祥的题词。张宗祥从笔迹断定："此稿字体含章草味，万氏早期字学石斋（黄道周），当为亲笔。"李晋华说："原钞墨迹甚旧，朱笔窜改之处甚多，闻为季野哲嗣所缮，经季野

① 此文现保存于笔者处。

删润者，是季野史稿又见一本矣，惜不得北平图书馆本对勘，无从知其异同。”①

一九三一年，著名史学家柳诒徵（翼谋）对此书作了较详尽的考证，作《明史稿校录》一文。他说：

> 郑君鹤声持视教育部发阅中州某君赍呈之万季野《明史稿》十二册，属余定其然否。余熟复之，信为康熙中明史馆纂修诸公手笔，不敢遽断为万先生书。书虽不完，朱墨烂然，绳削增损，具见史材之璞。②

他在后面说：“此稿不问其为万先生原本，抑他人分任经万先生润色者。”其立论相当慎重。

柳诒徵不同意此稿为万氏亲笔，主要运用反驳法，反驳持此稿为万氏原稿的五点理由。这五点理由是：1. 有一册签题：“□□野明史稿原本。”2. 这一册封面有题记：“此乃从稿本中誊清者，吾父又仔细看过，抄时当以稿本编次为据，不过汇订成秩耳，无次序也。”下面并未具名，然而有无名氏在后题：“此页系季野先生长子万焜所书，原在第十册篇首，特移此处，以见后两册有誊清者，多焜手迹与门下所书，至朱笔修改，均季野先生手笔也。”3. 此册尚题有翁方纲述万斯同修史和遗著情况的《宝苏室小草》七古一章，后有《跋》如下：

---

① 天一阁藏万斯同：《明史稿》第一册《汪应蛟》卷首。

② 见《江苏省立国学图书馆第四年刊》，1931 年南京龙蟠里国学图书馆发行。下面所引柳诒徵文，不一一注出。

乾隆己卯秋，余典江西省试，闻南城喻子心锜云，有人持万季野《明史稿》十册易米。次日，急遣人往访，其人已去南昌矣，因叹交臂之失。其明年春，予旋役京师，与丁小疋太史、王述庵侍郎，张瘦同巷人皆居同巷，朝夕相过从。一日，于小疋案头获睹此书，小疋云，是友人托售者。余急糜三月俸得之，挑灯细读，如对古人，且深庆翰墨契合之缘，比岁之失，数千里外，仍归方纲。明日出此示卢弓父学士，并告以贱价得之。弓父出语人曰："余昨亦曾见之矣，不知其待价也。相隔仅二日，今归翁氏，予实不胜其妬也。四月十二日漏下三鼓，宝苏室记并题。

4. 翁《跋》后又有了丁小疋《跋》，说：

万季野先生，学识渊深，著作宏富，为明季大儒，士林师仰，修定明史，功德甚伟。其自著《明史稿》原□，关系世道人心，忠邪奸正，笔削褒贬，主意深远，用心尤苦。其稿本向由万之子孙密藏，不轻示人。今由其亲张孝廉携带来京，托余觅识家珍藏，以冀永保。覃溪阁学一见欢欣，急出巨金购之，以为失之江西，得之都门，叹古人真迹授受保藏，胥有姻缘定数，非可幸求。后卢予父欲具倍价，终未能得，故不胜其妬也。用识数语，以记鸿爪。乾隆庚辰清和月小疋恭记。

5. 各册首页多有季野朱方长方小印，亦有印于传目人名空处，也有倒印的。

柳诒徵对这五大理由一一予以辩驳：

> 余意签题及小印胥可伪为。万焜所题既未署名，何从知其确为季野之子所书。此五事中，确可依据者止覃溪一诗，见《复初斋集·宝苏室小草四》，然《宝苏室小草》注明年月，此诗实作于乾隆丙申九月，而此书之《跋》，则称是己卯之明年四月。丁《跋》亦署庚辰清和月，其不合一。乾隆庚辰年，卢抱经不在北京，且未为学士，王述庵虽在京，亦未为侍郎《宝苏室》诗后即接《秘阁集》，有《述庵廷尉招同诸公集陶然亭》诗，其不合二。翁诗有云："体例依然无论赞"，盖万书无《论赞》，而此稿王宪、金献民等传后，有《论》一篇：……其不合三。若笔迹之不似翁书，印章亦似仿造，丁小疋《跋》语之浅俚，且误以卢弓父为卢予父，则尤一望而知其伪矣。

柳诒徵还指出，这十二册中有一册确有主名，即"徐潮具稿，监生叶沅录"的一册。柳氏说："既明署徐潮撰，恶得目为万书？又一册朱笔眉批，显见批者与撰者为两人之语气。"他举了三例：

《陈琳传》"只此一疏，附见他传足矣，何烦笔墨乃尔?"

《周世选传》"四十一年后，江南倭警已息，此恐未尝。论雷礼见《实录》，余未见。此疏平常，不必入传。隆庆初言路大开，不得言‘观望如昔’。谏驰马事不见《实录》。此八议亦平常，不当入传。”

《王廷瞻传》“此与下汜光湖只一事，何故分为二？已入杨传，此即《詹仰庇》传中语，何为复出？”

因此柳诒徵说：“纵使朱批出万手，其墨笔原稿，必系史馆他人之作，非万氏所为也。”

柳诒徵考证《题》、《跋》之伪，十分有力。柳氏弟子陈训慈在所著《劬师从游脞记》一文的《劬师对明史修订一部分之意见》中，称誉其师的考证为“查校推断，抽茧剥蕉，胜似老吏断狱，此抄稿本之非万氏《明史》早年未定稿遂决”①。1931年冯孟颛（贞群）致书黄云眉，所说：“中州某所献《明史稿》，陈叔谅曾经见告，决非万氏原本也。”② 所说陈叔谅即陈训慈。然而，由冯孟颛审定的《鄞县通志·文献·艺文二· 现代本县公私藏书纪事》关于《朱鼎煦别宥斋》藏书目中，却称此稿为“万斯同明史列传稿本”，肯定其为万氏手稿。别宥斋主人朱酂卿似乎看过了柳诒徵的文章，因此他在觅良工精装后，把称“万焜所书”的无名氏题记及翁方纲、丁小疋题、跋，全都去掉，只字不留，致使后来吴泽、李晋华，张宗祥及谢国桢等人均未见此类伪作。

柳诒徵廓清书贾加于此稿的迷雾，为进一步考证此稿迈出了重要的一步。万斯同仅二子，长名世楷，早卒，见于万斯大《学礼质疑》卷二《宗法八·宁波谱》；次世标，字子建，

---

① 《柳翼谋先生纪念文集》，《镇江文史资料》第十一辑，第119页。

② 黄云眉：《明史纂修考略》附冯贞群致黄云眉书，见《史学杂稿订存》齐鲁书社1980年版。

生于康熙己未十八年（1679），卒于雍正乙卯十三年（1735），见于《濠梁万氏宗谱》卷九《世传八》，皆世字排行，而从未有所谓“万焜”其人，故此稿无名氏所题确系伪造。然而，柳诒徵的考证在逻辑上有不足之处，从此稿《题》、《跋》之伪，并不能必然推论出此稿一定非真，因为《题》、《跋》与史稿本身并不同一，书贾为了求利，出于无知，也可能在真品上伪造标志，结果弄巧成拙。柳氏自己也说：“翁、丁之《跋》虽伪，无损于万书之为真也。”① 此稿中一册“徐潮具稿”故然非万斯同作，陈琳等传批者与撰者确系两人语气，然而以少数诸传为例，不能得出其他各传也非万氏自撰的结论，在不完全归纳推理中，他的结论是或然的，可能对，也可能错。此外，这些朱批究竟出自谁手？如出自万斯同，那末此稿的价值显然大大增加，为此，必须对此稿作进一步的考证。

考证的关键首先在于史稿中的字迹与万斯同的笔迹是否一致？由此辨其异同，真伪立见。张宗祥说此稿字体含章草味，万氏早期字学黄道周，因而一致，这仅是想当然的推论，论据不足。此稿有两种笔迹，一种为正楷誊抄本，一种为草体稿本，也即朱鄮卿所说的“朱墨斑烂，赤练蛇、火枣儿糕更番迭出”的。我以后一种字迹与《昭代名人尺牍》卷一〇的万斯同致其甬上证人书院学友董巽子（道权）一札的刻帖和现藏上海图书馆古籍部万氏给董巽子的另一手札对照，并请笔迹专家和著名书法家沙孟海（即朱鄮卿《跋》中所说的“沙村”）鉴定，皆认为完全一致。沙孟海在《万季野明史稿题记》中说：

---

① 《江苏省立国学图书馆》第四年刊，柳诒徵：《明史稿校录》。

> 学人书迹，淳朴古拙，不尽合书家机辙，亦不避简俗体。本稿有张闻声先生宗祥《跋》，说："万氏早期字学黄石斋。"余所见明清之际学人笔迹，黄石斋、顾亭林、万季野皆以拙胜，但气味各有不同。万书构法，多上大下小、如其"兵"、"共"、"异"、"巽"等字，寻常下部横画特长，彼则下部简缩，非他人所有，连万氏诸兄斯选、斯大、斯备都不如是作。今日可以确定，《史稿》、手札、刻帖三者同出一人之手，而《史稿》两处无名款之签记，皆真实可信，惜不能起柳先生于九原而质证之。①

沙孟海所说"两处无名款之签记"，指有一册签题"□□野明史稿原本"和该册题记："此乃从稿本中誊清者，吾父又仔细看过，……无次序也。"除他上述所说外，我发觉史稿、手札、刻帖的某些字的字形也一致，如"此"字皆作"此"，"年"字皆作"秊"，"所"字皆作"肵"，显然为一人所写。不过史稿比较苍老，后两种比较圆润，前者似为晚年所书，后两者为早年所写，合以沙孟海所考，从笔迹上考证，这一部分史稿当为万斯同亲笔无疑。凡这类史稿共六册，如以每册第一篇列传人名为记，这六册为《汪应蛟》、《高耀》、《王士性》、《邹耒学》、《孙一元》和《毛志》卷。

另一类正楷誊抄本，共六册，除有"徐潮具稿"字的《孙玺》卷外，其他五册为《魏时亮》、《宋钦》、《朱燮元》、

---

① 《宁波大学学报》1990 年第 1 期。

《朱万年》和《王宽》卷。这六册都有用墨笔、白粉笔或朱笔予以增损之处，而这些增损的字迹，与前一类的字迹完全一致，肯定为万斯同手迹。由此可以得出结论，这类抄本经过万斯同亲自笔削。在“徐潮具稿”的《孙玺》卷中，每一传篇目下也都有万斯同所写“徐潮”两字。奇怪的是在其中《戎良翰》传篇目下的“徐潮”两字，写了后又涂去，不知何故。至于柳诒徵说的“批者与撰者为两人之语气”的《陈琳》、《周世选》、《王廷瞻》三篇，属于这一类，其所批的字正是万斯同手迹。

但传中颇有重复，如《李桧》传及其所附《史永安》、《刘锡玄》传，以及《沈儆炌》所附《闵洪学》传，既见于万斯同亲笔手稿的《汪应蛟》卷中，又见于正楷誊抄本的《朱燮元》卷中，这种一人两传共有十三人，分别见于手稿本及誊写本中。说明誊写者据万氏手稿予以抄录。因此，在《汪应蛟》卷前的题记“此乃从稿本中誊清者，吾父又仔细看过，抄时当以稿本编次为据……”等一行字，确如沙孟海所说，并非伪造，所以朱鄚卿没有把它删去，不能排除为万斯同子万世标（非万焜）所抄的可能性。这又说明誊抄者据万氏稿本抄录后，万斯同又再次修改，可见他在撰著过程中“属文修史之矜慎”（引用柳诒徵《明史稿校录》语），反映了他著史的极端负责精神。

由笔迹考证，可见天一阁藏的这部《明史稿》十二册，其中六册为万斯同独力所撰的稿本，其他六册，或为他人所撰，或为万斯同所撰经过誊录的抄本，但都有万氏增损的笔迹。

其次，我们又可用避讳的原则来考证。《明实录》中有《陈嘉猷传》，其中说：“时朝鲜国王私授建州董山官，命嘉猷赍诏往责之。瑈（朝鲜国王）惶恐伏罪。”[①] 又考《明英宗实录》，于天顺三年，确记载：“乙亥，敕谕朝鲜国王李瑈，近者边将奏报，有建州三卫都督古纳哈、董山等私谒王国，俱得赏赐而回。”对这件事，天一阁藏《明史稿》的《陈嘉猷传》据《实录》直书：

> 天顺三年，朝鲜国王李瑈与建州董山媾，私授以官，将为边患。诏遣嘉猷往责之，瑈惶恐稽首谢过，寝其奸谋。[②]

可是，王鸿绪的《明史稿》和张廷玉的《明史》，都不予陈嘉猷立传。有关陈嘉猷的事迹，仅见于《外国》的《满剌加》中，但只说他出使满剌加，遇风溺舟得以生还事，至于他出使朝鲜勅谕国王李瑈事只字不提。而李瑈与建州交通事，则见于《外国一·朝鲜》中，如王稿说：

> 既边将有奏，有建州三卫都督，私与朝鲜结，恐为中国边患，因敕谕瑈毋作不靖，贻后悔。[③]

张廷玉的《明史》，在《朝鲜传》中所述内容与王稿基本相同，可是无论王稿还是张书，都删去了建州三卫都督“董山”的名字。这是因为董山是清太祖努尔哈赤的七世祖，王

① 《明实录·明宪宗实录》卷四七。
② 天一阁藏万斯同：《明史稿·汪应蛟》卷。
③ 王鸿绪：《明史稿》列传一九四《外国一·朝鲜》。

鸿绪与张廷玉都因避清廷的忌讳不仅撤了陈嘉猷的传，而且删了董山的名字，所以柳诒徵先生在《明史稿校录》中说："不知此建州三卫之都督为何人，赖此稿（指天一阁藏《明史稿》）存在，始可知其因系董山而讳之也。"

万斯同子万世标在《明史稿流散目录》中说，《明史稿》原稿皆在王鸿绪处，然而王鸿绪所刻史稿仅十分之一，而且都是钱名世改本，其中"不涉忌讳者又仍先君原本"[1]。由此可以推定，以陈嘉猷传为例，天一阁藏《明史稿》不避清廷忌讳，则知此稿为万斯同手稿有极大可能。

再次，在抗倭牺牲的《王铁》及其《钱泮》传中，对倭寇一概称为"贼"，如"忿贼爇其父柩"，"贼突入他山港"、"及时贼掠旁县"等等，《横云山人明史稿》的《王铁》附《钱泮》传将"贼"字一律改为"倭"字。把明时的"倭寇"称为"贼"，这正是万氏祖上的观点。万斯同高祖万表是早期抗倭名将，他认为"倭寇"中实多吴越两地之民，他指出："又见近贼多昆山、太仓、崇明人"[2]，"此贼所引来者，皆吾土各处沿海大家造船雇人雇倭而来，……盖以倭为名，正以自蔽"，宁波"前项贪利之徒，勾引倭船，纷然往来，而海上寇盗亦纷然矣。"[3] "又哄带日本各岛贫穷倭奴，借其强悍以为护翼，……而犹混言倭寇，不实上闻，果何待耶？既曰倭奴，酋长为谁，其谁欺乎？"[4]所以他不称"倭寇"而称为"海寇"，或称为"贼"。王鸿绪《明史稿》在《王铁》附《钱泮》中称

---

① 《建修万季野先生祠墓·明史稿流散目录》。

② 万表：《玩鹿亭稿》卷四《答张半洲总制书》。

③④ 万表：《玩鹿亭稿》卷五《海寇议》。

为“倭”，这是官方的观点，而天一阁藏《明史稿》的称呼与万表一致，充分证明此稿为万斯同所撰。

最后，柳诒徵引用翁方纲诗说：“‘体例依然无论赞’，盖万书无论赞，王稿亦无论赞。”而天一阁藏《明史稿》有论赞，以证明此稿非万斯同作，这一说法颇值得商榷。所谓“体例”，指的是王鸿绪《史例议》。王氏在《史例议》中说：“史自马班而下，篇末皆有论断，《元史》则无，《后汉》论后有赞，《晋史》承之。窃思篇中所述，贤否已是昭然，叙而复断，更无逸事，何须烦黩。……今《明史·列传》未经作论，体同《元史》。”[①] 因而《横云山人明史稿》及张廷玉《明史》皆无论赞。但是徐乾学《修史条议》却没有这一规定。《史例议》作于万斯同卒后，在此之前，史稿不排斥论赞，今藏北京图书馆的《明史》四百十六卷本和《明史纪传》三百十三卷本，其中也有论赞，说明经王鸿绪手后，论赞全被砍了。可知“万书无论赞”这一前提是不成立，用以推论此稿非万斯同手稿的结论就不符合事实了。

总之，从以上四点来看，如没有强有力的反证，天一阁藏《明史稿》为万斯同亲笔手稿和修改稿，基本上可以肯定了。当然，学术界尚有不同意见，是可以讨论和争鸣的。

---

① 《明史例案》卷二。

索 引

一、人名索引

四 画

五 画

六 画

七 画

八　画

九 画

十 画

十一画

十二画

二、文献索引

六画

七画

八画

九 画

十 画

十一画

十二画

十三画

十四画

十五画

十六画

十七画

三、词语索引

六 画

七 画

八 画

九　画

十　画

十一画

十二画

十三画

十四画

十五画

十六画

后　记

1981年，我从江苏泰州调回故乡浙江宁波。少小离家老大回，欣喜之余，发现桑梓先贤黄宗羲、万斯大、万斯同、全祖望等古代著名学者，其著作之繁富、学术之广博、思想之敏锐，实站在同时代学者的前列。无可否认，清初浙东学派是我国优秀传统文化中一串宝贵的珍珠，至今仍闪烁着夺目的光彩。

幸运的是，我在同年得以获见当代硕果仅存的清初浙东学派早期研究者、原浙江省博物馆馆长陈训慈先生。他鼓励和指导我研究浙东学派的学术思想。我们都觉得所有这几位浙东学派的先哲们，只有万斯同的著作和思想，仍如一片初垦的土地，尚待进一步发掘和考证。于是训慈先生和我商定合作编著《万斯同年谱》。这一艰巨的工作，经八年之久，三易其稿，终于在1991年由香港中文大学出版社出版了。不幸的是，训慈先生于同年五月在杭州溘然长逝，致使他未能目睹其晚年的最后一部著作，对此，我是极其内疚于心的。

就在《万斯同年谱》第三稿行将完成时，我突然接到我的同学、杭州大学沈善洪兄来信，他介绍我参加由匡亚明教授担任主编的“中国思想家评传丛书”的学术事业，撰著《万斯同评传》(《附万斯大评传》)，我自然欣然接受了。这封信是对我的鞭策，要求我对这一领域继续深入耕耘。尤其是经学家万斯大这块园地，我实在感到心有余而力不足，它迫使我从头学习我生疏的学术领域。我不得不挑灯夜战，终于在今天向读者呈交了这一份劳动的成果。

万斯大、万斯同兄弟少年时期处在明清之际天崩地解的时代，以学术史讲，则处在从宋明理学和宋明经学到乾嘉专门汉学的过渡阶段，因此他们的思想和学术具有强烈的时代气息，而且既丰富多彩而又有相当的复杂性，从而使得对他们学术的评价自古至今众说纷纭。特别是万斯同，今天仍有一些问题引起学者们的不同看法。我在本书中探讨了这些问题并试图作一些分析，不是简单地指出其成功和失败之处，而是分析其成功的经验和失误的教训，这对才疏学浅的我，自然不是一件轻松容易的工作，我是否能正确地把握，希望广大读者作“评”中之评。

此书能出版，要感谢善洪兄和南京大学中国思想家研究中心潘群先生、南京大学出版社黄继东先生及诸位学者的鼓励和帮助。记得黄宗羲尝叹：“读书难，藏书尤难”，我在写作过程中深感“著书难，搜罗著书之资料尤难”，所以我也要在这里向给我大力提供资料的上海市图书馆、浙江省图书馆古籍部、宁波市图书馆、宁波市伏跗室藏书楼和宁波大学图书馆表示衷心的感谢！

作　者
1993 年 1 月于宁波大学
中国文化研究中心

图书在版编目(CIP)数据

万斯同评传 / 方祖猷著. —南京：南京大学出版社，1996.1(2010.4 重印)

(中国思想家评传丛书/匡亚明主编)

ISBN 978-7-305-02745-1

Ⅰ.万… Ⅱ.方… Ⅲ.万斯同(1638～1702)—评传 Ⅳ.K825.81

中国版本图书馆 CIP 数据核字(2004)第 100439 号

中国思想家评传丛书

万斯同评传

附:万斯大评传

方祖猷 著

南京大学出版社出版发行

社址：南京市汉口路 22 号 邮编：210093

电话：025-83596923 025-83592317 传真：025-83328362

网址：http://www.NjupCo.com

电子邮箱:Press@NjupCo.com

Sales@NjupCo.com(市场部)

南京爱德印刷有限公司

开本 850×1168 1/32 印张 14.125 字数 315 千

1996 年 1 月第 1 版 2010 年 4 月第 4 次印刷

印 数 4501—5500

ISBN 978-7-305-02745-1

定价：43.00 元